KB237592

하나님의
인도

하나님의 인도

서임중 지음

머 리 말

나는 시편 23편을 거의 매일 아침 애송합니다. 읽으면서 나 자신
이 다윗이 된 느낌이고 어떻게 표현할 수 없는 쉼과 평안을 경험하게
됩니다. 그것은 오늘에 이르도록 지난 세월을 돌아보면 내 삶의 여정
을 대변한 듯 그림처럼 그려져 있는 것이 시편 23편이기 때문입니다.
　가난과 아픔, 외로움과 좌절감에 주저앉아 일어설 기력도 없던 청
년이 주님의 인도하심을 입어 온 세계를 무대로 복음사역을 감당하
는 오늘의 목사가 된 것은 전적 하나님의 인도하심이었습니다.

　중국의 '임어당' 은 현대의 문명을 ABC문명이라고 갈파 했습니다.
첫째는 Atheism 무신론입니다. 둘째는 Beatles 방종입니다. 셋째는
Communism 공산주의라고 했습니다.
　그런데, 이 현대인의 ABC 문명을 살펴보면 소망도 보이지 않습니
다. Atheism은 하나님이 없는 세상입니다. 그것은 어두움이며 무질서
이며 인간이 만세가 되는 세상입니다. Beatles는 무질서하고 방종하

는 것으로써 삶의 가치가 없는 것입니다. Communism은 Confusion, 즉 혼동 혼란의 대명사입니다.

현대문명의 어두움에서 빛으로의 전환은 예수 그리스도의 복음입니다. 그래서 어두움에서 빛으로의 전환을 복음의 삶이라고 합니다. 그것을 부활 신앙이라고 합니다. 빛으로의 인도함을 받는 것이 은혜입니다. 하나님께서 우리를 그렇게 빛으로 인도하십니다. 하나님께서 우리의 삶을 축복으로 인도하십니다.

잠언 16장 9절은 하나님의 인도하심에 대한 더욱 분명한 말씀입니다.

"사람이 마음으로 자기의 길을 계획할지라도 그의 걸음을 인도하시는 이는 여호와시니라."

그래서 다윗은 하나님의 인도하심에 따르는 결과에 대하여 시편 23편에서 최고의 표현으로 노래했습니다.

"여호와는 나의 목자시니 내게 부족함이 없으리로다. 그가 나를 푸른 풀밭에 누이시며 쉴 만한 물 가로 인도하시는도다. 내 영혼을 소생시키시고 자기 이름을 위하여 의의 길로 인도하시는도다."

사무엘상을 강해하면서 1권을 하나님의 섭리, 2권을 하나님의 선택, 3권을 하나님의 인도라고 제목을 정할 때 그것은 사울과 다윗을 통하여 오늘을 살아가는 우리들에게 말씀하시는 하나님의 메시지라고 생각했습니다. 그러기에 이 책을 읽는 독자들이 그것을 볼 수 있는 영안이 열리기를 기도했습니다.

항상 기도하는 마음이지만 독자들의 서재에 꽂혀있는 또 한 권의 책이 아니라 이 책을 읽는 독자들이 하나님의 섭리를 깨닫고 순응하는 삶으로 나아갔으면 하는 마음으로 이 책을 썼습니다.

세심하게 교정을 봐 주신 이베라 교수님께 감사를 드리고 책이 출간되도록 배려해 주신 포항중앙교회 당회에 깊은 감사를 드립니다.

주후 2010년 가을에
포항중앙교회 목양실에서
서임중 목사

차 례

정의(正義) 편에 설 수 있는 용기

현 정권 대통령 선거일을 한 달 가량 앞둔 때였습니다. 12월 19일은 이 나라 국운이 결정되는 축복의 날임에 틀림이 없었습니다. 그런데도 우리는 불안과 걱정, 그리고 무어라 표현할 수 없는 씁쓸함과 허전함이 가시지 않는 마음이었습니다.

작금의 대통령 후보들에 대한 언론 보도는 국민으로 하여금 냉정하고도 엄중한 결정을 하도록 돕는 것이 아니라 온통 혼란스럽게 하는 일들뿐이라고 해도 과언이 아니었습니다.

가혹한 표현을 쓰자면 후보들이 쏟아내는 말들의 그 본새가 가관이었다는 것입니다. 자신은 절대로 의롭고 도덕적으로도 흠이 없는 것처럼 말했습니다. 모두가 다 그렇게 말들을 했습니다. 그것은 곧 우리로 하여금 신실한 후보는 단 한명도 없다는 반대급부적인 생각을 굳히기에 충분했습니다.

　이미 전 정부의 김대업씨 사건이 이 나라 운명을 바꾸어 놓은 희대의 공작정치였다는 것이 부끄러운 수치의 역사로 남아 있습니다. 그럼에도 불구하고 여전히 별별 희한한 일들이 대선후보들과 관련해서 하루가 멀다 하고 쏟아져 나왔으니 그야말로 우리 정치의 현주소가 참으로 저질 코미디와 같다는 생각을 들게 했습니다.

　대통령 후보에 관한 도덕적 윤리적 검증이야 당연히 해야 하는 일입니다. 그렇게 검증을 거친 후 대통령이 되신 분들의 지금까지의 발자취를 돌아보면 자랑스러운 사람이 한 사람도 없다는 사실이 참으로 우리를 부끄럽게 합니다.

　이것이 우리의 역사임에도 불구하고 우리는 국태민안을 위한 정책이나 국가 경영에 대한 후보들의 탁월한 소신과 계획도 들어 볼 시간이 없었습니다. 듣는 것이라곤 대선 후보들 상호간의 인신공격과 철면피한 자기 과시의 소리들이었습니다.

　그들을 보고 있노라면 끓어오르는 혐오를 삭이기가 참으로 힘든 시간이었습니다. 불쌍하기 그지없었습니다. 어떻게 저런 자들이 대선 후보로 나서서 이 나라의 지도자가 되겠다는 것인지 이해를 할 수가 없기까지 했습니다. 그들의 모습은 마치 서로를 죽이지 못해 안달이 난 살인 바이러스에 감염된 사람들의 모습 같았습니다. 그래서 12월 19일에는 도대체 어느 분에게 도장을 찍어야 할 지 도무지 종잡을 수가 없는 참담한 심정으로 나날을 보냈습니다.

　'투표는 탄환보다 강하다' 는 링컨의 명구(名句)를 모른 척 할 수도 없기에 더욱 곤혹스러운 시간이었습니다. 때를 같이해 불거진 공직자, 언론, 사회의 모습 그 어디에서도 정의로운 면면을 찾아볼 수 없는 곤혹스러움이 당시 우리 모두의 마음을 더욱 고통하게 만들었습니다.

　이런 일들은 시대의 마지막 보루라 일컫는 종교계마저도, 그 가운데서도 기독교계도 참으로 부끄러운 일이지만 정의로운 면면을 찾아보기 힘든 시대가 되었습니다.

자신의 욕구 충족을 위해서라면 믿음마저도 불의한 것과 바꾸어버리는 기막힌 일들이 도처에서 횡횡하는 것을 보고 듣습니다. 교회 안에서는 하나님의 공의를 말하면서 뒤로는 온갖 불의한 일들을 밥 먹듯 하는 사람들의 이야기를 보고 듣습니다. 그러면서도 그 일이 자신과 개인적으로 직결되지 않으면 전혀 상관하려 하지 않습니다. 이것을 믿음이 있다고 하면서 믿음이 없음을 드러내는 비기독교적인 기이한 현상을 보이는 시대상이라고 한다면 가혹한 표현일까요? 아모스 5장 24절에서 하나님은 정의의 선지자 아모스를 통하여 이렇게 말씀하셨습니다.

"오직 정의를 물 같이, 공의를 마르지 않는 강 같이 흐르게 할지어다."

그리고 미가서 6장 8절에서도 이렇게 말씀하십니다.

"사람아 주께서 선한 것이 무엇임을 네게 보이셨나니 여호와께서 네게 구하시는 것은 오직 정의를 행하며 인자를 사랑하며 겸손하게 네 하나님과 함께 행하는 것이 아니냐"

과연 오늘 우리의 삶의 자리에는 하나님께서 말씀하시는 정의가 살아있는가? 이 질문에 이 장 본문의 주인공 요나단처럼 우리도 정의 편에 설 수 있는 용기 있는 사람이 되기를 축복합니다.

본문에는 역사를 섭리하시는 하나님의 손길과 그 역사에 등장하는 사람들의 면면이 나타나고 있습니다.

첫째는 하나님께서 사랑하시고 역사의 주인공으로 사용하시는 사람 다윗입니다. 둘째는 하나님께서 사랑하시는 다윗을 위하여 하나님의 거룩한 도구로 사용되는 사람 요나단과 미갈입니다. 셋째는 하나님의 은총을 받아 거룩한 사역을 감당하던 사람입니다. 그는 지위가 높아지고, 권력이 생기며, 부가 생기고, 명예가 생겨나자 교만에 빠져 결국은 하나님으로부터 버림을 받게 되는 사람입니다. 사울이 그 사람입니다. 넷째는 하나님의 뜻을 분별하여 그 시대를 영적으로 바르게 조명시키며 인도하는 사람 사무엘입니다.

이 장 본문을 '인생의 단면도'라고 하겠습니다. 왜냐하면, 이 사건을 통해 이 세대를 살고 있는 우리 그리스도인들의 모습이 새삼 조명되고 있기 때문입니다. 그러므로 이 네 사람 가운데 분명히 나도 어딘가에 속해 있다는 것입니다. 이것을 염두에 두고 본문이 주는 가르침을 받고자 합니다.

사울왕은 다윗을 죽이려고 많은 계획을 세웠었습니다. 18장에서만도 3차례나 은밀하게 다윗을 죽이려 했던 사울은 이제 19장 1~2절 말씀을 보면 공개적으로 다윗을 죽이려고 합니다. 그런데 이 사악한 아버지의 의도를 눈치 챈 아들 요나단이 다윗에게 이 사실을 알려 주면서 다윗을 살려내는 결정적인 역할을 감당하게 됩니다.

물론 이 모든 일들은 하나님의 섭리 안에서 진행되는 것입니다. 그러나 불의한 일을 보고 참을 수 없어 자신과의 이해관계를 뛰어 넘어 정의 편에 서는 요나단의 진정한 용기 있는 행동을 볼 수 있습니다. 그런 요나단을 연구해 보면 그는 정의, 용기, 겸손, 사랑이 함축된 인격과 신앙인임을 알 수 있습니다. 이런 요나단은 아버지의 악한 계획에 대하여 일단 친구 다윗에게 이야기를 하고 몸을 피하게 합니다. 그리고 아버지에게 나아가 진솔하게 아버지의 하는 일이 잘못된 것임을 진언합니다.

1. 다윗을 아버지 앞에서 칭찬하다.

4절입니다.

"요나단이 그의 아버지 사울에게 다윗을 칭찬하여 이르되 원하건대 왕은 신하 다윗에게 범죄하지 마옵소서 그는 왕께 득죄하지 아니하였고 그가 왕께 행한 일은 심히 선함이니이다."

다윗의 지금까지의 생활을 보면 사울에게 잘못한 것이 하나도 없습니다. 오히려 사울을 위하여 목숨을 건 충성과 사랑을 바쳤을 뿐입니다.

요나단은 이것을 알았습니다. 이것을 보았습니다. 이러한 다윗을 아버지가 죽이려 한다는 것은 도저히 있을 수 없는 일이었습니다. 무엇보다도 하나님 앞에서 해서는 안 될 일이었습니다. 가만히 있어서는 안 되었습니다. 당연히 이 불의한 아버지의 계획을 막아야만 합니다. 뿐만 아니라 하나님께서 사랑하시는 의로운 다윗을 위하여 지금 아버지 앞에 나설 수 있는 사람은 아무도 없었습니다. 그러므로 자신의 모든 것을 걸고 용기 있는 행동을 하지 않을 수 없었습니다. 아버지의 죄를 막고, 의로운 친구를 구할 사람이 필요했습니다. 그 사람은 요나단 외에는 아무도 없었습니다. 감히 화가 난 왕에게 생명을 걸고 진언을 할 자가 누가 있겠습니까? 요나단은 의를 위해 죽을 용기, 목숨을 건 용기를 낸 것입니다. 그래서 아버지가 죽이려는 다윗을 그 아버지 앞에서 칭찬하였습니다.

이와 같은 일에 대하여 요한복음 15장 15절에서 주님은 이렇게 말씀 하셨습니다.

"사람이 친구를 위하여 자기 목숨을 버리면 이보다 더 큰 사랑이 없나니"

어쩌면 주님께서 요나단을 염두에 두고 말씀하신 것이 아닌가 하는 생각을 합니다. 요나단은 친구 다윗을 진정으로 사랑했습니다. 그에게서 무엇을 얻기 위해서가 아니라 그의 용맹과 진실과 하나님 앞에서의 아름다움을 진심으로 사랑했습니다. 그래서 요나단은 아무 조건 없이 다윗을 살리려 했던 것입니다. 그래서 아버지 앞에서 다윗의 장점을 들어 칭찬의 진언을 합니다.

그렇습니다. 『칭찬은 고래도 춤을 추게 한다』는 책도 있지만 집에서 기르는 개도 주인에게 칭찬 받는 것을 한 조각 빵 보다 더 좋아합니다. 그 칭찬을 받기 위해 온갖 재롱을 다 부립니다.

상대방을 칭찬해 주는 것은 아름다운 일입니다. 이해관계를 뛰어넘은 칭찬은 사랑입니다. 요나단이 아버지 앞에서 다윗을 칭찬한 것은 진정한 사랑이면서 또한 용기 있는 행동이었습니다.

2. 아버지에게 충복 다윗의 공을 일깨워 드리다.

5절입니다.

"그가 자기 생명을 아끼지 아니하고 블레셋 사람을 죽였고 여호와께서는 온 이스라엘을 위하여 큰 구원을 이루셨으므로 왕이 이를 보고 기뻐하셨거늘 어찌 까닭 없이 다윗을 죽여 무죄한 피를 흘려 범죄하려 하시나이까"

　　다윗은 나라와 민족을 위하여, 그리고 무엇보다 사울 왕을 위하여 죽음을 무릅쓰고 블레셋과 싸워 승리를 이끌어낸 일등 공신이었습니다. 사울도 이에 대하여 기뻐했습니다. 이런 다윗을 죽인다는 것은 범죄 행위였습니다. 요나단은 이것을 알았기 때문에 아버지를 각성시켰습니다. 비록 그가 아들이지만 악한 계획에 몰두하고 있는 아버지에게 아버지의 정적에 대한 칭찬과 또 아버지의 잘못에 대하여 직언을 한다는 것은 당시의 정황으로서는 죽음을 각오한 결단이 아니고는 감히 할 수 없는 것이었습니다.
　　상관의 잘못에 대하여 충언하는 것도 그리 쉬운 일만은 아닙니다. 하물며 아버지의 잘못이겠습니까. 아버지의 잘못에 대한 지적은 그야말로 또 다른 용기가 필요한 것입니다.
　　요나단이 단순한 용기만으로 아버지의 잘못을 지적한 것은 아니라고 생각합니다. 5절 하반 절은 이 부분에 대하여 아주 중요한 메시지를 주고 있습니다.
　　"무죄한 피를 흘려 범죄하려 하시나이까?"

　　요나단의 용기를 단순히 다윗을 살리기 위한 것으로만 국한한다면 그의 이 말은 그 깊이와 넓이가 희석되고 맙니다. 그는 아들로서 아버지가 하나님 앞에서 범죄하는 것을 알면서도 그냥 보고만 있을 수는 없는 것이었습니다. 이것이 요나단의 신앙입니다. 이 신앙에서 정의가 살아나는 것이고 이 정의에서 진정한 용기가 연출 될 수 있었던 것입니다.

이로 인하여 사울은 돌이켜 깨닫고 다윗을 죽이려는 생각을 접습니다. 6절입니다.

"사울이 요나단의 말을 듣고 맹세하되 여호와께서 살아 계심을 두고 맹세하거니와 그가 죽임을 당하지 아니하리라."

그리고 다윗은 사울 앞에서 전과 같이 일상의 생활을 하게 되는 것이 7절입니다. 악의 정점을 향하여 높이 치켜들었던 날선 장검이 내려진 것입니다. 갈등의 고조가 일시에 해소 되었습니다.

요나단의 정의 편에 선 용기 있는 행동이 자칫 피를 불렀을 이 엄청난 참사를 잠재웠습니다. 아버지를 살인자가 될 뻔한 범죄의 악에서 구했습니다. 사랑하는 친구 다윗을 죽음에서 구원하는 거룩한 하나님의 도구로 사용 되었습니다. 믿음이 있어야 정의 편에 설 수 있는 용기가 생깁니다.

히브리서 11장 24-26절에는 모세에 대하여 옷깃을 여미게 하는 기록이 있습니다. 용기 있는 신앙인 모세의 삶을 그림처럼 그려놓은 말씀입니다.

"믿음으로 모세는 장성하여 바로의 공주의 아들이라 칭함 받기를 거절하고, 도리어 하나님의 백성과 함께 고난 받기를 잠시 죄악의 낙을 누리는 것보다 더 좋아하고, 그리스도를 위하여 받는 수모를 애굽의 모든 보화보다 더 큰 재물로 여겼으니 이는 상 주심을 바라봄이라."

창세기 39장에도 믿음 있는 사람 요셉이 정의 편에 설 수 있었던 용기의 기록이 있습니다. 보디발의 아내의 유혹을 받고도 그것을 거절 할 수 있었던 것은 요셉의 굳건한 하나님 신앙이 근간이 되었기 때문입니다.

그러나 하와는 뱀의 말을 거절하지 못했고, 아담은 하와의 말을 거절하지 못했습니다. 솔로몬은 말년에 그가 거느렸던 수많은 이방 여인인 아내들의 유혹을 거절하지 못해서 그들의 산당에서 분향을 했습니다. 발람은 모압왕 발락의 재물을 거절하지 못했습니다. 가룟 유다는 대제사장의 은 30을 거절하지 못해서 예수님을 대제사장들에게 넘겨주었습니다.

느닷없이 떠오르는 질문이 하나있습니다. 똥개와 명견(名犬)의 차이가 무엇입니까? 훈련을 잘 받은 영리한 개는 모르는 사람이 던져주는 고깃덩어리가 아무리 맛있는 것이어도 주인의 허락 없이는 먹지 않고 고개를 돌립니다. 영리한 개도 던져주는 것 아무것이나 덥썩 물지 않습니다.

하물며 사람이, 더욱이 영으로 살아야 하는 크리스천들이 육신의 소욕대로 세상의 것을 마구 취한다면, 과연 그가 개보다 나을 것이 뭐가 있겠습니까?

하나님을 믿는 그리스도인이 정의 편에 서지 못하고 취할 것과 버릴 것을 구분하지 못한다면, 거절해야 할 것을 취하고 취해야 할 것을 버리는 생활을 한다면, 그래서 결국은 하나님으로부터 버림을 받게 된다면, 이 어찌 슬픈 일이 아니겠습니까.

『지옥은 반드시 있다』라는 책을 쓴 미국의 벡스터(Baxter) 여사는 40여 번 지옥의 참담한 광경을 보고 왔다고 간증했습니다.

한번은 대부흥사였다가 지옥에 떨어져 비탄과 고통 중에 비명을 지르며 좀 구원해달라고 울부짖는 목사님을 보고 예수님께 불쌍하니 좀 구원해 달라고 했답니다. 그런데 주님의 말씀은 청천벽력 같은 말씀이었답니다.

"그는 세상에서 한 때 교회도 크게 부흥시켰다. 성령을 받아 부흥회도 잘 인도했다. 가난한 자들을 돌보았고 신실하게 목사의 사역을 했었다. 그런데 그는 타락한 마음이 되어 세상의 부귀영화를 하나님의 나라보다 더 사랑하게 되었다. 그러면서 절제하지 못했고, 취할 것과 버릴 것을 구분하지 못했으며, 거절하지 못했고, 세상의 영광을 하나님보다 더 사랑했단다. 그러므로 이제 그는 낮이나 밤이나 저 고통을 당한다."

사도 바울은 고린도전서 9장 27절에서 고백했습니다.
"내가 내 몸을 쳐 복종하게 함은 내가 남에게 전파한 후에 자신이 도리어 버림을 당할까 두려워함이로다."

정의 편에 설 수 있는 용기 있는 사람이란 하나님을 믿는 올바른 믿음이 있는 사람입니다.

예수님은 성전에 들어가셔서 성전 안에서 매매하는 모든 사람들을 내어 쫓으시며 돈 바꾸는 사람들의 상과 비둘기 파는 사람들의 의자를 둘러 엎으셨습니다(마21:12 ; 막11:15-16). 하나님의 성전에서 행해져야 할 온전함이 없는 것을 보시고 분노하셨던 것입니다. 하나님의 성전을 상거래 장터로 만들어 놓은 것에 의분을 일으키셨습니다.

저와 여러분도 주님 나라 가는 그 날까지 믿음의 선한 용기에 생명을 걸 수 있는 사람으로 살기를 예수님의 이름으로 축복합니다. 아멘.

59.
영적 싸움

"다윗의 아내 미갈이 다윗에게 말하여 이르되
당신이 이 밤에 당신의 생명을 구하지 아니하면
내일에는 죽임을 당하리라 하고
〈사무엘상 19:8~17 중〉."

전 총회장 김삼환 목사님을 중심으로 교단의 어른들 몇 분과 함께 뉴질랜드 선교지를 돌아보고 왔습니다. 멀리서 보고 듣고 느끼는 것보다는 가까이서 보고 듣고 느끼는 감정은 분명 다르다는 것을 어른들을 곁에서 모시면서 많이 깨달았습니다.

한국교회를 오늘에 이르도록 헌신하신 어른들의 말씀 한 마디 한 마디는 역사였고 메시지였습니다.

매일 예배를 드리면서 귀한 말씀을 많이 듣는 중에 특별히 이광선 목사님의 총회장 재임 시 사학법 재개정을 위한 싸움에 대한 이야기를 듣게 되었습니다. 이 목사님은 삭발을 하고 국회 폐회 단 몇 시간을 앞두고 극적으로 재개정을 결의하게 된 이야기를 하셨습니다. 말씀을 들으면서 우리 일행 모두는 하나 같이 그것이 영적 싸움이었음을 새삼 느끼며 하나님께 감사를 드렸습니다.

김삼환 목사님은 오늘의 한국교회의 가장 심각한 상황은 교회가 영적 싸움에서 밀리고 있다는 것을 토로하셨습니다. 그러시면서 우리 믿음의 선배들이 일구어 온 한국교회를 잘 지키고, 후손들에게 복음의 은총을 물려주기 위하여 오늘 우리가 해야 할 가장 시급한 문제는 '영적 싸움의 승리' 라고 단언했습니다.

실제로 이슬람이 한국에 선교활동을 전개하고 있는 수준은 우리가 생각하고 있는 것보다 훨씬 심각합니다. 게다가 이미 통일교는 정치, 경제, 사회, 교육, 문화 등의 모든 분야에 깊이 침투해 있을 뿐 아니라 모든 분야에서 영향력을 행사하는 상황에까지 와있습니다.

에베소서 6장에서는 성도가 마귀와 싸워 이기기 위하여서 먼저 영적으로 전신갑주(全身甲紬)를 입어야 한다고 가르쳤습니다.

첫째, 머리에는 구원의 투구를 쓰라고 했습니다.

둘째, 가슴에는 의의 흉배를 붙이라고 했습니다.

셋째, 허리에는 진리의 허리띠를 띠라고 했습니다.

넷째, 발에는 평안의 복음의 신을 신으라고 했습니다.

다섯째, 왼손에는 믿음의 방패를 들라고 했습니다.

여섯째, 오른 손에는 성령의 검인 하나님의 말씀을 잡으라고 했습니다.

이와 같이 무장하지 않고는 절대로 마귀 사단과의 싸움에서 이길 수 없음을 강조한 것입니다.

뉴질랜드에서의 시간은 한국교회의 내일을 위하여 오늘의 교계 지도자는 물론 모든 성도들이 전신갑주로 무장을 하고, 악한 세력과 싸위 이겨야 함을 새삼 다짐할 수 있는 좋은 기회가 되었습니다.

오늘날 성도들은 아주 작은 일에도 쉬 넘어지고 시험에 들어 교회를 떠납니다. 그리고는 하나님을 원망합니다. 왜 이런 일들이 일어나는 것일까요? 그것은 영적으로 전신갑주를 입지 못했기 때문입니다.

여호수아 24장의 여호수아가 모세로부터 지도권을 수임 받은 후 외친 말씀이 있습니다. 14~15절입니다.

"그러므로 이제는 여호와를 경외하며 온전함과 진실함으로 그를 섬기라 너희의 조상들이 강 저쪽과 애굽에서 섬기던 신들을 치워 버리고 여호와만 섬기라. 만일 여호와를 섬기는 것이 너희에게 좋지 않게 보이거든 너희 조상들이 강 저쪽에서 섬기던 신들이든지 또는 너희가 거주하는 땅에 있는 아모리 족속의 신들이든지 너희가 섬길 자를 오늘 택하라 오직 나와 내 집은 여호와를 섬기겠노라."

그렇습니다. 백성들이 하나 같이 믿음이 흔들릴 때 여호수아는 믿음의 전신갑주를 입고 외쳤습니다.

열왕기상 18장의 갈멜산의 엘리야 또한 그렇습니다. 당시의 바알과 아세라를 섬기는 선지자 850명과 기도로 대결하고, 천하무적 아합왕을 향하여 오직 하나님을 외쳤던 엘리야는 믿음으로 전신갑주를 입었기에 두려움이 없었습니다. 그래서 마침내 승리의 노래를 부를 수 있었습니다.

다니엘 3장에도 죽음을 두려워하지 않고 느부갓네살 신상에 절하지 않았던 사람들이 있습니다. 그들이 사드락과 메삭과 아벳느고입니다. 우상을 섬기지 않으면 죽임을 당할 수밖에 없는 극한 상황이었습니다. 포로로 끌려간 땅, 볼모로 잡혀간 땅이었습니다. 그러나 그들도 믿음의 전신갑주를 입고 있었습니다. 죽으면 죽으리라 하는 믿음이었습니다. 그랬기 때문에 그곳에서도 믿음으로 승리를 할 수 있었습니다.

지금 대한민국은 무속인들이 판을 치고 있습니다. 지난 대선을 앞둔 11월 30일자 연합뉴스에서는 심각하게 주목할 내용이 보도 되었었습니다. 내용은 대통령 후보들의 토론과 정책 경쟁은 시쳇말로 이미 실종된 것이라, 최후 승자를 점쳐보는 역술이 득세를 하고 있다는 내용이었습니다.

신당의 정동영 후보 캠프에서는 역술인들이 필승을 한다고 점치고 있는 사실을 중요시 하며 흥분하고 있다는 것이었습니다.

당시 한나라당 이명박 후보는 독실한 기독교 장로이기 때문에 역술에 관심을 두고 있지는 않지만 비기독교인들 측근들은 은근히 이 후보가 군주의 운을 타고 났다는 점을 주장하고 있다는 것이었습니다.

역술인들의 말을 빌면, 이명박 후보는 박근혜 전 대표를 이길 수 없었지만, 운명을 극복하고 이명박 장로가 승리했다는 것을 강조하면서, 역술인들의 말을 그다지 마음에 담지 않고 있지만 제 4종교위원장을 맡고 있는 정두언 의원은 신경을 쓰고 있다는 것이었습니다.

무소속 이회창 후보 캠프에서는 '돼지가 뱀을 잡아 먹는다.' 는 점풀이가 나왔는데 역술상 돼지가 뱀의 천적이라는 점에서 돼지띠인 이 후보(1935년생)가 뱀띠인 한나라당 이명박(1941년생), 대통합민주신당 정동영(1953년생) 후보를 누르고 당선될 것이라고 흥분하고 있다는 것이었습니다. 그리고 이회창 후보가 지난 6~7월 충남 예산의 선대 묘 9기를 이장한 것을 놓고도 대선출마를 앞두고 풍수지리설에 따라 명당을 찾아 옮긴 것이 아니냐는 해석이 끊이질 않고 있다고 보도했습니다.

민주당 이인제 후보는 올해 정해 년이 60년 만에 돌아오는 붉은 돼지해라는 점에서 '대운(大運)'을 점치는 역술인들이 많은데, 이 후보 측 관계자는 이인제 후보는 12월 19일이 정해 년 일이고 이 후보 본인이 붉은 돼지띠이기 때문에 당선된다는 것이었습니다.

창조 한국당 문국현 후보 캠프 주변에서는 모 역술인이 한 주간지에 기고한 '정통 명리학으로 풀어본 대선후보 운명'에서 "하늘이 문국현 후보에게 운을 줬다"며 "운만 놓고 보면 문국현 후보는 100점"이라고 주장했다는 얘기가 나돈다고 했습니다.

이 같은 역술인들의 말을 믿으면 벌써 대통령만 수십 명이 된 나라입니다. 이 기막힌 뜬 구름 잡는 소리와 민심을 요란케 하는 일에 언론까지 한 몫을 하고 나섰습니다. 이것이 이 나라 대한민국의 대통령 선거 현장이었습니다.

한 마디로 기막힌 나라가 되어버린 비통함에 그저 유구무언이 되었습니다. 기독교 순교자들의 피 뿌림의 역사가 100년이 넘는 이 땅의 실체가 아직도 여기까지 밖에 오지 못하였나 하는 자괴감에 온 심령과 몸이 아파왔습니다.

지금 이 나라 대한민국에는 동양철학, 역술이라는 이름으로 활동하고 있는 사람들이 80만에 이른다고 합니다.

　놀랍고 슬픈 것은 기독교인들 가운데도 이런 곳을 출입하면서 자신의 앞날을 점치는 일이 있다는 사실입니다. 그러니 이 나라가 지금 얼마나 치열한 영적 싸움터가 되어가고 있는가를 절대로 간과해서는 안 될 것입니다.

　이 세상은 우리들의 일생을 아무렇게나 던져주며 점치게 하고 그 말을 따라 춤추게 해도 되는 단순한 놀이터(play ground)가 아닙니다. 이곳은 격렬한 영적 전쟁터(battle ground)입니다. 사탄은 있는 힘을 다해 하나님의 일을 방해하고 있습니다. 하나님의 형상대로 지음 받은 인간을 파괴하고 타락시키는 것을 주목적으로 하여 호시탐탐 찢을 자를 찾고 있습니다. 공중 권세를 잡고 강하게 부딪혀오고 있습니다. 우리는 이때에 예수그리스도의 군사로 무장을 하고 강력한 전투를 해야 합니다. 이 싸움은 겁낼 것이 없습니다. 이미 이겨 놓으신 예수 그리스도의 이름으로 나아가는 싸움이기 때문입니다.

　오늘 본문은 영적싸움의 내용입니다. 8절입니다.
　"전쟁이 다시 있으므로 다윗이 나가서 블레셋 사람들과 싸워 그들을 크게 쳐죽이매 그들이 그 앞에서 도망하니라."

　"전쟁이 다시 있으므로"
　이스라엘의 역사는 전쟁의 역사이기도 합니다. 우리의 역사 또한 별로 다를 바 없는 영적 전쟁의 역사입니다. 이 장에서 나누고자 하는 하나님의 은혜는 세상의 전쟁이 아닌 영적 전쟁에 관한 것입니다.
　이스라엘 백성들은 주변 국가들의 침략으로 어느 하루도 편한 날이 없었습니다. 그것처럼 오늘 성도들의 범사에도 여러 가지 다양한 악한 영들이 공격해 옴으로 어느 하루도 평안한 날이 없습니다.

그러나 다윗이 싸움터로 나가기만 하면 승리한 것처럼 우리도 악한 영과 싸워 백전백승의 승리를 할 수 있는 방법이 있습니다. 그것은 영적으로 각성하여 전신갑주를 입는 것입니다. 이것에 관하여 에베소서 6장 22절에서는 다음과 같이 말씀하고 있습니다.

"우리의 씨름은 혈과 육을 상대하는 것이 아니요 통치자들과 권세들과 이 어둠의 세상 주관자들과 하늘에 있는 악의 영들을 상대함이라. 그러므로 하나님의 전신 갑주를 취하라 이는 악한 날에 너희가 능히 대적하고 모든 일을 행한 후에 서기 위함이라."

다시 본문으로 돌아와 9절 이하를 보면 우리가 주목할 내용이 기록되어 있습니다. 사울이 단창으로 다윗을 죽이려 하는 모습인데 그 이유가 악령이 사울에게 접했기 때문이라고 했습니다. 9절입니다.

"사울이 손에 단창을 가지고 그의 집에 앉았을 때에 여호와께서 부리시는 악령이 사울에게 접하였으므로"

10절에서는 단창으로 사울이 다윗을 죽이려 했습니다. 그러자 다윗은 그 앞을 피합니다.

11절에서는 전령들을 다윗의 집으로 보내어 다윗을 지키게 하다가 아침에 죽이려 했습니다.

12절에서는 이 사실을 알게 된 다윗의 아내 미갈이 그를 피하게 했습니다.

13절 이하에는 다윗을 죽이려는 사울과 남편을 살리려는 사울의 딸 미갈의 모습이 그 내용으로 전개됩니다.

우리가 여기서 한 가지 생각해야 할 것이 있습니다. '왜 사울은 이토록 집요하게 다윗을 죽이려는 것일까?' 라는 것입니다. 그 답은 이미 앞에서도 드러난 바와 같이 단 하나입니다. 악한 영이 사울을 사로잡았기 때문입니다. 그리고 이 같은 상황이 오늘도 계속 되었습니다.

16장에서는 사울이 악령에 의하여 고통을 당하게 되었을 때 다윗이 수금을 타면 악령이 떠났습니다. 그러나 본문 10절에서는 다윗의 수금도 이제 더 이상 소용이 없는 상황이 되었습니다. 이것은 사울의 영적 병이 훨씬 더 깊어졌다는 증거입니다. 어쩌다가 사울의 상황이 이 지경까지 왔을까요?

그것은 하나님에 대한 불신과 다윗에 대한 질투심 때문에 악한 영이 사울에게 더욱 역사할 기회를 주었기 때문입니다.

아들 요나단의 충언도, 딸 미갈의 간절한 호소도, 다윗의 그 충직스러운 헌신도 악령에 사로잡힌 사울에게는 소용이 없었습니다.

그렇게 사울은 평생 증오심과 불신, 원망과 불평으로 살다가 일생을 비참하게 마무리 했습니다.

인간과 마귀의 차이가 무엇인지 아십니까?

인간은 회개함으로 구원에 이를 수 있는 여지가 있지만 마귀에게는 그 기회가 없다는 것입니다. 그 때문에 마귀에게 정해진 것은 영원한 멸망입니다.

그렇기 때문에 회개 하는 것을 싫어하고 고의적으로 회개를 하지 않으면 무서운 악한 영의 지배를 받아 결국 폐인이 되는 것입니다. 시편 7편 12절에서는 이에 대하여 말씀하셨습니다.

"사람이 회개하지 아니하면 그가 그의 칼을 가심이여 그의 활을 이미 당기어 예비하셨도다."

그러나 하나님을 사랑하는 믿음 있는 사람은 어떤 환난과 고난 가운데서도 하나님이 보호하시고 인도하신다는 것을 본문은 다시 증거하고 있습니다.

10절의 내용도 그렇지만 지금까지의 다윗의 일상을 살펴보면 어떤 위급한 상황 가운데서도 그 때마다 다양한 방법으로 하나님께서 다윗을 보호하시고 인도하시는 것을 볼 수 있습니다. 비단 다윗에게 뿐만 아니라 하나님께서는 당신을 믿는 자녀들을 시험 가운데 그냥 버려두시는 분이 아니십니다. 반드시 그 사랑하시는 자녀들에게 피할 길을 여십니다. 그 약속의 말씀이 고린도전서 10장 13절입니다.

"사람이 감당할 시험 밖에는 너희가 당한 것이 없나니 오직 하나님은 미쁘사 너희가 감당하지 못할 시험 당함을 허락하지 아니하시고 시험 당할 즈음에 또한 피할 길을 내사 너희로 능히 감당하게 하시느니라."

이사야 41장 10절입니다.

"두려워하지 말라 내가 너와 함께 함이라 놀라지 말라 나는 네 하나님이 됨이라 내가 너를 굳세게 하리라 참으로 너를 도와주리라 참으로 나의 의로운 오른손으로 너를 붙들리라."

할렐루야!

말씀 앞에서 우리가 취할 것은 사울처럼 믿음 없는 자가 되지 말고 다윗처럼 하나님을 사랑하고 믿음 있는 자가 되는 것입니다.

오늘 본문의 영적 전쟁의 결론은 하나님의 승리입니다. 하나님을 대적하는 그 어떤 것도 결코 승리할 수 없습니다. 무신론도 하나님을 이길 수 없습니다.

공산주의는 무신론주의입니다. 칼 마르크스(1818-1883)는 "신은 필요 때문에 고안된 정신적 허구이다", "인간이 종교를 만들었다"라고 하면서 신의 존재를 철저히 부인했습니다.

그러나 그가 주창했던 공산주의는 70년의 세월을 지나며 완전히 거지가 되어 망하고 결국은 붕괴되고 말았습니다. 그와 동맹을 맺었던 연방 15개 국가 어느 한 곳도 공산주의를 하지 않습니다. 철의 장막으로 불리던 대 소비에트 연방이 아니었습니까? 지금 그들의 현주소가 우리에게 말하고 있는 것이 무엇입니까? 지금 이 사상을 추종하는 나라와 민족과 개인은 다 멸망에 이르게 된다는 것을 똑똑히 증명하여 보여준 것이 바로 20년 전의 소련 역사입니다.

이 역사를 아직도 이어가는 우리의 가까운 북한은 어떻습니까? 그곳에 하나님을 찾는 교회가 있습니까? 예, 몇 개가 있습니다. 그러나 그것은 철저하게 정치적인 교회입니다. 서방 세계에 선전용으로 만들어 놓은 것에 불과한 것입니다.

처음부터 북한에 교회가 없었던 것이 아닙니다. 남한보다 더 많던 교회들을 공산주의가 들어서면서 철저히 파괴했습니다. 모든 크리스천들은 죽임을 당하거나 노동자 수용소로 끌려가 중노동에 시달려 죽도록 만들었습니다.

공산주의는 철저한 종교 말살론입니다. 빼앗는 사상이 공산주의 사상입니다. 공동 생산, 공동 분배라는 허울 좋은 말로 있는 자의 것을 빼앗아 없애 버리는 사상이 공산주의 사상입니다.

칼 마르크스는 1848년 "공산당선언"에서 "전 세계 노동자들이여, 다 단결하여 공장과 기업의 주인인 자본가의 재산을 빼앗고 공동소유로 만들자"라고 선언하면서 이 혁명완수를 위해서는 살인도, 방화도 할 수 있고 거짓말도, 파괴도, 서슴지 말고 행하라고 했습니다.

이것이 거짓말 사상입니다. 거짓말이 마귀의 특징입니다. 오늘날 이슬람교 극단주의자들이 비행기를 폭파하고 자살 테러를 자행하여 수많은 사람을 죽이는데 이것은 사탄의 역사입니다. 잘못된 종교이기 때문입니다.

히틀러는 유태인 600만 명을 가스로 독살했고, 전쟁을 일으켜 수많은 사람을 죽였습니다. 그것 또한 무신론자의 광기어린 심령을 사탄이 지배하여 도구로 사용한 결과였습니다.

로버트 콘퀘스트(Robert Conquest)의 『엄청난 테러(The Great Terror)』란 책에서 흐루시초프는 폭로하기를-1956년 2월 전당대회에서- "스탈린(1879-1953)은 1936~1938 년 사이에 감행숙청에서 10월 혁명 이전에 공산당에 입당한 당원 90%를 죽였고, 그 후에 입당한 사람은 50%를 처형했으며, 군장성급은 60%를 사형시켰다"라고 했습니다. 뿐만 아니라 비밀경찰 두목 에조프가 스탈린에게 갖다 바친 사형자 명단이 책으로 383권이나 된다고 했습니다. 스탈린이 죽인 사람은 총 4,500만 명이나 되고, 모택동이 죽인 사람은 6,300만 명이나 됩니다.

오늘 건전한 사상을 가졌다는 사람들은 조심해야 합니다. 공산주의 사상은 좋은 이론이지만 결단코 공정할 수 없는 것이 공산주의사회입니다. 그러므로 우리가 싸워야 할 영적 전쟁은 자신을 광명의 천사로 가장하는 공산주의와의 싸움입니다.

다시 본문으로 돌아갑니다. 일평생 다윗 하나를 죽이려고 몸부림을 쳤던 한 사나이 사울의 삶이 어떠했습니까? 불안, 초조, 근심, 격정, 두려움으로 가득한 카오스적인 삶이었습니다. 그렇게 미움의 병에 걸린 인간 사울은 그 영혼이 마귀에게 점령당했기 때문입니다. 마귀의 특징이 살인입니다. 요한복음 8장 44절에서 이렇게 마귀에 대해 증언합니다.

"그는 처음부터 살인한 자요 진리가 그 속에 없으므로 진리에 서지 못하고 거짓을 말할 때마다 제 것으로 말하나니 이는 그가 거짓말쟁이요 거짓의 아비가 되었음이라."

오늘 우리의 삶은 영적 싸움터에서의 삶입니다. 이기면 행복이요 천국입니다. 그러나 지면, 불행이요 지옥입니다.

자기 자신과의 영적 싸움에서 기필코 이겨야 합니다. 사회를 혼란케 하는 마귀의 전략을 알고 믿음으로 이겨야 합니다. 마귀는 거짓말을 잘합니다. 말을 아주 잘하는 것이 마귀의 술수입니다.

요즈음 정치인들의 말은 듣기만 하지 말고 가만히 분석해 보십시오. 옳은 말이 있는가 하면 거짓말이 있습니다. 상대방을 끝까지 죽이려는 말이 있는가 하면 미래지향적인 말이 있습니다. 감언이설로 현혹하는 말이 있는가 하면 말솜씨는 별로이지만 미래가 보이고 진실이 담겨 있는 말이 있습니다.

우리 한국 민족의 민족성에는 잘 잊어버리는 은사(?)가 있는 듯합니다. 어제 속고 가슴을 치고도 또 오늘 말장난에 넘어가 피를 토하는 고통을 당합니다.

우리 모두 영적 싸움에서 승리하기를 바랍니다. 사울처럼 영적 실패자가 되지 않기 위하여 더욱 기도하고 하나님의 전신갑주를 입고 믿음의 군사로 승리해야 합니다.

예수님께서도 마귀와의 영적 싸움을 싸우셨습니다. 물론 전혀 게임이 안 되는 싸움이었지만 주님은 언제나 마귀의 현혹하는 술수에 말씀으로 정면 돌파를 하셨습니다. 기도로 십자가 짐의 쓴 잔을 받아 들이시고 마침내 인류의 구원을 이루셨습니다.

우리도 예수님의 모습을 본받아 마귀를 대적해야 합니다. 야고보서 4장 7절에서는 다음과 같이 말씀하십니다.

"그런즉 너희는 하나님께 순복할찌어다 마귀를 대적하라 그리하면 너희를 피하리라."

하나님의 말씀을 순종하며, 마귀를 대적하며 나아갈 때, 하나님의 전신갑주를 입고, 믿음의 선한 싸움을 싸우며 날마다 승리하는 저와 여러분이 되시기를 예수님의 이름으로 축복합니다. 아멘.

60.
좋은 교회

'교회'에 대한 개념을 '기독교인들의 만남'이라고 정의할 때, 구약에서 이스라엘 백성의 모임, 또는 만남을 의미하는 단어로는 '카할 (קהל[qahall])'이 있습니다.

'카할'의 의미는 일반적으로 "부르심을 입은 무리" 혹은 "소집된 무리"입니다. 이 카할이 교회 개념의 기반으로 나타난 것은 법적인 문서인 오경에서인데, 여기에서의 카할은 대부분 제의(祭儀), 즉 예배 공동체에 한정되어 사용되었음을 볼 수 있습니다. 어쨌든 카할이 명사와 동사로 함께 사용될 때는 "회중"이라는 말과 관계되어 있다는 것을 알 수 있습니다.

신약에서는 교회를 '에클레시아($\acute{\epsilon}\kappa\kappa\lambda\eta\sigma\acute{\iota}\alpha$[ekklesia])'라고 합니다. 이는 "부름을 받아 나온 사람들의 모임, 불러냄을 입은 사람들의 모임"이라는 뜻입니다. 그래서 교회론에서 '교회'는 '구원받은 성도의 모임'이라고 정의하며, 예수 그리스도가 자신을 희생하여 세운 것, 그리스도의 몸, 하나님의 처소라고도 합니다.

이렇게 예수 그리스도께서 세우신 교회의 본질은 다음과 같은 3가지로 대별할 수 있습니다. 첫째, 고난과 역경 가운데서도 감사와 찬송이 있는 곳, 둘째, 가난과 어려움 중에서도 구제와 봉사가 있는 곳, 셋째, 거짓과 위선이 절대로 통용되지 않는 곳입니다.

이와 같은 교회는 그냥 세워지는 것이 아닙니다. 마태복음 16장에서 베드로가 예수님을 만나 올바른 신앙을 고백했을 때, 주님께서 그 신앙고백 위에 교회를 세우신다고 하셨습니다. 이처럼 올바른 신앙고백이 선행될 때에 참된 교회가 세워지는 것입니다.

올바른 신앙고백이 있을 때 나타나는 교회의 모습은 어떨까요? 첫째는 교인들의 생활이 하나님께 영광을 돌리는 신앙생활이 됩니다. 둘째는 자신의 영혼 구원을 위해 진력하는 생활을 하게 됩니다. 즉 직분 때문에 시끄럽거나 일 때문에 분주하지 않습니다. 셋째는 사회 구원, 인류봉사, 하나님의 정의를 실현하는 데 힘쓰는 생활이 됩니다.

그러나 이런 신앙고백이 올바르게 되지 못할 때 나타나는 반대급부의 현상은 어떤 것들이 있을까요? 첫째는 하나님의 영광보다 자신의 뜻을 이루려고 합니다. 둘째는 자신의 영혼 구원보다는 현실적 이익 추구를 위한 생활이 됩니다. 셋째는 사회 구원이라든가, 하나님의 공의의 실현보다는 인본주의적 삶이 나타나게 됩니다.

기초가 없는 건물들이 붕괴되는 것처럼 신앙고백이 바로 되지 못한 신앙생활은 언젠가는 무너지게 되어 있습니다.

인간관계에 있어서도 진정한 아가페적인 사랑의 기초가 없는 사랑은, 언젠가는 미움이 되고 배신이 되기도 합니다. 그러나 진정한 아가페적 사랑을 기본으로 한 사랑은 결코 미움이나 배신이 없는 것입니다. 그러므로 올바른 신앙고백이 없는 교회는 또 하나의 인간의 모임인 공회당일 뿐입니다.

우리교회는 창립 60주년을 지나고도 벌써 두 해를 은혜 가운데 거룩한 교회 행사를 지금까지 진행하여 왔습니다. 돌아보면 감사한 것뿐입니다.

60여 년 동안에 7천여 성도로 외적인 성장을 이루어왔습니다. 30여 개 국가에 나가 선교하고 계시는 선교사님들을 파송, 그리고 협력하여 선교하는 교회로 쓰임 받고 있습니다. 100여 교회의 미자립 교회를 후원하며 사회를 위한 다양한 선교적 역할도 감당하고 있습니다.

교회가 기본적으로 갖추어야 할 것들을 착실하게 갖추며 주님께서 기뻐하시는 교회로 오늘 이렇게 여기를 걷고 있습니다. 그리고 앞으로도 계속해서 주님의 뜻을 물으며 더욱 쓰임 받는 교회, 주님께서 기뻐하시는 교회로 성장해 가도록 일할 것입니다.

우리 포항중앙교회는 주님께서 인도하시는 교회입니다. 아멘! 우리 포항중앙교회 성도들은 주님께 순종하는 성도들입니다. 아멘! 이런 우리 포항중앙교회는 참 좋은 교회입니다. 아멘!

교회가 좋다는 말을 사용할 때는 두 가지의 의미를 갖고 있습니다. 하나는 우리 스스로 하나님 앞에서 부끄럼 없는 신앙생활을 하고 있다는 것입니다. 또 하나는 객관적인 입장에서 지역사회로부터 손가락질 당하지 않는 교회, 그들이 우리 교회와 함께 하고 싶어 하는 교회로 칭찬 받고 있다는 평가가 있을 때 가능한 표현입니다. 우리교회는 이 두 가지를 다 포함하고 있음을 조심스럽게 주님 앞에서 고백할 수 있기에 좋은 교회입니다.

이제 본문에 나타난 좋은 교회의 모습을 살펴보면서, 우리교회가 바로 이와 같은 교회로 더욱 든든히 서 가도록 함께 힘쓰며 나아가기를 소망하며 기도합니다.

본문은 다윗이 사울의 칼날을 피하여 '라마나욧' 으로 피신하게 된 내용입니다.

블레셋과의 전쟁 이후 다윗이 백성들로부터 대중적인 인기를 한 몸에 받게 되었습니다. 그러자 이를 시기한 사울 왕이 다윗을 죽이려고 온갖 방법을 다 동원하면서 다윗은 그 생명이 풍전등화와 같은 상황에 놓이게 되었습니다.

그러나 하나님께서는 여러 환경을 사용하셔서 다윗을 지켜 주시고 보호하시며 인도하셨습니다. 더욱 놀라운 것은 다윗의 정적이 될 수도 있는 사울의 아들 요나단이 하나님의 대리자가 되어 다윗을 보호하게 된 것입니다.

19장 1절에서 사울은 모든 신하들과 그 아들 요나단에게 다윗을 살해하라는 명령을 내립니다. 이 사실을 안 요나단은 2-3절에서 오히려 다윗에게 이 사실을 알리면서 은신(隱身)하도록 권고합니다. 뿐만 아니라 4-5절에서는 생명을 걸고 아버지 사울에게 다윗의 무죄함을 고하며 아버지가 범죄하지 말기를 간언합니다. 6-7절에서는 아들의 충언을 들은 사울이 뉘우쳐 다윗의 살해 기도를 일단은 포기합니다.

그러나 8-17절까지에서는 다시 다윗을 죽이려는 사울의 광기어린 행동이 나타납니다. 그러자 이번에는 그의 딸이자 다윗의 아내인 미갈을 하나님께서 당신의 대행자로 사용하시면서 다윗을 보호하시는 것을 볼 수 있습니다. 하나님께서 얼마나 다윗을 사랑하시는지를 역력히 볼 수 있습니다. 참으로 지극하신 사랑입니다.

본문 18절 이하에서는 이제 하나님께서 직접 다윗을 보호하시는 사랑을 볼 수 있습니다. 본문의 내용을 요약하면 이렇습니다.

18절은 다윗이 사무엘의 칼을 피하여 사무엘에게로 도주하는 모습입니다. 19-21절은 사울이 보낸 세 번째 자객들까지 하나님의 영으로 황홀경에 빠지는 장면입니다.

22-24절까지는 사울 자신에게도 하나님의 영이 임하여 황홀경에 빠지게 되는 장면입니다.

이 내용의 요약은 다윗을 보호하시는 하나님께서 그의 대적들에게 직접 관여하시는 것입니다. 그 방법으로, 사무엘의 지도를 받고 있는 생도들에게 하나님의 성령을 부어 주셔서 집단적인 예언을 하도록 하셨습니다. 이것을 보는 자객들과 사울왕에게도 성령이 임하셔서 함께 예언을 하게 되며 다윗을 죽일 모든 기력을 상실하게 됩니다. 그리고 사울은 오히려 자신의 추태를 드러내게 되었습니다.

이 내용에서 우리는 아주 중요한 교회론을 발견할 수 있습니다. 결론부터 말씀 드리면, 다윗이 목숨을 구원코자하여 라마나욧으로 피신하게 되었는데 거기서 다윗은 생명을 보존하고 하나님의 거룩하신 섭리를 체험하게 되었습니다. 한 마디로 요약하면 피할 수 없는 사울의 칼날을 피 할 수 있고 보호받을 수 있었던 곳이 라마나욧이라는 것입니다. 바로 이 라마나욧, 이곳에서 오늘의 참 교회의 모습을 조명할 수 있습니다.

'라마나욧' 이 어떤 곳이기에 교회론의 귀중한 메시지를 받을 수 있는 것일까요?

1. 좋은 교회는 좋은 지도자가 있는 곳입니다.

다윗은 그의 생명을 찾는 자 사울왕의 칼을 피하여 이러 저리 유리방황했습니다. 그가 진정한 안식과 평안을 누릴 수 있는 곳은 오직 라마나욧의 하나님 앞이었습니다. 그곳에는 사무엘이라는 위대한 지도자가 있었습니다. '라마' 는 에브라임 산지 베냐민 지파의 성읍이었고 사무엘의 고향이기도 합니다.

'나욧' 이란 처소라는 뜻의 히브리어의 음역인데 구약성경학자는 사무엘이 세운 선지자 교육 기관의 기숙사가 이곳에 있었다고 합니다. 즉 이곳의 주인공은 역시 사무엘이었습니다.

다윗은 하나님께서 무척이나 사랑하시는 사람이었지만 그도 어렵고 힘들었습니다. 그때 정처 없이 이곳저곳 헤매면서 평안과 안식을 얻으려 했지만 결국은 사무엘이 있는 라마나욧으로 밖에는 갈 곳이 없었습니다. 그것은 그만큼 사무엘이 하나님께서 함께 하시는 위대한 좋은 지도자였기 때문입니다.

우리 포항중앙교회는 창립 62주년을 은혜 가운데 훌쩍 지나왔습니다. 이런 때에 단순히 역사를 자랑하는 교회가 되지 말아야 합니다. 좋은 교회는 무엇보다도 좋은 지도자가 있어야 합니다. 담임목사를 중심으로 한 교역자들과 장로님들이 좋은 지도자가 될 때 비로소 교회는 좋은 교회가 되는 것입니다.

조심스럽게 회고해 보지만, 60여년의 세월 속에 교회가 이렇게 아름답고 좋은 교회로 성장한 배경에는 당연히 이런 저런 많은 이유가 있습니다. 그러나 그 가운데 가장 중요한 요인은, 무엇보다도 하나님의 인도하심을 받는 좋은 지도자들이 있었기 때문이라는 것을 배제할 수 없습니다.

2. 좋은 교회는 고난 받는 자들이 평안과 쉼을 얻는 곳입니다.

다윗은 사울의 칼을 피해 생명을 유지하기 위하여 여러 곳을 헤매었지만 어디에서도 참된 평안과 쉼을 얻지 못했습니다. 그리고 결국 라마나욧으로 오게 되었는데 이곳에 와서야 비로소 그는 쉼을 얻을 수 있었습니다.

좋은 지도자가 있는 곳은 좋은 안식처가 되기도 합니다. 우리 포항중앙교회는 이 땅의 고난 받는 백성들이 와서 인생의 평안과 고단한 삶의 쉼을 얻는 곳입니다.

조심스러운 회고이지만 그렇기에 오늘 우리교회는 전 교인 숫자가 7천여 명에 이르게 된 것입니다.

포항에도 많은 교회들이 있습니다. 그런데도 유독 우리교회로 많은 사람들이 찾아오는 것은 그만큼 영적으로 참된 평안과 안식을 누릴 수 있는 곳이기 때문인 줄 믿습니다.

그러기에 우리교회는 더욱 고난 받는 자들이 와서 삶의 기쁨과 행복을 경험할 수 있는 교회로 지속적인 성장과 성숙을 기하며 나아가야 할 것입니다. 이것은 7천여 포항 중앙교회 성도들에게 주신 하나님의 거룩한 사명이라는 것을 어느 한시도 잊어서는 안 될 것입니다. 우리 한 사람 한 사람이 모두 이 일을 이루어 가는 주인공이며 주인이라는 것을 항상 하나님 앞에서 그 마음에 품어야 할 사명입니다.

3. 좋은 교회는 찬양과 성령의 감동이 있는 곳입니다.

다윗이 라마나욧에 이르렀을 때 사울왕은 자객들을 세 차례나 보내어 다윗을 죽이려 했습니다. 그러나 그 때마다 그 자객들에게도 하나님의 신이 임하여 함께 예언하게 되면서 다윗을 죽이는 일이 성취될 수 없었습니다.

여기의 예언을 성경신학자 R. P. Smith 박사는 "여호와의 영광을 찬양하는 노래를 부르는 것"으로 해석하였습니다. 이것은 찬양이 있는 곳에 성령의 감동이 함께 한 것을 알 수 있습니다.

제가 여러 교회를 다니면서 집회를 인도해 보지만 찬양이 살아 있는 곳은 성령의 감동이 강하게 역사 되는 것을 경험할 수 있었습니다. 그것은 개인이나 공동체나 모두 마찬가지입니다.

메마른 심령에는 찬송이 없습니다. 찬송이 무엇입니까? 신령한 노래입니다. 마음에 신령한 노래가 없는 사람을 성도라고 할 수 있겠습니까? 신령한 노래가 없는 심령에 성령의 감동이 있을 수 있겠습니까? 없습니다. 그 마음에 있는 것이라면 오직 한 가지, 온갖 인본주의적인 생각뿐입니다.

포항중앙교회는 항상 신령한 노래가 있는 곳입니다. 아멘! 어른도 아이도 모두가 찬양으로 감동되어 성령의 충만함을 경험할 수 있는 좋은 교회입니다. 아멘!

4. 좋은 교회는 공의가 실현되는 곳입니다.

사울은 당시의 왕이었습니다. 사울이 다윗을 죽이려고 하는데 다윗을 보호한다는 것은 죽음을 각오한 일이 아닐 수 없습니다. 그런데도 사무엘은 다윗을 보호했고 다윗을 지켰습니다. 물론 그것은 하나님의 섭리였습니다. 그리고 그것은 사무엘의 공의의 실천이었습니다.

오늘을 살아가는 대부분의 사람들은 이해관계에 상당히 밝습니다. 그래서 자기에게 유익한 것이라면 할 수 있는 모든 방법을 다 동원해서 친분을 맺으려고 합니다. 그러다가도 자신에게 별로 유익이 없겠다 싶으면 안면 몰수하고 배신해 버립니다. 너무도 쉽게, 아무런 거리낌도 없이 버리고 떠납니다. 이러한 모습들은 이미 어떤 개념을 상실한 보편적인 인간의 삶의 단면이 되고 있습니다. 공의와 불의를 생각하지 않습니다.

그러나 교회는 그럴 수 없는 것입니다. 특히 목사는 말할 것도 없습니다. 하나님의 교회 지도자가 이해관계 때문에 하나님의 공의를 실현하지 못한다면, 그는 이미 좋은 지도자가 아닙니다.

언제나 저는 여러분께 강조하며 당부 드렸습니다. 여러분의 목사인 제가 이 강단에서 비열한 목사가 되지 않도록 기도해 달라고 말입니다.

이해관계에 매여 목사가 정직하지 못하고 당당하지 못하면, 그래서 하나님의 공의를 실현하지 못한다면, 이미 그 교회는 그것으로 모든 것이 끝이기 때문에 저는 목사로서 공과 사를 분별하는 지혜를 실천할 수 있어야 한다는 뜻입니다.

이것은 비단 저 뿐만이 아니라 여러분도 교회의 일을 수행해 갈 때 공사(公私)를 분별할 수 있어야 좋은 교인이 되는 것입니다. 그렇게 좋은 목사와 좋은 성도가 함께 교회를 세워갈 때 하나님의 공의가 그 안에서 실현되는 것입니다. 그런 교회가 바로 좋은 교회입니다.

종종 말씀 드리는 것이지만, 우리교회를 방문하여 예배를 드리는 분들 가운데 이렇게 질문을 하는 분들이 많다고 합니다.

"저렇게 설교하고도 쫓겨나지 않습니까?"

이 질문을 받으시는 우리 교회 장로님들의 대답은 한 가지뿐이었습니다.

"아니, 누가 누구에게 쫓겨난단 말입니까? 우리교회에는 하나님의 말씀을 바르게 선포하는 목사를 쫓아내는 교인이 없습니다."

그러면 이 말을 듣는 대부분의 사람들은 고개를 끄덕거리면서 교회 부흥의 비결을 알겠다고 한답니다.

하나님의 공의를 실현하는 부분에 있어서 오직 목사만 지켜가야 하는 것이라고 생각한다면 그것은 큰 오산입니다. 장로님들도, 성도님들도, 모두 하나가 되어 거룩한 하나님의 공의를 실현하는 곳이 교회입니다. 이 사실을 우리 모든 칠천여 성도가 깊이 인식하고 교회생활을 할 수 있어야 합니다. 그런 교회가 좋은 교회입니다.

여러분 주위의 시끄러운 교회의 공통점이 무엇이라고 생각하십니까? 그것은 오직 하나입니다. 하나님의 공의를 실현하려는 것이 아니라 사사로운 개인의 뜻을 관철시키려 하기 때문입니다.

아모스가 부르짖은 것처럼 하나님의 교회는 하나님의 정의와 공의가 강처럼 하수처럼 흐를 수 있어야 합니다.

5. 좋은 교회는 악인이 와서 변화를 받는 곳입니다.

사울은 다윗을 죽이려는 생각뿐이었습니다. 그래서 사람들을 보내서 죽이려고 했습니다. 그래도 성과가 없자 그가 직접 라마나욧으로 가서 다윗을 죽이려고 했습니다. 그러나 라마나욧에 진입하면서 그 자신도 성령의 감동을 입었습니다.

성령에 이끌림을 받은 사울은 다윗을 죽이기는커녕 자신이 예언을 하면서 자신 본래의 모습을 다 드러내고 말았습니다. 그렇게 당당했던 사울이 성령에 감동을 받으면서 스스로 옷을 벗고 종일 종야 누워 있었다고 했습니다.

여기에는 두 가지 의미가 있습니다. 하나는 옷을 벗었다는 것으로, 당시의 관례상 수치스러운 행동 중의 대표적인 것입니다(창3:7, 10, 11, 삼하10:4-5, 미1:11). 왕권을 가지고 안하무인이었던 사울도 성령의 감동을 받으면서 왕을 상징하는 옷을 스스로 벗는 수치스러운 모습을 연출했다는 것입니다.

다른 하나는 종일종야를 누웠더라고 했는데 "누웠더라"는 말의 히브리어는 '나팔(נפל)' 입니다. 이 말은 "떨어지다", "넘어지다", "엎드러지다"라는 말입니다. 즉 왕이었던 사울이 가장 낮아졌다는 의미로 이해되는 내용입니다.

물론 이 외의 다양한 해석이 있습니다. 사울이 벗었다는 것은 인간 본래의 적나라한 모습으로 돌아갔음을 의미한다는 해석도 있고, 종일종야 누워있었다는 것은 미움이 없는 무아의 상태가 되었다는 것으로 해석하면서 악하고 교만했던 사울왕도 성령의 감동을 입자 사심 없는 순수한 모습으로 변화를 받았다는 해석도 있습니다.

어쨌든 여기서 우리가 깨닫고 넘어가야 할 것은, 누구든지 하나님 앞에서 교만하면 하나님께서 낮추신다는 것입니다. 교만한 자는 수치를 당할 것이라고 하셨습니다.

사울은 사무엘에게 안수를 받았습니다. 그런데도 사무엘을 대수롭지 않게 여겼습니다. 그 증거가 사무엘에게 피하여 간 다윗을 찾으러 갔을 때 한 말입니다. 그의 어투에서는 사무엘을 두려워하거나 존경하는 마음을 전혀 찾아볼 수 없습니다. 22절에서 "사무엘과 다윗이 어디 있느냐?"고 다소 오만하기까지 한 언행을 보였습니다.

그런 사울 왕이 스스로 벌거벗고 수치를 드러내고 있습니다. 사무엘 앞에서 가장 비천하게 낮아지게 된 모습입니다.

이것은 우리에게 많은 교훈을 주는 말씀입니다. 그렇게 사울을 변화시키는 하나님의 놀라운 섭리를 또한 찬양하지 않을 수 없습니다.

우리가 여기서 깨닫는 것은 우리에게 무엇이 있든지 그것으로 인하여 교만하지 말아야 한다는 것입니다. 교만하게 굴다가 하나님 앞에서 수치를 당하고 엎드러진 후에 회개를 하는 어리석은 자가 되지 말아야 한다는 것입니다. 그 보다는 언제나 말씀을 통하여 깨달아 알고, 성령의 감동으로 변화를 받아 영원한 축복을 노래할 수 있어야 한다는 것입니다.

그런데 대부분의 실패자의 공통점이 인간적인 교만을 끝까지 고집하다가 결국 수치를 당하고 난 후에야 '천부여 의지 없어서 손들고 옵니다.' 라는 고백을 하는 것입니다. 그런 모습을 보면 안타깝기 그지없습니다.

포항 중앙교회는 예수님께서 보내신 보혜사 성령께서 이끄시는 좋은 교회입니다.

*** 좋은 교회는 좋은 지도자가 있습니다.**
*** 좋은 교회는 고난 받는 사람들이 와서 평안과 쉼을 얻습니다.**
*** 좋은 교회는 찬양과 성령의 감동이 있습니다.**
*** 좋은 교회는 하나님의 공의가 실현됩니다.**
*** 좋은 교회는 악인이 와서 변화를 받습니다.**
이런 곳이 바로 포항중앙교회입니다. 아멘!

하나님이 함께 하시는 교회, 세상의 높은 자도 낮은 자도 차별받지 않는 교회, 빈부와 귀천이 없는 교회, 개인의 영광보다 하나님의 영광을 실현하는 교회, 너의 유익을 위하여 나의 행동하는 삶을 즐거이 실천하는 교회, 예배와 교육, 봉사와 선교, 그리고 함께 떡을 떼는 친교가 아름답게 조화를 이루는 교회가 좋은 교회입니다. 이런 곳이 포항중앙교회입니다.

우리 포항중앙교회 모든 성도들은 더 좋은 교회로 성장하게 될 것입니다. 이 글을 읽으시는 모든 분들도 지금부터 주님 나라 가는 날까지 더 좋은 하나님의 사람들이 되시기를 예수님의 이름으로 축복합니다. 아멘.

좋은 친구가 있습니까?(2)

지난 주간에는 『친구』라는 책을 한권 읽었습니다. '스텐 톨러' 목사님의 저서인데 '한상복' 씨가 번역한 책입니다. 박진감 넘치면서도 많은 생각을 하게 하는 책이었습니다. 그의 "행운의 절반은 나의 노력으로부터 오고, 행운의 다른 절반은 친구로부터 온다."는 글귀가 마음에 들어 하룻밤에 다 읽어낸 책입니다.

소위 성공한 모델이라 할 수 있는 광고회사 팀장 '조 콘래드'는 말로 다 표현할 수 없는 부귀영광을 한 몸에 지니게 됩니다. 그럼에도 그에게는 정작 그를 진심으로 축하해 줄 친구는 하나도 없는 외톨이였습니다.

어느 날 그는 우연히 '맥스 플레이스' 커피숍에 들어가 마시던 커피 한 잔을 통해 인생을 다시 생각하게 됩니다. 그 시간이 그에게 새로운 세계를 경험하게 해 준다는 이야기가 전체 줄거리의 맥입니다.

현대인에게 정말 필요한 것은 물질적인 풍요와 대단한 성공이 아니라 마음과 마음을 나눌 수 있고 기쁨과 아픔을 함께 나눌 수 있는 '친구' 라는 것입니다.

고급 오리지널 스트레이트 커피를 마실 수 있다는 것은 좋은 것이겠지만, 때로는 그보다는 이것저것 조합한 소위 자판기 커피믹스가 더 훌륭한 경우가 있습니다.

커피와 관련된 이런저런 이야기들이 많이 있습니다. 그 중에 하나입니다.

예전에는 원두커피를 마시면 서울 강남사람이라고 했습니다. 커피에 설탕을 넣어 마시면 강북사람, 그리고 커피에 설탕과 프리마를 함께 넣어 마시면 지방 사람이라고 했습니다.

그러나 이제는 그 반대가 되었습니다. 그 이유는 경제가 어려워져서 강남사람은 커피에 설탕과 프리마를 넣어 마시지만, 지방 사람은 그런 것마저도 넣을 경제력이 없어 원두커피를 마신다는 것입니다.

웃자는 이야기지만 이런 종류의 커피들을 두고 곰곰이 생각을 해 보면, 설탕 프리마를 넣어 마시는 커피는 뭔지 모를 넉넉함과 관계 개념을 다시 한 번 생각해 보게 합니다.

'조 콘래드' 는 '맥스 플레이스' 커피숍에서 이 사실을 깨닫게 된 것입니다. 커피가 섞이면서 조화로운 맛과 향을 만들어 내듯, 행복한 삶이란 내 사랑하는 이들과 함께 어우러져 더불어 살아가는 것입니다. 그 속에서 조화를 이룸으로 진정한 삶의 의미와 가치를 경험하게 되는 것, 그것이 진정한 행복이요 삶입니다.

내 말만 들어주기를 원하는 자기주의적인 삶에서 이웃의 말을 들어 줄 수 있는 좋은 친구가 되는 것, 그것이 삶의 진정한 행복입니다.

커피와 관련된 유머 하나를 소개합니다.

커피를 마시고 싶던 맹구가 커피 자판기 앞에 서서 말했습니다.

"어디 보자. 밀크커피, 설탕커피, 프림커피…. 어라? 다방커피? 못 보던 커피가 다 있네. 이게 뭐지? 500원짜리? 다른 커피보다 값이 두 배니 맛도 좀 다른가? 한번 마셔볼까?"

맹구가 1000원을 넣고 다방커피를 선택했는데 자판기가 '덜컥, 지잉~' 소리를 내며 커피를 쏟아냈습니다. 잔뜩 기대를 한 맹구가 커피가 담긴 컵을 손에 들고 눈을 지그시 감고 한 모금 마셨습니다.

"뭐야? 밀크커피랑 맛이 똑 같잖아! 에이, 속았네~!"

맹구가 이렇게 중얼거리며 돌아서는데 갑자기 뒤통수에 들려오는 자판기소리! "오빠~, 나도 한 잔 마실게~!" 탤런트 현영이의 뺨치는 간드러진 목소리가 흘러나왔습니다.

오늘 본문은 참 좋은 친구 이야기입니다.

1~3절의 내용은 다윗이 다시 라마 나욧을 떠나 요나단을 찾아가는 것으로 시작합니다. 요나단을 찾아간 다윗은 자신의 무죄함과 결백함을 토로하고 사울 왕이 자기를 죽이려 하는 일에 대하여 항변합니다.

4~11절까지는 다윗의 이 절박한 상황을 인지한 요나단이 문제해결을 위해 다윗과 진지하게 의논하는 내용입니다.

이 내용을 보며 우리는 '이렇게도 아름다운 우정이 있을 수 있을까?' 하는 의문이 먼저 생깁니다. 이것이 본문이 우리에게 던져주는 강한 희망의 메시지입니다. 바로 이렇게 '좋은 친구'가 있다는 것입니다.

지난번에도 드린 질문이지만 또 한 번 드립니다.
"여러분에게는 좋은 친구가 있습니까?"

1. 속마음을 털어 놓을 수 있는 친구

라마나욧에 머물러 있던 다윗은 계속 거기에 머물러 있을 수만은 없었습니다. 그렇다고 기브아로 다시 돌아와 요나단을 만난 것은 사실 호랑이 굴로 들어온 것과 다를 바 없는 일이었습니다. 다소 무모해 보이는 다윗의 그 같은 행동은 그만큼 그가 친구 요나단을 신뢰하고 있다는 증거였습니다. 그런 친구 요나단을 만난 다윗은 속마음을 다 털어 놓았습니다. 그 내용은 사울의 잘못된 모습과 그에 대한 자신의 변론이었습니다.

아무리 친구라 해도 사울은 요나단의 아버지입니다. 그런 관계에 있는 사람에게 그 아버지의 잘못을 이야기한다는 것은 참으로 어려운 일입니다. 좋은 것을 말하는 것은 그리 어려운 일이 아니지만 말입니다.

그러나 다윗은 그 모든 것을 망설임 없이 사울의 아들 요나단에게 다 털어놓았습니다. 이렇게 할 수 있었던 것은 그만큼 요나단이 다윗을 사랑하고, 그 사랑을 다윗이 온전히 신뢰할 수 있도록 요나단이 처신했기 때문입니다. 1절 하반 절입니다.

"내 죄악이 무엇이며 네 아버지 앞에서 내 죄가 무엇이기에 그가 내 생명을 찾느냐?"

2절에서는 요나단이 다윗의 상황이 참으로 억울함을 인지하고 어떻게 하든 그 억울함을 풀어주고 생명을 살리려는 의지가 담긴 말을 하는 것이 기록되어 있습니다.

이 관계에서 우리가 깨닫는 것은 속마음을 다 털어 내놓을 수 있는 아름다운 신뢰의 관계가 좋은 친구관계라는 것입니다.

참으로 민망스러운 말이지만 평생을 함께 살아가는 부부관계에서도 속마음을 다 털어놓지 못하는 가정이 있습니다. 도대체 서로를 믿지 못해서 속내를 드러내지 못하고 가슴에 쌓아만 두는 그런 부부가 우리 주변에 더러 있습니다.

이러니 우리의 이웃과의 인간관계에서야 어떻겠습니까? 더하면 더하지 덜하지는 않을 것입니다. 참 슬프고도 가슴이 저려오는 외로운 것이 인간관계입니다.

그러나 우리 보통사람들과는 전혀 다른 두 사람을 지금 하나님께서는 우리에게 보여주고 계십니다. 이 아름다운 사람들이 다윗과 요나단입니다. 다윗과 요나단은 속마음을 다 털어내 놓는 아름다운 관계를 유지하고 있었습니다. 부모에게도 털어 놓지 못하는 속마음을 친구에게는 털어 놓을 수 있습니다. 그만큼 그 친구들 서로가 좋은 친구라는 것입니다. 아픔도, 기쁨도, 속상함도, 억울함도 함께 나눌 수 있는 그런 친구가 좋은 친구입니다. 이것이 바로 참 좋은 친구입니다. 여러분에게는 이런 친구가 있습니까?

2. 약속을 생명처럼 지키는 친구

4절입니다.

"요나단이 다윗에게 이르되 네 마음의 소원이 무엇이든지 내가 너를 위하여 그것을 이루리라."

저는 이 구절을 읽으면서 요한복음 14장 14절의 예수님의 말씀이 생각났습니다.

"내 이름으로 무엇이든지 내게 구하면 내가 행하리라."

그리고 15장에서 예수님은 친히 우리의 친구라고 말씀하셨습니다. 요나단의 말과 예수님의 말이 같았습니다. 그래서 요나단은 예수님의 그림자로서의 삶을 살았습니다. 요나단은 자신이 말한 것을 그대로 지켰습니다. 자기 목숨을 버리면서 그 약속을 지켜 다윗을 살려냈습니다.

예수님도 말씀하신대로 약속을 지키셨습니다. 십자가에 못 박혀 죽으시면서까지 우리에게 하신 말씀을 다 이루셨습니다.

찬송가 92(구:97)장 1절입니다.

위에 계신 나의 친구, 그의 사랑 지극하다.
이는 예수 그리스도 나의 구주 나의 친구.
사랑하는 나의 친구 늘 가까이 계시도다.
그의 사랑 놀랍도다 변함없는 나의 친구.

좋은 친구는 약속을 생명처럼 지키는 친구입니다. 여러분에게는 이런 친구가 있습니까?

3. 상호 존중하는 예의 있는 친구

7~8절의 내용은 가슴에 통증이 느껴지리만큼 뭉클한 내용입니다. 다윗이 요나단 앞에서 자신을 낮추어 '종'으로 표현을 하고 있습니다. 두 사람은 이미 누구도 깰 수 없는 붕우유신(朋友有信)의 관계 속에 있습니다. 그럼에도 다윗은 친구에게 깍듯이 예의를 지키고 있습니다. 이것은 다윗의 심령이 얼마나 겸손하며 자신의 위치가 어디에 있는지를 분명히 알고 처신하는 사람의 됨됨이를 나타내는 것이기도 합니다.

비록 다윗과 요나단이 허물없는 친구로 지내지만 요나단은 왕자의 신분을 갖고 있는 사람입니다. 물론 다윗은 선지자 사무엘을 통하여 기름부음을 받은 이스라엘의 차기 왕이 될 사람입니다. 그러나 아직 현실적으로는 그들의 신하이며 생명 부지를 위해 사울의 칼을 피하여 도망 다니는 한낱 도망자 신세입니다.

그런 다윗은 요나단을 향하여 깍듯이 예의바른 언사를 사용합니다. 동시에 요나단의 언사를 살펴보면 단 한 번도 다윗을 향해 교만한 말을 사용한 적이 없습니다.

이렇듯 좋은 친구는 상호 예의를 지켜 언제든지 무례히 행하지 않는 관계를 유지하는 것입니다. 그러므로 진정한 사랑은 무례하지 않습니다.

그것은 부부 관계도 마찬가지입니다. 교우 관계도 마찬가지이며 부모자식 관계도 마찬가지입니다. 기본이 안 되어 있는 사람일수록 예의 없는 언행을 일삼습니다.

지금은 서울로 가셨지만 우리교회 강대용 원로 장로님을 저는 잊지 못합니다. 나이로 계산하면 그 분은 저의 아버지뻘 연세입니다. 그럼에도 불구하고 단 한 번도 저를 향해 예의 없는 말씀이나 행동을 하시지 않았습니다. 평생을 두고 생각해도 잊지 못할 어른이십니다.

어느 당회원 모임이 있는 날이었습니다. 제가 남은 일들을 정리 하느라 좀 늦게 출발을 하게 되었습니다. 이미 모든 분들이 모임 장소로 가셨는데 강대용 장로님은 예배당 마당에서 서성이고 계셨습니다. 아마 무슨 부득이한 일이 있으셔서 늦으신 것 같았습니다. 기왕에 그 곳으로 가는 길이니 제 차로 가시자고 모시려고 했습니다. 그러자 장로님은 황급히 두 손을 내저으시면서 차를 타려고 하시지를 않았습니다.

"제가 어떻게 목사님의 차를 탑니까? 먼저 가십시오. 얼른 뒤 따라 가겠습니다."

아무리 모시고 가려고 해도 한사코 사양하셨습니다. 결국 제가 지고 말았습니다. 혼자 차를 타고 가는데 저의 몸과 마음이 좌불안석이었습니다.

저는 이 사건을 세월이 오래 흘러도 절대로 잊을 수가 없습니다. 그리고 이 사건은 오늘 저의 목회를 더욱 낮추게 하고 겸손한 목회의 길이 되도록 하는 한 요인이기도 했습니다.

누구보다도 저를 사랑하셨던 장로님, 저 또한 누구보다도 사랑했던 장로님이지만 상호 깍듯이 예의를 차려 대하였습니다.

진정으로 아내를 사랑하는 마음이 있는 남편은 아내를 무시하지 못합니다. 아내 또한 진정으로 남편을 사랑하면 남편을 함부로 대하지 못합니다. 교회에서도 진정으로 성도를 예수님의 마음으로 사랑하는 목사나 장로는 성도들을 함부로 대하지 않습니다. 교인들 역시 교회 지도자들을 함부로 대하지 않습니다. 진정한 사랑이란 상호 예의를 지키는 관계에서 더욱 도타워지는 것입니다. 그것이 참 사랑입니다.

목회도 마찬가지입니다. 정말 주님을 사랑하고 주신 사명을 사랑하는 목사라면 자신을 위한 여러 가지 조건을 먼저 따지지 않습니다. 주거 환경이라든가, 사례비라든가, 이런저런 보장들에 대한 손익계산을 따지고 사역하지 않는다는 것입니다. 그것은 주님께서 자신을 목회자로 부르신데 대한 예의도 감사도 아니기 때문입니다. 만약에 그런 목회자가 있다면 그는 옛말에 절간 승려가 예불보다 젯밥에 마음이 가 있다는 말에 딱 어울리는 파렴치한 자로서 스스로 목회자이기를 포기해야 할 것입니다. 부르심에 대한 전혀 예의 없는 사람이 될 것이기 때문입니다.
예의범절은 인간생활의 기본입니다. 좋은 친구는 이와 같은 관계 속에 맺어지는 가장 아름다운 인간관계입니다.

예의범절을 무시하고 방종한 행위를 종탈(縱脫)이라고 합니다. 예의범절에서 벗어나는 짓, 예의를 갖추지 않는 것을 결례(缺禮)라고 합니다. '보고 배운 것이 없다, 또는 행동이 예의범절에 어긋나는 데가 있다' 는 것을 '본 데 없다' 라고 합니다.
그래서 가례(家禮)가 중요하고, 의범(儀範)이 중요하며, 예도(禮

度)가 중요한 것입니다.

　영어의 '가장 좋은 친구(BEST FRIEND)' 의 앞 글자를 중심으로 해석한 '가장 좋은 친구' 의 내용을 다시 한 번 말씀드리며 이 장을 마무리합니다.

　Believe - 항상 서로 믿어주고

　Enjoy　 - 상대의 기쁨을 같이 즐거워하며

　Smile　 - 바라만 봐도 웃음이 나오고

　Thank　 - 작은 배려에도 감사할 줄 알며

　Feel　　 - 눈빛만으로도 서로를 느낄 수 있고

　Respec - 가깝되 서로를 존중해 주며

　Idea　　 - 떨어져 있어도 생각나는 사람,

　Excuse - 잘못은 용서하고 용서받고

　Need　 - 서로를 간절히 필요로 하며

　Develop- 서로의 장점을 개발해 줄 수 있는 사람.

　여러분께 이런 친구가 있습니까?

　여러분은 평생에 함께 할 수 있는 친구가 있습니까? 계산적이기 보다는 인간적으로 정이 가는 친구가 있습니까? 고난이 닥쳤을 때 자신의 모든 것을 멈추고 달려와 나의 고난을 함께 할 친구가 있습니까? 내가 힘들고 어려운 때 손잡아 줄 친구가 있습니까? 행복할 때 진심으로 축복해 줄 친구가 있습니까? 속마음을 다 털어놓을 수 있는 신뢰하는 친구가 있습니까? 약속을 지키고 자기가 손해를 봐도 빙긋이 웃으며 더욱 가까이 다가올 수 있는 친구가 있습니까? 어떤 상황에서도 예의를 잃지 않고 대해주는 따뜻한 친구가 있습니까? '예!' 라고 선뜻 대답하기 힘드실 것입니다.

　마지막으로 저는 여러분께 위의 질문에 전혀 망설임도 없이 '예!' 라는 답변을 할 수 있는 좋은 친구 한 분을 소개합니다.
　그 멋진 분은 오직 한 분, 예수 그리스도이십니다. 그 분만이 여러분의 참 친구이십니다. 이 분을 만나고 계십니까? 영원한 친구이신 예수님과 영원한 우정과 사랑의 관계를 맺으며 이 인생길을 걸으시기를 예수님의 이름으로 축복합니다. 아멘.

62. 하나님의 인도(1)

이명박 장로님이 대통령으로 당선되신 지도 벌써 2년의 세월이 흐르고 있습니다. 다시 생각을 해 봐도 하나님께서 대한민국을 선하게 인도하신 것을 볼 수 있습니다.

대한민국의 건국이 세계만방에 공표된 이후 산업화 시대와 민주화 시대를 넘어 이제는 선진화 시대를 열겠다는 당시 이명박 대통령 당선자의 기자회견에 담긴 내용을 들으면서 저는 목사라 자연스럽게 묵상 되는 성경 한 구절이 있었습니다. 그것이 잠언 16장 9절입니다.

"사람이 마음으로 자기의 길을 계획할지라도 그 걸음을 인도하시는 이는 여호와시니라."

지난 저녁에는 이승만 대통령 취임사를 시작으로 대한민국 대통령 취임사를 다 읽어 보았습니다. 취임사대로만 되었다면 지금 대한민국은 미국을 넘어 세계에서 1등가는 국가가 되었을 것이라는 생각을 했습니다. 그러나 아이러니하게도 지금까지 흘러온 이 나라 정치역사는 취임사와는 반대로 진행되어왔음을 되돌아보면서 다시금 성경말씀이 깊이 묵상 되었습니다. 그러며 참으로 간절히 엎드려 기도하는 것은, 하나님이 함께 하시는 대통령, 끝까지 겸손히 하나님의 인도하심을 받는 대통령이 되기를 소원합니다.

대한민국 17대 대통령 이명박! 그는 우리 교단 서울 소망교회의 장로님이십니다. 그의 오늘이 있기까지는 고난과 역경, 그리고 도전의 삶의 연속이었습니다.

일제 치하에 태어나 한국전쟁 때는 형제를 잃어야 했습니다. 10살부터 사과와 풀빵을 팔며 힘들고 고된 유년 시절을 보내면서 포항 동지상고를 야학으로 공부를 했습니다. 피눈물 나는 고난을 겪으면서도 우리나라 일류대학의 하나인 고려대학에 입학을 하게 되었습니다. 상과대 학생회장으로 재학 중 1964년 한일국교 정상화 반대 데모를 주도해 6개월간 옥살이를 하기도 했습니다.

옥고를 치른 뒤 무사히 졸업은 했지만 소위 블랙리스트라는 것에 올라 입사원서를 내는 회사에서마다 거절을 당하였습니다. 정부가 붙여놓은 블랙리스트 꼬리표를 떼기 전에는 스스로의 힘으로는 그 장벽을 넘는 것은 도저히 불가능하다는 것을 알았습니다. 그는 박정희 전 대통령에게 편지를 보냅니다. 그리고 드디어 현대건설에 입사를 하게 되었습니다.

입사 후 5년 만에 이사, 12년 만에 사장……. 초고속 승진을 하며 샐러리맨의 신화를 쌓았습니다.

1992년에는 현대그룹 정주영 회장과 별리를 하고, 민자당 전국 국회의원으로 정치에 입문을 합니다. 그 후 첫 번째 서울시장 선거에 출마를 하지만 쓴 고배를 마시고, 15대 국회의원 선거의 정치 1번지 종로구에서 노무현 후보를 물리치며 당선이 됩니다. 그러나 선거비용 과다 지출로 벌금형을 받아 당선 무효 판결을 받습니다.

다시 2002년 서울 시장 선거에 출마하여 당선이 되고 감히 누구도 생각할 수 없었던 일들을 이루어 내기 시작했습니다. 청계천 복원 사업을 통해 소위 청계천 신드롬을 만들어 냈습니다. 버스 노선을 변경하여 서민들의 삶의 편의를 창조해 냈습니다. 이런 그의 국민을 위한 획기적이며 창의적인 정치 사업들은 크게 칭찬을 받았고, 마침내 대한민국의 17대 대통령으로 출마를 하기에까지 이르렀습니다.

도덕적 윤리적인 문제, BBK 등 언어로 표현할 수 없는 메가톤급의 네거티브 선거 미사일을 맞고 그의 모든 것은 상처투성이가 되었습니다. 그러나 그분은 독실한 기독교인이요 장로답게 네거티브 미사일로 맞 공격을 감행하지 않았습니다. 오직 무릎으로 하나님 앞에 엎드리며 정도(正道)를 걸었습니다.

그의 정치 여정을 들여다보면 아무리 생각해도 사람의 힘으로는 그 분이 대통령 당선의 영광을 얻을 수는 없었다는 것을 명확하게 깨닫게 됩니다. 그런데도 어떻게 그런 영예를 얻을 수 있었을까요? 한 마디로 답변하면 오직 하나님의 인도하심이었습니다. 대통령으로 당선된 후 이명박 장로님 스스로도 간증집회를 통해 말씀하셨습니다. "내가 하고자 해서 된 것이 아무것도 없습니다. 오직 하나님의 인도하심이었습니다." 그래서 기자회견을 지켜보면서 묵상된 말씀이 잠언 16장 9절이었습니다.

"사람이 마음으로 자기의 길을 계획할지라도 그 걸음을 인도하시는 이는 여호와시니라."

우리가 살아가는 이 땅에는 엄청난 병원균이 있습니다. 그래서 스스로도 알지 못하는 사이에 병원균을 먹고 마시면서 살아갑니다. 그러나 또한 자신이 알지 못하는 사이에 몸에서 그 병원균을 이기는 면역성이 생겨나고 치료되고 있습니다. 그것은 우리 인체 내에는 그런 작용을 하도록 만들어진 하나님의 신비가 담겨있기 때문입니다.

그리스도인에게 있어서 우연은 없습니다. 나의 모든 삶의 걸음이 우연히 들어맞는 운수로 정해지는 것이 아닙니다. 전적으로 하나님께서 섭리하시고 인도하십니다.

열왕기상 18장에서 엘리야와 아합이 갈멜산 언덕에서 만났던 것은 우연이 아니었습니다. 마태복음 14장의 헤롯과 세례 요한의 만남도 우연이 아니었습니다. 마태복음 27장의 빌라도와 예수님이 예루살렘 법정에서 만난 것도 우연이 아니었습니다. 사도행전 10장의 베드로와 고넬료가 만난 것도 우연이 아니었습니다. 사도행전 16장의 바울과 루디아의 만남도 우연이 아니었습니다.

저와 포항중앙교회와의 만남도 우연이 아닙니다. 여러분이 만난 사랑하는 아내와 남편과의 만남도 결코 우연이 아닙니다. 모든 것은 하나님의 뜻 안에서 이루어진 하나님의 인도하심이었습니다. 다른 말로 하자면, 하나님의 위대하신 설계도대로 모든 것이 이루어졌다는 말씀입니다. 이것을 깨달을 때 시편 23편이 고백될 수 있습니다.

"여호와는 나의 목자시니 내가 부족함이 없으리로다."

목자 되신 하나님께서 양 된 나를 인도하시는데, 푸른 초장으로, 쉴만한 물가로 인도하신다는 고백이요 노래입니다.

양은 어디에 풀이 있는지, 어디에 물이 있는지를 모릅니다. 그래서 그저 목동의 인도하는 대로 따르기만 하면, 풀을 뜯고 물을 마실 수 있으며 쉴 수 있습니다. 그러므로 우리는 하나님께서 우리를 아름다운 곳과 축복의 길로 인도하신다는 것을 깨닫고 믿으며 따라야 합니다.

출애굽기 6장 8절에서는 하나님께서 그 백성을 약속의 땅으로 인도하신다고 했습니다. 시편 23편 3절에서는 의의 길로 인도하신다고 했으며 시편 107편 30절에서는 소원의 항구로 인도하신다고 말씀하셨습니다. 잠언 4장 11절에서는 정직한 길로 인도하시고, 이사야 48장 17절에서는 마땅히 행할 길로 인도하신다고 했습니다.

그 위에 가장 중요한 인도하심은 시편 139편 24절에서 말씀하시기를 영원한 길로 인도하신다고 하셨습니다. 요한복음 16장 13절에서는 진리 가운데로, 요한복음 5장 24절에서는 생명으로 인도하신다고 하셨습니다.

길과 진리와 생명이 무엇입니까? 요한복음 14장 6절에서는 예수님이 길이요 진리요 생명이라고 하셨습니다. 하나님은 우리를 그렇게 한 걸음, 한 발자국씩 하나님께로 인도하시는 것입니다.

하나님의 인도하심을 받을 때는 실족하지 않습니다. 기쁨이 충만합니다. 넘어지지 않습니다. 환한 빛에 이릅니다. 두려움이 없습니다. 목마르지도 않습니다. 보호하심을 받습니다. 범사는 은혜로 충만합니다. 그리고 영원한 구원에 이릅니다.

이런 하나님의 인도하심이 있기에 오늘 우리는 감사하면서 이 말씀을 읽으며 감동하며 그리고 예배와 찬양을 드리는 것입니다. 할렐루야!

오늘 본문 내용을 깊이 묵상하면 하나님이 그의 사랑하시는 자들을 보호하시고 인도하시는 것이 그림처럼 그려져 있음을 볼 수 있습니다.

다윗을 죽이려고 혈안이 되어 온갖 계획을 세우고 시행하는 사울, 그러나 그의 걸음을 멈추게 하시고 그의 계획을 무산시키시면서 다윗을 보호하시는 하나님, 그 하나님의 다윗을 향한 손길을 볼 수 있습니다.

본문 12~16절까지는 요나단이 하나님을 증인으로 세우고 아버지 사울의 살해의사를 확인하면 반드시 다윗에게 전하겠다는 약속을 하고 있습니다.

17절에서는 요나단이 다윗을 사랑함으로 그 사랑을 걸고 다윗으로 언약을 다시 한 번 맹세케 합니다. 그리고 이어지는 18~23절까지는 요나단이 다윗을 사랑하는 마음으로 언약한 내용이 보다 구체적으로 묘사되어 있습니다. 즉 사울이 다윗을 찾아 죽이려는 의사가 있음을 요나단이 알게 되면, 그것을 다윗에게 알려 피하게 하겠다는 것인데, 그 신호로 화살을 쏘아 알리겠다는 것입니다.

이 신호는, 다윗이 에셀 바위에 숨어 있으면 요나단이 화살을 쏠 것이라는 것입니다. 그 때 화살이 '네 이쪽' 즉 다윗에게 미치지 못하여 떨어지면 돌아와도 좋다는 신호이고, 다윗이 숨은 곳을 지나 떨어지면 도망가라는 신호입니다. 다시 말하면 화살이 떨어지는 위치에 따라서 아버지 사울의 의중을 확실하게 알게 하겠다는 것입니다. 이 신호는 또한 다윗의 장래를 결정짓는 것이 되기도 합니다.

여기서 우리가 깨닫고 가야 하는 것이 있습니다. 화살이 어느 위치에 떨어지는 것은 하나의 신호일 뿐이라는 것입니다. 그리고 다윗의 길은 이미 하나님께서 결정해 놓으시고 인도하신다는 것입니다. 이 깊은 의미를 22~23절을 통해서 확인시켜 주고 있습니다.

"만일 아이에게 이르기를 보라 화살이 네 앞쪽에 있다 하거든 네 길을 가라 여호와께서 너를 보내셨음이니라. 너와 내가 말한 일에 대하여는 여호와께서 너와 나 사이에 영원토록 계시느니라 하니라."

요나단과 다윗의 화살을 통한 신호 이야기는 친구간의 지극한 사랑과 우정의 확증의 표현이지만 그 실상은 하나님께서 섭리하시고 인도하신다는 사실을 의미하는 대화입니다.

그렇다면 우리도 분명하게 확인해야 할 것이 하나 있습니다. 지금 우리가 매 예배 때마다 거룩한 예배당에서 하나님께 예배를 드리는 것과 또 말씀 강해의 서적을 읽으며 은혜 가운데 있도록 인도하시는 분이 하나님이라는 사실입니다.

그것뿐이겠습니까? 좋은 일도, 나쁜 일도, 행복한 일도, 불행한 일도 그 모든 것에 하나님의 인도하심이 있습니다. 이 사실을 우리는 깨달아야 합니다. 그리할 때 고난 가운데서도 좌절하지 않고 일어설 수 있습니다. 또한 평안할 때는 더욱 하나님의 은혜에 감사를 잃지 않게 됩니다.

그러나 이 사실을 잊어버리면 잘 될 때는 너 나 없이 모두가 교만하고, 일이 잘못되면 불평하고 원망하게 됩니다.

탈무드에 나오는 이야기입니다.
랍비가 혼자 나귀 한 마리와 개 한 마리, 그리고 작은 램프 하나를 가지고 여행을 떠났습니다. 날이 저물자 어느 마을 어귀에 있는 빈 헛간에서 하룻밤을 지내게 되었습니다. 랍비는 나귀와 개를 헛간 앞에 매어 두고 헛간 안에 잠자리를 마련했습니다. 그리고 책을 읽으려고 펼쳤는데 갑자기 불어온 바람이 램프의 불을 꺼버렸습니다. 랍비는 할 수 없이 그냥 잠을 자기로 했습니다.

그런데 그날 밤, 늑대가 와서 헛간 앞에 매어 있던 랍비의 개를 물어 죽이고 사자가 와서 나귀를 잡아먹어 버렸습니다.

이튿날 랍비는 나귀와 개를 잃어버린 허탈감을 안고 쓸쓸히 홀로 마을로 들어갔습니다. 그런데 마을의 분위기가 이상했습니다. 이상하게도 남자들의 모습이 하나도 보이지 않았습니다. 랍비는 슬피 울고 있는 한 여인을 만나서 그 까닭을 물었습니다. 그 여인은 말하기를 어젯밤에 도적 떼들이 마을을 습격하여 재산이란 재산은 다 빼앗아 가고 남자는 모두 죽였다는 것입니다.

랍비는 그 말을 듣고 조용히 생각해보았습니다. "만약 어젯밤에 램프가 꺼지지 않았다면 밤늦게까지 책을 읽다가 어려움을 당했을 것이고, 늑대가 개를 죽이지 않고, 사자가 나귀를 잡아먹지 않았다면, 도적 떼들이 들이닥쳤을 때, 소란을 피웠을 것이고, 나는 분명히 도적 떼들에게 죽음을 당했겠구나."

생각이 여기에 이르자 랍비는 램프 불이 꺼지고, 개가 죽고, 나귀가 잡아먹힌 덕분에 자신이 살아남을 수 있었음을 깨닫게 되었습니다.

이런 것을 두고 새옹지마(塞翁之馬), 또는 전화위복(轉禍爲福)이라고 합니다. 세상만사의 나쁜 일이 때로는 좋은 일이 되기도 하고, 좋은 일이 또 때로는 나쁜 일이 되기도 한다는 것입니다.

일생 살아가는 동안의 나의 모든 삶에는 하나님의 섭리가 있음을 깨달아야 합니다. 그리고 겸손한 마음으로 언제나 기도하며 하나님의 인도하심을 받는 것이 삶의 가장 큰 지혜입니다.

하나님의 인도하시는 섭리에는 우리들의 믿음이 바탕이 되어야 합니다.

첫째는 임마누엘의 신앙입니다. 이것은 '하나님은 지금도 나와 함께 하신다' 는 믿음입니다. 이것이 바탕이 될 때 생각과 행동을 내 멋대로 하지 않습니다. 무엇을 하든지 '하나님 앞에서' 라는 믿음으로 살아가게 됩니다.

둘째는 여호와 이레의 신앙입니다. '하나님이 나를 인도하시고 나의 필요한 모든 것을 준비하신다.' 는 믿음입니다. 광야 길로 인도하셔도 만나를 준비하시고, 사막 길로 인도하셔도 오아시스를 준비하시는 하나님이십니다.

우리는 우리의 가는 길을 알지 못합니다. 오직 하나님만이 아시고 인도하십니다. 그래서 욥은 욥기 23장 10절에서 이렇게 고백했습니다.

"나의 가는 길은 오직 그가 아시나니"

그렇습니다. 우리의 걷는 길이 때로는 예측 못한 가시밭길이기도 하고, 또 때로는 시온의 대로이기도 합니다. 그러나 그 모든 길을 하나님께서 인도하십니다.

이 믿음이 없을 때 불평이 일어나고 원망이 쏟아집니다. 모든 것이 고통이며 불행입니다. 만족이 없습니다. 그러나 이 길을 작정하시고

걷게 하시는 분이 하나님이시라는 것을 이스라엘 백성들의 광야생활
을 통해서 배우게 됩니다. 왜 그들이 그 광야 길을 가야만 했는가를
성경말씀이 밝히 가르쳐 주고 계십니다.

신약성경에서 가장 많은 부분을 차지하며 하나님께 쓰임 받은 사
도 바울도 자기가 원하는 대로 살지 못했습니다.

바울은 로마로 가서 복음을 전하고 싶었습니다. 그러나 하나님은
그를 마케도니아로 인도하셨습니다.

위대한 선교사 리빙스턴은 원래 중국으로 가려고 하였습니다. 그
러나 하나님은 그를 아프리카로 보내셨습니다. 그곳에서 선교사요,
탐험가며, 의료전도사로 봉사하게 하셨습니다.

저는 정말 좋은 장로가 되고 싶었습니다. 그래서 주의 종을 주님처
럼 잘 섬기고 교회의 충성스러운 일꾼이 되기를 원했습니다. 그렇지
만 하나님은 저로 하여금 목사가 되어 사역하게 하셨습니다. 원래 저
는 서울로 가서 목회를 하려고 모든 준비를 했습니다. 그러나 하나님
은 저를 포항으로 인도하셨습니다. 시작할 때는 왜 이렇게 되는 것일
까 했지만 지나면서 하나님의 인도하심이었음을 새삼 깨닫게 됩니다.

그렇다면 오늘 더욱 생각할 것이 무엇일까요? 오늘 내딛는 걸음걸
음마다 하나님이 함께하신다는 것입니다. 하나님이 함께하실 뿐만
아니라 더 좋은 곳으로 인도하시고 계신다는 것입니다. 그것을 온전
히 깨달을 때 믿음의 생활이 더욱 온전해지는 것입니다.

예수님을 잘 믿는 한 젊은이가 있었습니다. 대학 시절이 끝나갈 즈
음 크리스천이 아닌 아가씨와 사귀게 되었습니다. 그런데 그녀가 그

리스도를 믿지 않는다면, 그녀와 결혼하는 것은 옳지 않다고 생각을 하고 주님께 기도를 드렸습니다.

"이 관계가 옳다면 그녀가 봄 학기 마지막 날까지 크리스천이 되게 해 주시기를 기도합니다."

이 젊은이는 누구에게도 이 기도제목을 말하지 않았습니다. 봄 학기의 마지막 날이 되어 그녀를 만나게 되었습니다. 그녀는 드라이브를 하고 싶다고 했습니다. 그리고는 그저 즉흥적으로 재미삼아 가야할 방향을 아무렇게나 말했습니다.

"세 번은 좌회전, 세 번은 우회전, 그리고 삼 마일을 직진하고 멈추는 거야."

그녀의 요구대로 차를 달려 도착한 곳은 미국식 공동묘지였습니다. 묘지의 중앙에는 커다란 십자가가 수백 개의 작은 십자가에 둘러싸여 있었습니다. 그녀는 청년에게서 십자가가 상징하는 의미를 전해 듣고 큰 충격을 받았습니다. 울음을 터트린 그녀는 결국 그리스도를 믿게 되었습니다.

뚱딴지같은 이야기지만 하나님께서 그렇게 인도해 주셨습니다.

하나님께서 우리를 인도하시는 방법에는 여러 가지가 있습니다. 이 방법들은 종종 **다섯 개의 〈C. S.〉**라고 불립니다.

첫째, 성경을 통한 명령(Commanding Scripture),

둘째, 성령님의 통제(Controlling Sprit),

셋째, 상식(Common Sense)

넷째, 성도들의 조언(Counsel of the Saints),

다섯째, 상황적인 증거들(Circumstantial Signs)**입니다.**

　다윗은 하나님의 인도하심을 받았습니다. 죽을 것 같이 위태롭고 고달픈 길이었습니다. 그러나 그 길이 안전한 길이었습니다. 그 길이 축복이었습니다. 그 길이 형통이었습니다. 그 길이 평안이었습니다. 그 길이 성공이었습니다. 그 길이 영광의 길이었습니다.

　이사야 58장 11절입니다.

　"여호와가 너를 항상 인도하여 메마른 곳에서도 네 영혼을 만족하게 하며 네 뼈를 견고하게 하리니 너는 물 댄 동산 같겠고 물이 끊어지지 아니하는 샘 같을 것이라."

　하나님을 의지하십시오! 오직 그 분이 저와 여러분을 이 땅에서 천국까지 의의 길로 인도하십니다. 아멘.

63.
다윗과 요나단

"우리 두 사람이
여호와의 이름으로 맹세하여 이르기를
여호와께서 영원히 나와 너 사이에 계시고
내 자손과 네 자손 사이에 계시리라
〈사무엘상 20:35~42 중〉."

함석헌 선생의 '그대는 가졌는가? 라는 글이 있습니다.

그 사람을 가졌는가?

만 리 길 나서는 날

처자를 내 맡기며 마음 놓고 갈 만한 사람

그 사람을 그대는 가졌는가?

온 세상 다 너를 버려

마음이 외로울 때에도

너 뿐이야 하고 믿어주는

그 사람을 그대는 가졌는가?

탔던 배가 가라앉을 때
구명대를 서로 사양하며
너만은 제발 살아다오 할
그 사람을 그대는 가졌는가?

잊지 못할 이 세상을 놓고 떠나려 할 때
너 하나 있으니 하며
빙그레 웃고 눈을 감을
그 사람을 그대는 가졌는가?

온 세상에 예 보다도 아니오 라고
가만히 머리를 흔들어
진실로 충언해 주는
그 한 사람을 그대는 가졌는가?

참된 우정을 나눌 수 있는 생명과도 같은 친구를 갖고 있느냐고 질문하는 글입니다. 이 한 편의 글을 통해 참으로 깊은 감명을 받으며 제 삶을 다시 한 번 돌아봅니다. 그리고 거짓 없는 숙연함을 느낍니다.

함석헌 선생님의 이 글을 읽으면서 다윗과 요나단이 생각났습니다. 성경을 읽으면서 깊이 묵상하는 시간이면, 마치 온 세상을 다 보는 듯한 느낌이 들 때가 많습니다. 추하고 사악하며 부끄러운 것들도 보입니다. 반면에 너무 아름답고 감미로워 감히 언어로 표현하기에는 턱없이 부족한 감동의 세계도 만납니다. 이런 무궁무진한 실상이면서도 신비한 세계를 성경을 통해 여행합니다.

그 가운데 만나는 아름다운 '만남' 이라는 한 이야기가 있습니다. 다윗과 요나단이 만나 그려내는 역사입니다. 어떤 훌륭한 문학 작품으로도 이 두 사람의 만남을 더 이상 아름답게 그려낼 수는 없을 것입니다. 사랑과 우정, 신앙과 인격의 아름다운 관계를 마치 한 폭의 풍경화를 감상하게 하듯 성경은 펼쳐 보여주고 있습니다.

이것은 동화가 아닙니다. 전설도 아닙니다. 실제 한 역사를 감동적으로 그려낸 역사의 한 장르입니다. 그래서 성경의 진리로 오늘도 우리에게 전해지며 감동과 도전을 주고 있습니다.

다윗을 죽이려는 사울의 광패(狂悖)한 행동을 벗어나 살아갈 수 있었던 다윗의 삶의 배후에는 하나님의 섭리가 있었습니다. 때로는 의로운 자를 통하여, 또 때로는 악한 자를 통해서도 그를 보호하시고 인도하시는 하나님의 섭리였습니다.

다윗을 위하여 하나님이 사용하신 의로운 자 가운데 한 사람이 바로 요나단입니다. 다윗과 요나단의 만남은 참으로 아름다운 만남의 이상적인 모델입니다. 그들의 만남을 통해 오늘을 살아가는 우리에게 주시는 메시지는 굉장히 강렬합니다. 지금도 변함없이 그 하나님은 사랑하시는 자를 어떤 상황 가운데서도 보호하시고 인도하신다는 것입니다.

일생을 사는 동안 영육간의 사상이 일치하는 사람을 만나기란 참으로 어렵습니다. 더욱이 정신적인 합일의 대상을 만난다는 것은 더욱 어렵습니다. 내게 있는 모든 것을 아낌없이 주고도 더 주고 싶은 사람을 만나기란 더욱 어렵습니다.

어떤 사람과 마주하면 모든 것을 내려놓을 수 있는 안도감이 일어 납니다. 어떤 사람을 만나면 따뜻한 정감이 일어나며, 또 어떤 사람을 만나면 평안한 행복감을 느끼기도 합니다. 그런 사람과 만나고 헤어지면 다시 또 그 사람이 보고 싶어집니다. 그래서 다시 만나면 말할 수 없는 평안함을 느낍니다.

이것이 우리의 삶의 아름다운 만남의 자리입니다. 길지 않은 인생 길에서 합일 할 수 있는 사람, 편히 기댈 수 있는 이웃을 만나는 것 보 다 더 행복하고 아름다운 것은 없을 것입니다.

백아와 종자기의 서로를 알아주는 관계, 사랑을 사랑으로써만, 예술을 예술로써만 이해하며 포용해 주는 너그러운 만남, 그런 만남을 갖는다면 인간은 누구나 살아볼 만 하다고 생각할 것입니다. 그런 대상을 만나기만 한다면 그는 자신의 기쁨과 관심, 유머와 이해, 지식과 슬픔까지도 모두 함께 할 수 있을 것입니다. 이것이 인생의 기대이며 소망입니다. 그렇기 때문에 인생에 있어서 결코 소홀히 해서는 안 될 것이 만남입니다.

인생은 네 개의 단어로 요약될 수 있습니다. 곧 만남, 교제, 사랑, 이별입니다.

인생이란 무엇일까요? '너와 나의 만남' 입니다. 너와 나의 만남을 통해 아름다움이 만들어 집니다. 감격과 기쁨이 있습니다. 그리고 고뇌까지도 함께 일어납니다. 그것을 서로 나누는 것이 교제이며 그것이 인생 입니다.

콜리지(Coleridge)는 "만나서 알고 사랑하고 헤어지는 것이 많은 사람의 슬픈 이야기다”라고 했습니다.

그러나 슬픈 이야기가 아닌 아름다운 만남, 행복한 만남, 소망이 있고 생명이 있는 만남이 있습니다. 그것은 하나님과의 만남입니다. 예수 그리스도와의 만남입니다. 하나님과의 만남, 예수 그리스도와의 만남이 있을 때 사람과의 만남이 또한 아름다운 만남이 될 수 있습니다. 역설적(逆說的)인 말씀이나 하나님과의 만남, 예수 그리스도와의 만남이 없는 사람과의 만남은 결코 아름다운 만남이 될 수 없다는 말씀입니다.

수가성 우물가에서 한 사마리아 여인이 예수님을 만났습니다. 그 여인은 자기를 상종해 주지 않던 유대인과의 만남에 당혹했습니다. 여인은 하나님을 갈구하는 사람이었습니다. 그곳 우물가에서 여인은 하나님의 실체를 만났습니다. 하나님의 말씀이 육신이 되어 오신 예수 그리스도를 만났습니다. 모든 사람과의 만남이 가능한 그녀였지만 예수 그리스도를 만났습니다. 만남 가운데 가장 완벽한 만남입니다. 그녀의 삶은 완전히 바뀌었습니다. 자신의 갈증을 일시적으로 해갈시켜 주던 물동이마저 우물가에 버리고 마을로 달려갈 만큼 완벽한 해갈의 만남을 이루었습니다. 그 만남은 감출 수 없는 만남이었습니다. 외쳐 말하지 않을 수 없는 폭발하는 기쁨의 만남이었습니다. 그래서 그 만남은 아름다운 삶으로 이어질 수 있었습니다.

오늘 본문의 다윗과 요나단의 만남이 바로 그러한 만남입니다. 다윗도 요나단도 하나님과의 만남이 먼저 경험된 사람들입니다. 그런 그들의 만남이 지고한 아름다움으로 꽃피어 인류 역사의 마지막까지 이어질 기록으로 남았습니다.

터키 속담입니다.

"그 사람됨을 알고자하면 그의 친구가 누구인가를 알아보라."

아리스토텔레스의 말입니다.

"친구는 제 2의 재산이다."

다윗과 요나단을 살펴보면 이 말들은 다 옳은 말입니다. 다윗과 요나단이 한 말들을 정리해 보면 그들의 관계가 얼마나 아름다운 우정이며 사랑인가를 알 수 있습니다.

사무엘상 18장 1절과 3절에서는 요나단이 다윗을 자기 생명같이 사랑했다고 기록하고 있습니다. 사무엘상 19장 1절을 보면 요나단이 다윗을 심히 좋아했다고 했습니다. 20장 17절에서도 역시 요나단이 자기 생명을 사랑함 같이 다윗을 사랑했다고 기록하고 있습니다. 20장 24-34절을 보면 사울이 다윗을 죽이려고 할 때 요나단이 목숨을 걸고 나서서 다윗을 살려주는 일을 감행했습니다. 그리고 사무엘하 1장 26절에 보면 다윗은 요나단을 두고 말하기를 요나단이 다윗을 사랑함이 여인의 사랑보다 승하였다고 했습니다.

사무엘하 9장을 보면 다윗이 왕좌에 다시 앉은 후 요나단의 아들 절름발이 므비보셋을 왕자같이 후대하였음을 볼 수 있습니다. 다윗과 요나단의 이와 같은 관계는 끝이 없습니다.

그 근간이 무엇일까요? 하나님을 신앙하는 믿음입니다. 여기서 두 사람의 우정이 지고(至高)한 사랑으로 승화되었던 것입니다.

이제 보다 구체적으로 다윗과 요나단의 관계를 정리해 보겠습니다. 본문은 앞장의 사건이 이어지고 있습니다. 그 내용은 아버지 사울 왕이 다윗을 죽이려는 의사가 있는지 없는지를 살펴 다윗을 살리려는 요나단의 계획이 구체적으로 나타고 있는 부분입니다.

요나단은 아버지의 살의(殺意)의 마음을 확인하고 화살을 쏘아 다윗에게 이 사실을 전달합니다. 그리고 화살 줍는 시종 아이는 성읍으로 돌려보내고 요나단은 풀숲 사이에 숨은 다윗을 만납니다. 그들이 만나 나누는 우정과 사랑이 가슴 절절히 그려져 있는 것이 41절, 42절입니다.

"아이가 가매 다윗이 곧 바위 남쪽에서 일어나서 땅에 엎드려 세 번 절한 후에 서로 입 맞추고 같이 울되 다윗이 더욱 심하더니" "요나단이 다윗에게 이르되 평안히 가라 우리 두 사람이 여호와의 이름으로 맹세하여 이르기를 여호와께서 영원히 나와 너 사이에 계시고 내 자손과 네 자손 사이에 계시리라 하였느니라 하니 다윗은 일어나 떠나고 요나단은 성읍으로 들어 가니라."

눈물 없이는, 감동 없이는 읽을 수 없는 장면입니다. 참으로 아름다운 장면입니다. 참된 신앙인들의 자연스러운 삶의 모습입니다. 사랑과 우정과 예의가 모두 갖추어진 완벽한 모습입니다. 이것이 다윗과 요나단의 관계입니다.

어떻게 이런 만남, 이런 관계가 가능할까요?

1. 다윗과 요나단의 만남은 권력관계를 초월했습니다.

사울이 수없이 다윗을 죽이려 할 때 사울의 아들 요나단은 다윗을 살리기 위하여 자기 자신의 권력을 포기해야 했습니다. 사울의 뒤를 이어 이스라엘의 왕이 될 요나단이었습니다. 그는 또한 다윗이 이스라엘의 차기 왕으로 기름 부음 받은 것을 알았습니다. 그렇다면 요나단에게 있어서 다윗은 정적(政敵)입니다. 그러나 요나단은 왕의 자리보다 다윗을 사랑하는 마음이 더 크고 더 깊었습니다. 자신보다는 다윗이 더 소중했습니다. 그의 다윗을 사랑함이 여인의 사랑보다 승하였다고 성경이 증거하고 있습니다.

다윗 또한 사무엘을 통하여 사울을 이어 이스라엘의 왕으로 이미 기름부음을 받은 왕이 될 사람이었습니다. 동시에 사울의 아들 요나단이 자신에게 있어서는 정적(政敵)이었습니다. 그러나 자기를 아버지의 손에서 살려내려고 하는 요나단의 모습은 조건 없는 절대적인 사랑임을 알았습니다. 다윗은 그 사랑을 신뢰했습니다. 그러므로 그 또한 요나단을 사랑함으로 상호 관계를 아름답게 엮어갈 수 있었습니다. 이것이 두 사람의 진정한 하나님 신앙에 근간을 둔 사랑이었습니다.

저는 보았습니다. 친구라고 했고, 사랑한다고 했습니다. 함께 아름다운 관계를 엮어가자고 철석같이 약속했던 사람을 보았습니다. 그 정치인이 자기 자신의 입지(立地)를 위하여, 권력을 갖기 위하여 친구를 배신한 것을 보았습니다. 슬펐습니다. 아팠습니다. 의분이 일어났습니다.

그러나 다윗과 요나단은 아니었습니다. 권력까지도 포기하며 초월한 참으로 아름다운 우정과 사랑의 친구였습니다. 여러분에게 이런 친구가 있습니까?

2. 다윗과 요나단의 만남은 혈연관계를 초월했습니다.

요나단은 사울왕의 아들입니다. 다윗은 피 한 방울 섞이지 않은 타인입니다. 그런데도 요나단은 아버지의 악정(惡政)과 패악(悖惡)에 동의하지 않았습니다. 오히려 사랑하는 친구 다윗을 위하여 자신의 권력까지 포기하는 삶을 보였습니다. 이것은 혈연관계를 초월한 진정한 신앙인의 진실한 사랑입니다.

TV에서 인기리에 방영되었던 LOST의 한 장면을 저는 잊지 않고 있습니다. 주인공 '잭 쉐퍼드' 역을 맡은 'Matthew Fox(메튜 폭스)'는 의사입니다. 그는 아버지가 임신 초기의 한 여성을 수술을 할 때 함께 동참합니다. 그 때 아버지가 술을 마신 후 수술을 하다가 실수로 환자를 죽게 합니다. 당연히 문제가 되었습니다. 그 때 아버지는 아들에게 무거운 한 마디 말을 합니다.

"내가 널 강하게 키우느라 네가 불만이 많았겠지만, 나는 너를 잃을지언정 너를 수 천 수만의 생명을 살리는 훌륭한 의사로 만들고 싶었다. 그리고 너는 지금 그런 의사가 될 수 있었다."

취조를 받을 때 아버지는 당시의 상황이 어쩔 수 없었다고 역설합니다. 그러나 그것을 지켜보던 아들 '잭'은 조사관 앞에서 양심선언을 합니다. 아버지가 술을 마시고 수술을 하여 실수로 환자가 죽게 되었다는 정직한 고백입니다.

의사로서의 사명 수행을 위하여 '잭'은 혈연관계를 뛰어 넘어 양심을 지키는 장면이었습니다.

마침 의사인 둘째 아들과 함께 시청을 하고 있었습니다. 우리 부자는 무언의 눈으로 서로의 얼굴을 바라보았습니다. 아들도 저도 둘 다 정신적인 전율을 느꼈습니다. 혈연관계를 초월한 것, 그것은 신앙 양심에서만 가능한 행동입니다.

3. 다윗과 요나단의 만남은 이해관계를 초월했습니다.

이해관계(利害關係)란 '서로 이득과 손해가 미치는 사이의 관계'입니다. 인간은 본능적으로 자기에게 발생하는 이익이 있는 경우에는 타인의 손해에 대해서 생각지 않습니다. 그것이 철저한 자기주의입니다. 그러나 그런 것마저도 초월할 수 있는 것이 올바른 하나님 신앙입니다. 즉 모든 기준이 하나님이 될 때 이해관계를 초월 할 수 있다는 말씀입니다.

정치적으로도 이해관계로 인해 오늘의 동지가 내일은 정적이 되고 오늘의 정적(政敵)이 내일은 동지가 되는 경우를 흔히 봅니다.
경상북도 도청이전 문제는 수십 년을 끌어온 아직도 해결되어야 할 과제로 남아있습니다. 경북 도청 이전이 쉽지 않은 것은 각 지역 간의 이해관계가 복잡하게 얽혀 있기 때문입니다.

목회 생활 30여년이지만 역시 아직도 가장 힘든 것이 당회 운영입니다. 당회원들 모두가 교회를 위하여, 성도를 위하여, 아니 원론적으로 하나님의 영광을 위하여 무엇을 의논하고 결정한다면 무슨 문제가 있겠습니까. 그러나 부끄럽게도 하나 같이 자기에게 '득(得)이 되느냐? 해(害)가 되느냐? 로 하나님의 교회를 바로 세워가지 못할 때 목사의 고통은 말 할 수 없이 큽니다.

그렇다고 목사는 괜찮으냐 하면, 목사도 이해관계에 얽혀 버리면 그 때부터 정상적인 목회를 하지 못하게 되는 것입니다.

누구든지 그런 것을 초월할 수 있어야 합니다. 그래야 모든 범사가 아름다운 법입니다. 그것을 초월 할 수 있는 근간은 오직 신실한 하나님 신앙뿐입니다.

다윗과 요나단은 이와 같은 이해관계를 초월한 만남, 우정과 사랑이었습니다. 그래서 요나단은 자기 생명보다 다윗을 더 사랑 할 수 있었습니다. 권력보다 다윗을 더 사랑할 수 있었습니다. 다윗 또한 이것은 동일했습니다.

세월이 흘렀습니다. 요나단은 죽었습니다. 다윗이 이스라엘의 왕위에 올라 태평성대를 보내게 된 어느 날 이야기가 사무엘하 9장에 그림처럼 그려져 있습니다.

어느 날 다윗은 요나단이 생각났습니다. 그리고 신하들에게 물었습니다.

“사울의 집에 남은 사람이 없느냐?”

사울의 종 ‘시바’ 라는 사람을 불러서 물었을 때 시바가 다윗에게 고하는 말입니다. 사무엘하 9장 3절 하반 절입니다.

“시바가 왕께 아뢰되 요나단의 아들 하나가 있는데 다리 저는 자니이다 하니라.”

다윗은 너무도 놀랍고 반가워 그를 왕궁으로 불러들입니다. 불러 놓고 보니 다리를 저는 요나단의 아들이었습니다. 그가 ‘므비보셋’

입니다. 7절 이하에 이렇게 이어집니다.

"다윗이 그에게 이르되 무서워하지 말라 내가 반드시 네 아버지 요나단으로 말미암아 네게 은총을 베풀리라 내가 네 할아버지 사울의 모든 밭을 다 네게 도로 주겠고 또 너는 항상 내 상에서 떡을 먹을지니라."

다윗의 이 후대(厚待)에 대하여 므비보셋은 엎드려 울면서 말합니다. 8절입니다.

"그가 절하여 이르되 이 종이 무엇이기에 왕께서 죽은 개 같은 나를 돌아보시나이까?"

다윗은 그런 므비보셋을 왕자처럼 생활하게 하였고 사울과 그의 온 집에 속한 모든 것을 전부 므비보셋에게 주어 그를 섬기게 하였습니다. 이것이 다윗과 요나단의 아름다운 만남과 우정과 사랑입니다. 이것은 절대 하나님 신앙에서 가능한 은혜입니다. 요한복음 15:13-14절입니다.

"사람이 친구를 위하여 자기 목숨을 버리면 이보다 더 큰 사랑이 없나니, 너희는 내가 명하는 대로 행하면 곧 나의 친구라."

예수님이 우리에게 말씀하셨습니다. 저와 여러분을 위하여 목숨을 버리신 예수님께서 당신이 우리에게 주신 그와 같은 사랑을 행하라고 하십니다.

다윗과 요나단처럼 우리 모두는 예수님과 그런 아름다운 만남을 통한 좋은 친구로 남은 생애를 살아가기를 예수님의 이름으로 축복합니다. 아멘.

피할 곳이 있습니까?

"다윗이 놉에 가서 제사장 아히멜렉에게 이르니
이히멜렉이 떨며 다윗을 영접하여 그에게 이르되
어찌하여 네가 홀로 있고 함께 하는 자가 아무도 없느냐 하니
〈사무엘상 21:1~9 중〉."

오래 전에 상영 되었던 영화 가운데 The Fugitive(도망자)라는 것이 있었습니다. 유명한 영화라 아마 기억하시는 분들이 많으실 것입니다. 앤드류 데이비스 (Andrew Davis)가 감독하고, 해리슨 포드 (Harrison Ford :리처드 데이빗 킴블 박사 역)와 토미 리 존스(Tommy Lee Jones :새뮤얼 제라드 연방 경찰 역)가 주연한 이 영화는 웬만한 영화 mania들은 거의가 보았을 것입니다.

저명한 의사인 리차드는 시카고 근교의 고급 주택가에서 가족과 행복하게 살고 있었습니다. 그러던 어느 날 괴한이 집으로 침입해 들어와 아내 헬렌을 살해합니다. 이 현장에 있던 남편 리차드는 괴한과 사투를 벌이다 도망을 가게 됩니다. 살인 현장에 도착한 경찰은 모든 정황으로 미루어 리차드가 살인범임을 지목합니다. 결백을 주장하는

그의 말은 묵살 당하고 리차드는 사형을 선고받습니다. 교도소로 향하던 중 리차드는 진범을 잡기 위해 탈출합니다. 형사 샘은 탈출범 리차드를 잡기 위해 쫓고 쫓기는 사활이 걸린 추격전을 펼치며 영화는 도망자라는 제목으로 엮어집니다. 물론 결론은 진범이 밝혀지고 리차드의 억울함이 풀리면서 막을 내립니다.

삼엄한 경찰 망을 피해 진범을 잡기 위해 도망을 다니는 리차드의 심정과 현실이 리얼하게 전개되는 가운데, 진범을 잡기까지 그 어디한 곳도 피할 곳이 없는 리차드의 절박한 상황을 그려낸 영화입니다. 이 영화는 명화로 선정되면서 도망자 II와 III이 제작되어 상영 되었습니다.

본문 말씀은 사울에게 쫓기는 다윗의 절박한 상황의 절정에 이른 것을 느끼게 해 주는 안쓰러운 내용입니다. 사울의 칼을 피하여 가족들과도 헤어지고 사랑하는 친구 요나단과도 헤어진 다윗은 갈 곳이 없었습니다. 어디를 가도 사울의 울타리를 벗어날 수 없었습니다.

1. 제사장에게로 간 다윗

다윗은 놉으로 갔습니다. 놉은 성소가 있는 제사장들의 성읍이었고 아무리 사울의 손길이 전국에 뻗쳐 있을지라도 제사장만은 다윗을 숨겨 주리라는 생각 때문이었습니다. 거기서 다윗은 제사장 아히멜렉을 만나게 되었습니다.

여기서 우리가 마음에 담아 둘 한 가지 교훈을 발견합니다. 그 때나 지금이나 온전하게 신앙생활을 잘하는 사람이 환난을 당할 때 취하는 모습입니다. 온전한 신앙인은 상황에 대하여 인간적인 생각으로 원망과 불평을 하지 않고 하나님을 찾는다는 것입니다.

그러나 아무리 신앙생활을 오래한 사람이라도 믿음이 없으면 어려움을 당할 때 불평하고 원망하기가 쉽습니다.

믿음이 있는 사람은 '그럼에도 불구하고'의 고백과, '그리 아니하실지라도'의 고백을 하지만 믿음 없는 사람은 "하나님, 어찌 이런 일이 내게 있게 하십니까?"라고 원망을 합니다.

다윗은 원망하지 않고 하나님을 찾았습니다. 그래서 하나님은 예레미야 선지자를 통하여 예레미야 17장 7~8절에서 이렇게 권고의 말씀을 하셨습니다.

"무릇 여호와를 의지하며 여호와를 의뢰하는 그 사람은 복을 받을 것이라. 그는 물가에 심어진 나무가 그 뿌리를 강변에 뻗치고 더위가 올지라도 두려워하지 아니하며 그 잎이 청청하며 가무는 해에도 걱정이 없고 결실이 그치지 아니함 같으리라."

2. 거짓말 하는 다윗

아히멜렉 제사장이 자기를 찾아온 다윗에게 질문하는 것이 1절 하반 절 말씀입니다.

"어찌하여 네가 홀로 있고 함께 하는 자가 아무도 없느냐?"

이 질문에 대한 2절의 답변을 보면 다윗은 거짓말을 하고 있습니다. 사울의 칼을 피하여 쫓기는 신세임을 밝히지 못하고 오히려 사울로부터 특별하고 은밀한 임무를 띠고 왔다고 했습니다. 그것은 쫓기는 다윗의 본능적인 두려움과 신변의 위기감에서 비롯된 신앙인의 불신앙의 모습입니다.

다윗이 하나님을 믿지 않는 것이 아닙니다. 그러나 아히멜렉을 전적으로 믿지 못하는 이 상황은 인간의 본능적인 약함을 나타낸 것입니다. 이것은 인간론(人間論)의 지극히 약한 한 부분입니다. 비록 믿음으로 향하여 온 놉이지만 제사장 앞에서 거짓말을 하게 된 것입니다.

이렇게 거짓말을 통해 눈앞의 위기를 모면한 다윗은 아히멜렉을 통해 2가지를 얻게 됩니다. 하나는 3절에서 보여주는 대로 먹을 것을 취하게 된 것이고, 또 하나는 8절에서 알게 되는 바 칼을 취하는 것입니다.

우리는 여기서 또 하나 중요한 사실을 깨닫게 됩니다. 다윗은 아히멜렉을 어렵게 하고 해롭게 하려는 의사가 없었다는 것입니다. 즉 남을 해롭게 하려는 악의가 없는 거짓말을 한 것입니다. 그럼에도 불구하고 이 악의 없는 거짓말이 얼마나 무서운 결과를 초래했는가를 간과해서는 안 됩니다.

다음 장에서 살펴볼 22장 11~19절을 보면 이 다윗의 거짓말에 속은 아히멜렉이 다윗에게 먹을 것과 칼을 내어줌으로써 아무 죄 없는 제사장 85명이 죽임을 당하게 됩니다. 뿐만 아니라 놉 땅의 남녀와 젖먹이와 가축까지 사울의 손에 죽었습니다.

물론 이런 참혹한 상황이 다윗의 거짓말 때문만은 아닙니다. 사울의 포악함과 무자비함으로 비롯된 것이지만, 다윗이 아히멜렉을 속이지 않았다면 이런 결과는 없었을 것입니다. 신앙인의 일상에서 일어나는 악의 없는 사소한 거짓말도 결론적으로는 무서운 결과를 초래한다는 사실을 우리는 깊이 깨달아야 합니다.

그리스도인은 어떤 경우를 무론하고 거짓말을 하지 말아야 합니다. 그래서 도산 안창호 선생님은 꿈속에서라도 거짓말을 하지 말라고 했습니다.

유머 책에서 옮겨 온 이야기입니다.

어느 교회 목사님이 "다음 주 설교 제목은 거짓말입니다. 더욱 말씀을 이해하기 위하여 부탁드리는데 마가복은 17장을 한 번씩 꼭 읽고 오시기 바랍니다."라고 했습니다. 다음 주일 설교 전에 "마가복음 17장까지 읽어 오신 분 손들어 보시기 바랍니다."라고 했습니다. 사람들이 하나 둘씩 손을 들기 시작했습니다. 그러자 목사님이 "마가복음은 16장까지 밖에 없습니다. 자 그럼 이제 거짓말에 대해 설교하겠습니다."하면서 설교를 했답니다.

아빠와 여섯 살 된 아들이 집에 있는데 빚 받으러 온 사람이 문을 두드리며 찾았습니다. 아빠가 당황해서 아들에게 말했습니다.

"애야, 너 나가서 아빠 나가고 없다고 그래라."

"아빠 여기 있는데 없다고 그래? 그거 거짓말 아냐?"

"글쎄 빨리 나가서 없다고 그래."

아빠가 윽박지르는 바람에 아들은 할 수 없이 문을 열고 나갔습니다.

"아빠, 나가고 없어요."

아들은 일러준 대로 잘 했습니다. 그러자 화가 치밀어 오른 빚 받으러 온 사람이 소리쳤습니다.

"어디 간다고 나갔어?"

눈이 동그래진 아들이 고개를 갸우뚱하더니 집안을 향해 말했습니다.

"아빠, 어디 갔다고 그럴까?"

웃자고 만든 이야기이지만 많은 것을 생각하게 하는 이야기입니다.

우리는 절대로 거짓말을 안 한다고 하면서도 무의식적으로 거짓말을 하면서 살아갑니다. 예컨대 간호사가 주사를 놓으면서 "하나도 안 아파요." 하는 것, 비밀스러운 이야기를 하면서 "이건 너한테만 말하는 건데"라는 것, 장사하시는 분들의 "이거 밑지고 파는 겁니다."라는 거짓말은 우리 생활에 일상화 된 거짓말입니다.

상대방의 기분을 맞추어 주려고 예쁘지도 않은데 예쁘다고 말하는 습관, 자기의 유익이나 남에게 손해를 주려는 것이 아니라 그저 장난삼아 하는 거짓말도 있습니다.

그러나 남을 속여 자기의 유익을 도모하는 수단으로 사용하는 사기형 거짓말이라든가, 남을 괴롭히고 망하게 하는데 목적이 있는 악질형 거짓말이 있습니다. 이것은 모두가 악한 마음에서 비롯된 거짓말입니다.

본문의 다윗처럼 신실한 믿음의 사람도 자기 자신의 처한 상황이 절박하자 자신도 모르게 거짓말을 하여 자신을 보호하고자 했습니다. 이런 본능은 우리에게도 있음을 새삼 생각하게 됩니다.

그럼에도 불구하고 성경은 어떤 경우이든 거짓말을 해서는 안 된다는 것을 권고하고 있습니다.

3. 거룩한 떡의 교훈

3절입니다.

"이제 당신의 수중에 무엇이 있나이까 떡 다섯 덩이나 무엇이나 있는 대로 내 손에 주소서."

다윗이 아히멜렉에게 먹을 것을 구하는 내용입니다. 그런데 아히멜렉이 다윗에게 말하기를 보통 떡은 없고 거룩한 떡은 있다고 했습니다.

거룩한 떡이 무엇일까요? 이는 진설병으로써 레위기24:5~9절에 그 규례가 기록되어 있습니다. 즉 안식일마다 이스라엘의 12지파를 상징하는 떡 열둘을 여호와 앞에 진설하게 되어 있습니다. 이 떡은 한 주간 동안 진설된 후에 새로운 떡으로 교체되는데 과거의 떡은 아론과 그 자손의 몫이 되어 오직 거룩한 장소에서만 먹도록 되어 있습니다. 그런데 제사장 아히멜렉은 이 떡을 다윗에 주었던 것입니다.

여기에 아주 중요한 복음의 메시지가 있습니다. 즉 다윗이 주려 죽게 된 상황을 중시하여 레위법전보다 생명 우선주의에 의한 사랑의 법칙을 따랐다는 것입니다. 윤리적으로 이해할 때 규범윤리 위에 상황윤리를 적용한 것입니다. 신학적으로 율법 위에 사랑의 중요성을 나타낸 복음입니다.

안식일에 제자들이 밀 이삭을 잘랐을 때 율법주의자들은 범죄행위라고 규정하고 참소 했습니다. 그 때 예수님은 안식일이 사람을 위해 있는 것이지 사람이 안식일을 위해 있지 않다고 율법주의를 넘어 복음주의를 가르친 것과 같은 의미입니다. 그에 대한 정의를 로마서 13:10절 말씀에서 뒷받침 하고 있습니다.

"사랑은 이웃에게 악을 행치 아니하나니 그러므로 사랑은 율법의 완성이니라."

그렇다고 아히멜렉이 무조건적으로 떡을 준 것은 아니었습니다. 그 증거가 4~5절의 내용으로, 성결한 생활을 전제조건으로 진설병을 주었던 것입니다. 즉 다윗이 진설병을 받은 것은 은혜의 법입니다. 그 은혜는 부정한 상태에서는 받을 수 없다는 것을 시사하고 있습니다.

요한복음 8장에는 현장에서 간음하다가 잡힌 여인을 통한 교훈이 있습니다. 이 여인은 율법에 의하여 돌에 맞아 죽을 상황이었습니다. 예수님은 돌을 든 사람들에게 말씀하셨습니다.

"죄 없는 사람이 있으면 돌을 여인에게 던지십시오."

사람들은 하나 둘 돌을 내려놓고 돌아갔습니다. 예수님이 여인에게 말씀하셨습니다.

"나도 너를 정죄하지 아니하노니 가서 다시는 죄를 짓지 말아라."

예수님은 생명을 귀하게 여기시고 사랑으로 율법의 완성을 그렇게 나타내셨습니다.

아홉 살 소년이 배가 고파 빵집으로 들어가 빵 두 개를 훔쳤습니다. 주인 아주머니가 멱살을 잡고 경찰서로 끌고 갔습니다. 경찰서에서는 이 아이를 즉결심판에 넘겼습니다. 판사 앞에 선 아이는 눈물이 고인 모습으로 두려워 떨고 있었습니다. 판사가 조용히 심문하기 시작했습니다.

“왜 빵을 훔쳤니?”

“배가 고파서요. 너무 배가 고팠어요.”

“그래도 그렇지 남의 빵을 훔치는 것이 나쁜 짓인 줄 몰랐니?”“아니에요 나쁜 짓인 줄 잘 알아요.”

“그런데 왜 빵을 훔쳤니?”

“배가 고파서요.”

“왜 굶었니? 부모님이 안 계시니?”

“아빠는 도박을 하다가 구치소에 가셨고, 엄마는 집을 나간 지 오래되었어요. 그리고 집에는 다섯 살 된 여동생과 병들어 누워계신 할머니가 계세요.”

방청석 여기저기서 작은 한숨 소리가 새어 나왔습니다. 판사가 조용히, 그러나 엄숙하게 선고를 내렸습니다.

“네가 행한 일은 법을 어긴 범죄 행위이기 때문에 나는 법을 집행하는 판사로서 무죄를 선고할 수 없어 네게 벌금 5달러를 선고한다. 그러나 나에게는 너와 비슷한 아들이 있는데 네가 배가 고파 이곳저곳을 기웃거리면서 힘들어 할 때 나는 내 아들과 고급 레스토랑에서 맛있는 음식을 먹고 있었다. 그러므로 네가 지불할 벌금은 마땅히 내가 내는 것이 옳다고 생각하여 네 벌금을 내가 대신 내겠다.”

판사는 지갑에서 5달러를 내어 판사모를 벗어 거기에 담고 방청객들을 향해 한 마디를 더 했습니다.

“여러분도 저와 같은 마음을 가졌다면 여기에 벌금 5 달러를 넣어 주시기 바랍니다."

사람들은 너도 나도 모두 5 달러를 모자에 담았고 마지막 사람이 그것을 판사 앞으로 가져왔습니다.

"애야 이 모든 것은 네 돈이다. 이 가운데 5 달러 벌금을 내 놓고 너는 돌아가도 좋다."

증인석에 앉아 있던 빵집 아주머니가 눈이 붉게 충혈 되어 앞으로 달려 나와 소년을 와락 끌어 않았습니다.

"애야 내가 잘못했다. 정말 미안하다. 오늘부터 너는 할머니랑 동생이랑 우리 집에 와서 빵을 마음껏 먹어도 좋다."

사람들은 눈물을 지으며 박수를 보냈습니다. 율법주의를 뛰어넘은 사랑의 법이 보여준 감동스러운 이야기입니다.

마귀는 오늘도 율법으로 우리를 고통하게 하고 힘들게 합니다. 좌절하게 하고 포기하게 합니다. 그러나 예수님은 사랑의 법으로 우리를 자유하게 하십니다. 행복하게 하시며 감동하게 하십니다.

사울의 칼을 피하여 도망자의 신세로 피할 곳 없는 절박한 다윗처럼 오늘 우리의 삶이 때론 그처럼 절박할 때가 있습니다.

그래도 오늘 본문이 교훈하는 것처럼 예수 그리스도의 은혜로 말미암아 영적으로 배부름과 보호하심을 받을 수 있는 저와 여러분입니다.

길지 않은 세월을 살아가면서 율법의 눈으로 범사를 보지 말고 은혜의 법으로 범사를 보면서 살았으면 좋겠습니다. 오늘도…….

가난의 굴레를 벗어나지 못하고 계신 분이 있으십니까? 육신의 아품의 절박함을 벗어나지 못한 분이 계십니까? 일상의 생활이 너무도 힘들어 어디에도 갈 곳 없는 광야에 서 있는 것 같은 마음으로 오늘을 지내고 계시는 분이 계십니까? 벗어나고 싶어도 벗어날 수 없고, 달음질하고 싶어도 달음질할 수 없으며, 피하고 싶어도 피할 수 없는 절박한 상황에서 울고 싶은 분들이 계십니까?

제사장의 마을 놉으로 달려가 아히멜렉을 만나 떡을 얻고 칼을 얻어 다시 힘을 얻어 일어나게 된 다윗처럼 주님 품에 안기시기 바랍니다. 우리의 진정한 도피성은 예수 그리스도 밖에는 없습니다.

인간은 율법의 추격을 당하고 있는 죄인입니다. 율법은 계명을 들이대면서 우리를 쫓아옵니다. 마귀도 옆에서 같이 쫓아옵니다.

그러나 두려워 할 이유는 하나도 없습니다. 도피성 되신 예수 그리스도 안으로 들어가면 되기 때문입니다. 그곳에는 쉼이 있습니다. 용서가 있습니다. 사죄가 있습니다. 행복이 있습니다. 그래서 평안합니다.

지금 그 분 그리스도 예수님의 품에 안기시기를 바랍니다. 그 분을 일평생에 의지하는 복 있는 성도들이 되시기를 예수님의 이름으로 축복합니다. 아멘

우리가 환난을 당할 때

누구에게나 고난은 있습니다. 환난을 당하지 않고 일생을 마치는 사람은 없습니다. 환난의 정도에 있어 개인차가 있을 뿐 모두가 겪는 일입니다. 환난(患難)이란 사전적인 의미로는 근심과 재난을 통틀어 이르는 말입니다. 그래서 한문에서도 근심 환(患)과 어려울 난(難)을 사용합니다.

저는 초등학교를 다닐 때 신발을 제대로 신어본 경험이 없습니다. 도시락을 제대로 싸서 가져간 적도 없습니다. 속옷인 러닝셔츠나 팬티를 입어 본 경험도 거의 없습니다. 그렇게 가난한 가정에서 태어나고 자랐습니다. 그 가난은 개인적으로 더 없는 환난의 세월이었습니다.

한 번은 학교에 다녀왔는데 먹을 점심이 없었습니다. 배가 너무 고 팠습니다. 물로 배를 채우는 것도 한 두 번이지 또 다시 그래야 한다 는 것이 정말 싫었습니다. 그래서 사랑방 윗목에 종자씨앗으로 묶어 둔 고구마를 하나 꺼내서 구워 먹었습니다. 저녁 때 집에 돌아오신 아 버지께서 그 사실을 알게 되었습니다. "어떻게 종자씨앗을 먹느냐?" 고 야단을 맞았습니다. 어린 나이라 너무 서럽고 마음이 아파 그대로 이불을 뒤집어쓰고 잠이 들었습니다.

잠결에 누군가 머리를 쓰다듬는 것을 느꼈습니다. 가만히 눈을 뜨 는 망막에 눈물을 가득담은 어머니의 얼굴이 보였습니다. 어머니는 눈물을 글썽이며 내 머리를 쓰다듬고 계셨습니다. 선잠을 깨며 일어 나 앉는 눈앞에 삶은 고구마 한 그릇이 보였습니다. 어머니는 어디서 구하셨는지 고구마를 삶아 아들의 머리맡에 두고 당신의 쓰린 속을 아들의 머리를 쓰다듬으시며 눈물로 다스리고 계셨던 것입니다.

어린 나이였는데도 왜 그리도 눈물이 나는지, 그냥 아무 말 없이 고구마를 먹는 아들을 보시는 어머니의 마음에도 눈물이 강물이 되 고 있었던 것을 느낄 수 있었습니다.

세월은 그렇게 흘러 오늘날은 너무 좋은 것들을 먹고 마시게 되었 습니다. 그러나 먹고 마시는 어느 한 순간도 어렵던 시절의 아픈 추억 을 잊지 않습니다. 저의 그 어린 나이의 고난의 세월은 오늘에 이르러 교만하지 않을 수 있는 유익이 되었습니다. 그래서 저는 개인적으로 로마서 8:18절을 좋아합니다.

"생각하건대 현재의 고난은 장차 우리에게 나타날 영광과 비교할 수 없도다."

바다 생물 가운데 삿갓조개라는 것이 있습니다. 이 삿갓조개의 접착력은 그 어떤 생물의 접착력보다도 뛰어납니다. 학계에서 그 원인을 알아내려고 연구를 했지만 아직도 그 이유를 제대로 찾지 못하고 있습니다.

삿갓 조개는 그 특성상 바위나 배 밑창에 붙어삽니다. 이것을 분리해 내려면 바위를 깨트려야만 가능합니다. 그렇지 않고는 절대로 분리를 할 수 없을 만큼 그 밀착력이 강합니다. 삿갓 조개를 딸 때는 기회를 잘 포착하여 엄지로 순식간에 밀어야 분리가 가능하지 조금만 늦어도 바위에 딱 달라붙어서 속수무책이 됩니다. 삿갓조개가 이렇게 강한 밀착력을 갖게 된 원인에 대한 학자들의 말을 따르면, 오랫동안 파도와 싸우면서 생겨난 자생력으로 추정된다고 합니다.

파도의 힘은 시속 500킬로미터의 엄청난 바람과 비슷하다고 합니다. 이렇게 강한 파도 속에서 오랜 세월을 견디는 동안 삿갓조개는 바위와 한 몸처럼 밀착되어 떼어 내려고 해도 좀처럼 뗄 수 없는 밀착력을 갖게 되었다는 것입니다.

삿갓조개의 특성은 우리의 삶의 현장과도 같습니다. 고난을 경험하지 않고 성장한 사람의 보편적인 삶은 인내심이 약하고 고난을 극복하는 힘이 부족합니다. 그래서 로마서 5장 3~4절에서는 이렇게 권고합니다.

"우리가 환난 중에도 즐거워하나니 이는 환난은 인내를, 인내는 연단을, 연단은 소망을 이루는 줄 앎이로다."

사람이라면 누구나 환난을 당합니다. 수고하고 무거운 짐을 진 것과 같은 것이 인생입니다. 육체적인 질병의 환난도 있습니다. 사업의 부도로 인한 고난의 풍랑도 있습니다. 부부간의 이별의 슬픔도 있고, 사랑하는 이의 배신의 아픔도 있습니다. 정도와 이유는 달라도 인생 여정의 범사는 환난의 연속입니다.

집회를 인도하며 여러 교회를 방문하면서 보는 것이지만 교회마다 어떤 것은 드러나게, 또 어떤 것은 속으로 겪는 목회적인 고난도 이루 말 할 수 없습니다.

인생은 배를 타고 바다를 항해하는 것과 같습니다. 순풍에 돛을 달고 노래하며 항해를 하기도 하지만 때론 순식간에 폭풍우를 만나 배가 파선하기도 합니다. 또 때론 암초를 만나 목숨까지 잃게 되는 경우도 있습니다. 인생여정도 신앙생활도 크게 다르지 않습니다. 그것이 삶이라는 소풍입니다. 그런 인생 여정에 온간 환난과 풍랑을 통과하고 마침내 안식과 평화의 항구에 다다를 수 있는 것은 예수 그리스도께서 선장이 되실 때만 가능한 것입니다.

그 예수 선장을 모시고 인생을 항해할 때 우리는 찬송가 413(구:470)장을 신앙고백으로 부를 수 있습니다.

1.내 평생에 가는 길 순탄하여
늘 잔잔한 강 같든지
큰 풍파로 무섭고 어렵든지
나의영혼은 늘 편하다
내 영혼 평안해 내 영혼 내 영혼 평안해

2.저 마귀는 우리를 삼키려고
입 벌리고 달려 와도

주 예수는 우리의 대장되니
끝내 싸워서 이기겠네
내 영혼 평안해 내 영혼 내 영혼 평안해

믿음이 있는 사람은 환난을 당할 때도 하나님께서 주시는 능력으로 인내하고 극복하며 소망으로 영광에 이르게 됩니다.

오늘 본문은 다윗이 환난을 당한 상황이 생생하게 기록되어 있습니다. 사울의 칼을 피하여 놉 땅으로 갔던 다윗은 거기 사울의 신하 '도엑'이 있다는 것을 알게 됩니다. 그래서 그곳도 안전한 곳이 못 된다는 것을 알고 가드 왕 '아기스'에게로 갑니다. 그런데 거기서도 아기스의 신하들이 다윗을 알아보고 왕에게 경계의 말을 합니다. 다윗은 심히 두려운 나머지 행동을 바꾸어 미친 체하여 겨우 위기를 벗어납니다. 이것이 본문의 내용입니다. 그 어디에도 피할 곳이 없는 처량한 다윗의 신세, 그를 안전하게 보호해 줄 사람은 그 누구도 없습니다. 그 어디에도 그의 피난처가 없는 상황입니다. 참으로 사방이 우겨쌈을 당한 쫓기는 다윗입니다.

다윗의 이 상황을 통해 깨닫는 것이 있습니다. 그것은 우리가 환난을 당할 때 어떻게 해야 하는가에 대한 지혜로운 신앙적인 대답이기도 합니다.

1. 환난을 당할 때 피할 곳을 정확히 알아야 합니다.

사울을 피하여 제사장들의 마을 놉으로 간 다윗의 행동은 자신이 처한 상황에서 가장 현명한 선택을 한 것입니다. 즉 피해야 할 곳을 정확이 알았다는 것입니다.

그런데 거기서 사울의 신하 '도엑' 을 만나면서 다윗의 마음이 다시 불안해지게 되었습니다. 그러자 결국 다윗은 가드 왕 '아기스' 에게로 피하게 됩니다.

왜 하필 가드 왕 '아기스' 였을까요? '가드' 는 블레셋의 주요 5대 성읍의 하나로 당시에는 블레셋의 왕도(王都)였습니다. 즉 다윗은 이스라엘의 최대 적대국을 피할 곳으로 선택한 것입니다. 그것은 여우를 피하려고 호랑이 굴로 들어간 것이나 진배없는 상황입니다.

사울의 칼을 피하여 살 곳을 찾았는데 그곳이 블레셋의 왕이 있는 가드였다는 것은 문제가 아주 심각하게 된 것입니다. 11절을 보십시오.

"아기스의 신하들이 아기스에게 말하되 이는 그 땅의 왕 다윗이 아니니이까 무리가 춤추며 이 사람의 일을 노래하여 이르되 사울이 죽인 자는 천천이요 다윗은 만만이로다 하지 아니하였나이까 한지라."

이 순간 다윗은 심히 두려워했다고 12절에 기록되어 있습니다. 무슨 뜻이겠습니까? 급한 상황에 처하자 판단이 흐려진 것입니다. 착오가 일어난 것입니다. 어리석게도 다윗은 블레셋 사람들이 자기를 모를 줄 알았던 것입니다. 아무리 급해도 다윗은 피할 곳을 바로 알고가야 했습니다. 그런데 전혀 엉뚱한 곳으로 잘못 갔습니다.

우리는 여기서 중요한 교훈을 얻습니다. 오늘을 살아가는 성도들도 아무리 위급한 환난을 당할지라도 피할 곳을 바로 알고 가야합니다. 아무리 어려운 처지에 이를지라도 성도는 머물 곳과 머물러서는 안 될 곳을 분별해야 합니다.

민수기 9장을 보면 오늘을 살아가는 성도들에게 주는 강한 메시지가 있습니다. 이스라엘 백성들이 출애굽을 하여 가나안을 향해 진군하고 있었습니다. 그 때 백성들은 자기들이 가고 싶은 방향으로 나아가지 않았습니다. 하나님의 인도하시는 구름기둥이 가는 대로 따라갔습니다. 그 구름기둥이 멈추는 곳에서 그들도 머물렀습니다.

그렇습니다. 성도는 성령님이 인도하시는 대로 나아가야 합니다. 성령이 가기 싫어하시면 멈추어야 합니다. 성령이 가고자하시면 나아가야 합니다. 그것이 지혜로운 성도의 삶입니다. 성도의 머물러야 할 곳은 하나님의 문설주 곁입니다. 시편 84편 10절에도 감동스러운 말씀이 있습니다.

"주의 궁정에서의 한 날이 다른 곳에서의 천 날보다 나은즉 악인의 장막에 사는 것보다 내 하나님의 성전 문지기로 있는 것이 좋사오니"

그래서 모세에 관해 히브리서 11장 24절에서 이렇게 기록하고 있습니다.

"믿음으로 모세는 장성하여 바로의 공주의 아들이라 칭함 받기를 거절하고, 도리어 하나님의 백성과 함께 고난 받기를 잠시 죄악의 낙을 누리는 것보다 더 좋아하고, 그리스도를 위하여 받는 수모를 애굽의 모든 보화보다 더 큰 재물로 여겼으니 이는 상 주심을 바라봄이라."

모세는 3가지를 잘 했습니다. 첫째는 거절할 줄 알았습니다. 무엇을요? 명예와 권세와 부귀영화를 거절했습니다. 무엇 때문에 그랬을까요? 예, 두 번째로 잘한 것입니다. 모세는 신앙생활을 통하여 받는 고난이 잠깐의 세상적인 즐거움을 누리는 것보다 낫다는 것을 알았기 때문이라는 것입니다. 그래서 셋째는 그리스도 때문에 받는 수모와 환난을 세상의 어떤 보화보다 더 큰 재산으로 여겼기 때문에 신앙적인 환난을 선택했던 것입니다.

이것을 알았기 때문에 다윗은 시편 1편 1절에서 머물 곳과 떠나야 할 곳을 깨달아 솟아오른 신앙고백을 했던 것입니다. 걷고, 서고, 앉아야 할 곳이 어딘가를 알았던 것입니다.

"복 있는 사람은 악인들의 꾀를 따르지 아니하며 죄인들의 길에 서지 아니하며 오만한 자들의 자리에 앉지 아니하고"

우리가 살아가는 동안 환난을 당할 때 피할 곳은 오직 한 곳, 주님의 품입니다.

2. 환난을 당할 때 소망을 잃지 않아야 합니다.

오늘 본문은 마음 아프게도 다윗의 실패를 기록하고 있습니다. 하나님의 거룩하신 뜻은 다윗의 실패를 통해 오늘을 살아가는 우리가 타산지석으로 삼고 답습하지 않기를 바라시는 깊은 뜻이 있다는 것을 깨달아야 합니다.

다윗이 어떤 인물입니까? 소년시절에 골리앗을 오직 믿음으로 때려눕힌 사람입니다. 오직 하나님만 의지하는 성군(聖君)입니다. 하나님이 마음에 합한 자라고 칭찬을 아끼지 않은 인물입니다. 이스라엘의 빛나는 별입니다.

그러나 이와 같은 다윗도 이렇게 처절하게 절망의 나락으로 떨어질 때가 있었습니다. 하물며 오늘을 살아가는 저와 여러분은 어떻겠습니까?

다윗의 처절한 모습이 13절에 나타나고 있습니다.
"그들 앞에서 그의 행동을 변하여 미친 체하고 대문짝에 그적거리며 침을 수염에 흘리매"

가슴 아픈 장면입니다. 슬픈 현장입니다. 이스라엘의 왕으로 기름부음을 받은 다윗이 생명을 부지하기 위해 찾아갔던 가드 왕 앞에서 어쩌면 당할지도 모를 살의(殺意)를 느끼게 됩니다. 이런 위급한 상황에 이르자 그가 마침내 미친 체 하게 되었습니다.

어떤 신학자는 이 장면을 두고 가장 지혜로운 처신이었다고 주석하는 사람도 있습니다. 물론 맞는 말입니다. 이렇게 하지 않았으면 다윗은 죽음을 면치 못했을지도 모릅니다. 그러나 우리는 영적으로 다른 측면의 교훈을 받아야 합니다. 그것은 어떤 상황에 이를지라도 우리는 절망하지 않아야 한다는 것입니다. 그것이 다윗의 이 행동을 통해 깨달아야 하는 중요한 메시지입니다.

한신장군의 과하지욕(跨下之辱)을 잘 아실 것입니다. 진말(秦末) 한초(漢初)의 뛰어난 장수이자 유방(劉邦)을 도와 한(漢)나라를 건설하는데 혁혁한 공을 세운 '한초삼걸(漢初三杰: 소하, 장량, 한신 세 사람을 일컬음)' 중의 한 사람입니다.

마을의 건달들이 한신을 향해 "목숨이 두렵지 않거든 차고 있는 칼로 나를 치고 지나가고, 목숨이 두렵거든 내 가랑이 사이로 지나가라."고 할 때 그가 빙긋이 웃고 건달의 가랑이 사이를 지나간 이야기입니다.

큰 뜻을 품은 사람은 쓸데없는 일로 시비(是非)를 하지 않는다는 것을 뜻하는 고사성어가 된 말로, 인욕(忍辱), 치욕(恥辱), 굴욕(屈辱)을 참을 수 있어야 큰 인물이 됨을 일컫는 말입니다.

다윗이 이 본문에서 미친 체 한 사건은 바로 여기에 해당되는 행동입니다. 영적으로 달리 이해하면 어떤 환난 가운데서도 소망을 잃지 않아야 함을 깨닫게 하는 말씀입니다.

잠언 14장 32절입니다.

"악인은 그의 환난에 엎드러져도 의인은 그의 죽음에도 소망이 있느니라."

다윗 같은 인물도, 베드로 같은 제자도, 역사의 무수한 영웅호걸들도 다 환난을 당했습니다. 그러나 그들은 절망하지 않고 희망을 품고 극복하였습니다.

오늘을 살아가면서 "나는 왜 이리도 약할까?", "내가 하는 일은 왜 이리도 안 풀릴까?" "왜 이렇게도 나는 고난이 끝이 없을까?"라는 생각을 하고 있다면 오늘 말씀을 묵상하면서 희망을 잃지 말고 승리하시는 은혜가 있기를 바랍니다.

3. 우리가 환난을 당할 때 더욱 믿음으로 담대해야 합니다.

사람이란 누구를 무론하고 위난을 당하면 약해집니다. 소망도 부서지고 절망의 나락으로 떨어지면 곧은 의로움도 파괴됩니다. 그러나 믿음이 있는 성도는 이럴 때 더욱 담대해야 합니다.

오늘 본문의 다윗의 모습은 안타까운 모습입니다. 11절의 블레셋 사람들이 알고 있는 다윗의 위용은 참으로 놀라운 것입니다. 그들이 다윗을 어떻게 이해하고 있는지 본문을 통해 다시 볼까요?

"이는 그 땅의 왕 다윗이 아니니이까?"

세상에 이렇게 놀라운 일이 있을까요? 블레셋 사람들은 사울왕의 칼을 피해 도망 온 다윗을 이스라엘의 왕으로 정확하게 이해하고 있었습니다. 실제로는 아직 사울이 왕입니다. 블레셋 사람들이 그것을 모를 리가 없습니다. 그러나 이미 다윗이 사무엘을 통해 기름부음을 받은 왕이라는 것을 그들은 소위 소식통이라는 첩자를 통해 알고 있었습니다.

그런데 다윗은 믿음으로 끝까지 담대하지 못하고 순간의 위기 앞에서 미친 체하면서 대문짝에 그적거리며 침을 흘리는 미치광이 짓을 했던 것입니다.

이 모습은 어쩌면 오늘 우리의 모습을 거울에 비춰주는 것이기도 합니다. 신앙하는 사람이면서도 현실적인 작은 이해관계에 민감하게 반응합니다. 도무지 참지 못하며 종내에는 믿음이 파선되는 경우가 얼마나 많은지 모릅니다.

히브리서에 기록된 것처럼 온갖 고난과 환난을 당해도 순교하기까지 믿음을 지킨다는 것은 하나님의 은혜 아니고는 불가능한 일입니다. 잠언 29장 25절입니다.

"사람을 두려워하면 올무에 걸리게 되거니와 여호와를 의지하는 자는 안전하리라."

마태복음 10:28절입니다.

"몸은 죽여도 영혼은 능히 죽이지 못하는 자들을 두려워하지 말고 오직 몸과 영혼을 능히 지옥에 멸하실 수 있는 이를 두려워하라."

그래서 사드락과 메삭과 아벳느고는 천하의 권세를 잡은 느부갓네살 앞에서 일곱 배를 뜨겁게 한 풀무를 앞에 두고도 오히려 더욱 믿음으로 담대하게 "신상에는 절할 수 없다."고 외칠 수 있었습니다.

다니엘도 다리오 왕 앞에서 믿음을 지키기 위하여 죽을 것을 알면서도 담대하게 사자 굴을 선택했습니다. 그러자 하나님께서 살려주셨습니다.

그렇다면 천하의 대장부, 믿음의 사람 다윗은 왜 가드 왕 앞에서 미친 체하지 않으면 안 되었을까요? 그것은 천하에 믿음 있는 사람도 하나님을 절대적으로 의지하지 않을 때는 순간적으로 불신앙적인 행동을 할 수 밖에 없다는 것을 드러내고 있습니다.

그래서 하나님은 사도바울을 통하여 고린도후서 4장 8~10절에서 이렇게 말씀하셨습니다.

"우리가 사방으로 우겨쌈을 당하여도 싸이지 아니하며 답답한 일을 당하여도 낙심하지 아니하며, 박해를 받아도 버린바 되지 아니하며 거꾸러뜨림을 당하여도 망하지 아니하고, 우리가 항상 예수의 죽음을 몸에 짊어짐은 예수의 생명이 또한 우리 몸에 나타나게 하려 함이라."

그리고 16-18절에 이렇게 이어집니다.

"그러므로 우리가 낙심하지 아니하노니 우리의 겉 사람은 낡아지나 우리의 속사람은 날로 새로워지도다. 우리가 잠시 받는 환난의 경한 것이 지극히 크고 영원한 영광의 중한 것을 우리에게 이루게 함이니, 우리가 주목하는 것은 보이는 것이 아니요 보이지 않는 것이니 보이는 것은 잠깐이요 보이지 않는 것은 영원함이라.”

우리가 환난을 당할 때 믿음으로 더욱 담대해야 하는 이유가 바로 여기에 있습니다. 이본문의 다윗의 사건이 오늘 우리의 삶에 거울이 되기를 바랍니다. 우리가 환난을 당할 때 피할 곳은 주님뿐이라는 것을 깨닫기를 바랍니다. 그래서 절대로 절망하지 말고, 더욱 담대한 믿음으로 주님 앞으로 나아가시기를 예수님의 이름으로 축복합니다. 아멘.

66.
아둘람의 사람들

해외에 나가면 어디서든지 쉽게 볼 수 있는 광고 가운데 하나가 KFC라는 영어와 함께 흰색 양복에 파란 나비넥타이를 맨 할아버지 모습입니다. KFC, 즉 (Kentucky fried chicken)의 약자인데 '커넬 센더스(Harland David Sanders)' 대령의 '켄터키 후라이드 치킨' 의 트레이드마크 입니다.

6세 때 아버지를 잃고 7살 때부터 어머니를 대신해 빵 굽는 일을 시작으로 농장일꾼, 직업군인, 보험외판원, 주유소 경영, 레스토랑 경영 등으로 다양한 일들을 하지만 미국 대공황으로 처절하게 망하게 됩니다.

마음에 병이 깊어 병상에 누워 인생을 포기하려는 어느 날이었습니다. 어디선가 들려오는 잔잔한 찬송가 소리에 정신이 번쩍 든 '센더스'는 그 노래 소리가 들리는 곳으로 갔습니다. 그곳은 어느 작은 교회당이었습니다. 문을 열고 들어서니 어떤 노인이 교회당 마루바닥에 엎드려 찬송가 382장(통 432)을 부르고 있었습니다.

1. 너 근심 걱정 말아라. 주 너를 지키리.
   주 날개 밑에 거하라. 주 너를 지키리.

후렴: 주 너를 지키리 아무 때나 어디서나
   주 너를 지키리 늘 지켜 주시리.

2. 어려워 낙심 될 때에 주 너를 지키리
   위험한 일을 당할 때 주 너를 지키리

3. 너 쓸 것 미리 아시고 주 너를 지키리.
   구하는 것을 주시며 주 너를 지키리.

4. 어려운 시험 당해도 주 너를 지키리.
   구주의 품에 거하라 주 너를 지키리.

센더스는 그 자리에 저절로 무릎이 꿇어졌습니다. 그리고 시간이 지나 센더스는 자리에서 벌떡 일어났습니다. 그 때의 나이가 65세, 그에게 남아 있는 재산이라고는 중고 포드 승용차 한 대와 돈 105 달러뿐이었습니다.

센더스는 닭튀김 비법을 고안해 내었습니다. 그리고 '켄터키 후라이드 치킨'을 세워 세계적인 부자가 되었습니다. KFC는 지금 세계 80

여 개 국의 13,300 개 지점을 갖고 있습니다.

너 근심 걱정 말아라. 주 너를 지키리.
주 날개 밑에 거하라. 주 너를 지키리.

센더스가 사업이 망한 후 삶을 포기했을 때 그 누구에게도, 그 어디에도 피난처가 없었습니다. 그렇지만 주님만이 환난 날에 피난처가 되신다는 것을 찬송가 한 구절을 통해 깨닫고 일어섰습니다.

다윗은 사울의 칼을 피해 이곳저곳으로 도피생활을 했습니다. 제사장들의 성읍 놉으로도 갔습니다. 그러나 그곳에서 사울의 신하 도엑을 만나자 다시 블레셋의 성읍 가드로 도망을 했습니다. 거기서도 블레셋 사람들이 다윗을 알아보아 생명의 위기를 느끼자 미친 짓을 하여 겨우 살아났습니다.

거기서 다시 도망하여 다윗은 이제 아둘람 굴로 갑니다. 그것이 이 장 본문의 내용입니다. 그런데 다윗이 아둘람 굴로 도망을 왔을 때 놀라운 일이 일어납니다. 당시의 정치, 사회적으로 소외되고 억압받던 자들 400여 명이 가족들을 이끌고 다윗을 찾아온 것입니다. 이런 상황 속에 다윗은 자연스럽게 그들의 우두머리가 됩니다.
그리고 3-4절은 다시 다윗이 모압의 '미스베'로 나아가 부모를 의탁합니다. 5절에서는 선지자 '갓'의 지시에 따라 모압을 떠나 유다 땅의 헤렛 수풀로 이동을 합니다. 이것이 이 본문의 걸음입니다.

다윗이 도망하여 온 곳 '아둘람'에 모인 사람들을 통해 오늘 우리는 중요한 하나님의 메시지를 듣습니다. '아둘람'이란 '피신처'라는 뜻입니다. 오늘날 아둘람은 교회로 그 의미를 해석하는 설교자들도 많습니다. 다시 말하면 우리가 살아가는 동안 진실로 피할 곳은 교회 밖에 없다는 의미입니다.

아둘람에 모인 사람들! 그들을 통해서 말씀하시는 하나님의 메시지는 무엇일까요?

1. 일치와 연합입니다.

1-2절입니다.

"그러므로 다윗이 그 곳을 떠나 아둘람 굴로 도망하매 그의 형제와 아버지의 온 집이 듣고 그리로 내려가서 그에게 이르렀고, 환난 당한 모든 자와 빚진 모든 자와 마음이 원통한 자가 다 그에게로 모였고 그는 그들의 우두머리가 되었는데 그와 함께 한 자가 사백 명 가량이었더라."

아둘람에 모인 사람들의 내용이 기록된 말씀입니다.

첫째 군(群)은 형제와 가족들입니다. 둘째 군(群)은 환난 당한 모든 자들입니다. 셋째 군(群)은 모든 빚진 자들입니다. 넷째 군(群)은 마음이 원통한 자들입니다.

한 마디로 소외계층, 고난 받는 자들이라는 말입니다. 중요한 것은 이들의 상태가 아니라 이들이 이곳에 모인 내용(內容)이 중요합니다. 그것은 다윗을 중심으로 한 믿음 하나로 모였기 때문입니다.

아둘람 굴에 모인 이들에게는 아무런 이해관계가 없었습니다. 오직 다윗을 중심으로 하나 된 신뢰가 전부였습니다. 그것은 진정한 일치와 연합을 의미합니다. 가족의 일치와 연합을 볼 수 있습니다. 소외계층의 일치와 연합을 볼 수 있습니다. 다윗의 이스라엘의 왕정(王政)의 국태민안의 시작은 이렇게 아둘람 굴에서 시작되었습니다.

2절 말씀 가운데 "그는 그들의 우두머리가 되었는데"라는 말씀이 있습니다. 이것은 다윗왕정의 시작을 알리는 메시지입니다. 그리고 그렇게 모인 사람들의 숫자가 400여 명이라는 것입니다. 아둘람 굴에 모인 사람들의 특징은 자기를 내 세울 것이라고는 아무 것도 없는, 오직 서로를 의지할 수밖에 없는 자들입니다. 그렇게 아둘람 굴에 모인 사람들은 다윗을 따르기로 결심한 믿음 하나로 결속된 사람들이었습니다.

이것은 신약 교회의 참 모습입니다. 예수 그리스도를 중심으로, 예수 그리스도만을 믿고 따르고자 한 사람들의 모임이 교회입니다. 거기에는 세상에서의 '나'는 없습니다. 예수 그리스도를 따르고자 하는 교회 공동체 일원에게는 믿음 이외에는 그 아무것도 요구되지 않습니다. 신분의 귀천이 없습니다. 재산의 유무도 없습니다. 남녀의 구분도, 노소의 구분도 없습니다. 사회적 지위도 요구되지 않습니다. 이와 같은 것들은 교회를 유익하게 할 수는 있을지 몰라도 그리스도인이 되게 하는 데는 아무런 영향력을 끼치지 않습니다.

어느 공동체를 무론하고 개인적인 이해관계가 앞서면 진정한 일치와 연합은 어렵습니다. 어느 단체, 어느 공동체를 무론하고 '나'를 앞세우고도 공동체의 일치와 연합을 이루는 법은 없습니다. 그리고 '나'를 앞세우는 군(群)의 특징은 소위 있는 자, 잘난 자, 많이 배운 자들의 집단, 다시 말하면 이들의 집단은 이기주의자들의 집단에 지나지 않습니다.

그런데 더 중요한 것은, 앞으로 공부하겠지만 이렇게 모인 소위 소외계층이 국가나 사회를 향한 불만으로 가득해 있다가 후일 다윗이 집권하게 되었을 때 기득권층이 되어 그 불만을 표출한 것이 아니었다는 것입니다. 그렇게 모인 사람들이 행한 행적은 다 열거할 수 없을 정도로 참으로 선하고 유익하고 아름다운 일들이었습니다.

국민의 정부와 참여정부의 실패에 대해 그들의 핵심가운데 한 분이 고백을 한 것을 우리는 언론을 통해 들었습니다.
"우리의 실패는 진정으로 국민들의 아픔과 소외계층을 돌아보지 못한 오만이었습니다."
오늘 우리 교회가 마음에 새겨 두어야 할 말이기도 합니다.

2. 희망과 비전입니다.

아둘람 동굴에 모인 사람들에게는 일치와 연합과 함께 희망과 비전이 있었습니다. 3~4절입니다.
"다윗이 거기서 모압 미스베로 가서 모압 왕에게 이르되 하나님이 나를 위하여 어떻게 하실지를 내가 알기까지 나의 부모가 나와서 당신들과 함께 있게 하기를 청하나이다 하고, 부모를 인도하여 모압 왕 앞에 나아갔더니 그들은 다윗이 요새에 있을 동안에 모압 왕과 함께 있었더라."

다윗을 중심으로 한 아둘람 동굴의 현실은 절망이며 앞이 보이지 않는 어둠의 동굴입니다. 사울의 칼을 피해 은신한 곳입니다. 다윗은 여기서 얼마나 절망하고 있었던가를 그가 쓴 시편 142장 4절을 통해서 볼 수 있습니다.

"오른쪽을 살펴보소서. 나를 아는 이도 없고 나의 피난처도 없고 내 영혼을 돌보는 이도 없나이다."

그 뿐이 아니었습니다. 거기에 모인 사람들은 소외 계층의 사람들입니다. 아무 도움도, 아무 힘도 되지 않는 사람들만 400인이 모여 있었습니다. 비록 상황은 이러했지만 거기서 다윗이 절망하고 좌절하여 앉아 있었던 것만은 아닙니다. 비록 하나님 앞에서야 홀로 외롭고 처량하여 시편 142장 4절을 눈물로 아뢰었지만 그 하나님을 의지하여 희망과 비전을 노래했습니다. 그것이 아둘람 굴에서 쓴 시편 57편 7~8절입니다.

"하나님이여 내 마음이 확정되었고 내 마음이 확정되었사오니 내가 노래하고 내가 찬송 하리이다. 내 영광아 깰지어다. 비파야, 수금아, 깰지어다. 내가 새벽을 깨우리로다."

그렇습니다. 이것이 아둘람의 은총입니다. 절망의 장소에서 희망을 노래했습니다. 좌절의 상황에서 비전을 기도했습니다. 어둠의 동굴 생활에서 새벽을 깨우리라고 고백했습니다. 하나님이 도우시리라고 노래했습니다.

제가 가난한 가운데서 병들고 지쳐 일어설 기력이 없을 때 저는 다윗의 마음을 가졌습니다. 요셉의 마음을 가졌습니다. 그리고 희망을 노래했습니다. 꿈을 꾸었습니다. 지금 제 아내가 저와 결혼 하겠다고 할 때 주위의 모든 사람들이 저에게는 희망이 보이지 않는다고 결혼을 만류했습니다. 제게는 건강도 없었습니다. 재산도 없었습니다. 학벌도 신통찮았습니다. 그렇다고 앞으로의 희망도 보이지 않았습니다.

그러나 분명한 것 한 가지는 희망을 가진 사람의 눈빛과 절망하는 사람의 눈빛은 다르다는 것입니다. 그 때 제 아내는 저의 눈에서 희망의 눈빛을 보았다고 했습니다. 그리고 주위의 많은 사람들의 만류를 뿌리치고 저를 선택했습니다. 병들고 가난한 청년에게서 살아 꿈틀거리는 꿈이 있는 것을 보았기 때문입니다. 그리고 그 희망과 꿈은 현실이 되었습니다.

그렇습니다. 아둘람에는 희망과 비전이 있었습니다. 마찬가지로 오늘 교회는 희망이 있습니다. 꿈이 있습니다.

여러분의 지금 처해 있는 상황이 다윗처럼 절박합니까? 다윗은 그럴지라도 아둘람에서 희망과 비전을 가지고 그 꿈을 이루었습니다. 그 다윗처럼 오늘 하나님의 말씀을 통하여 여러분이 희망을 갖기를 축복합니다. 꿈을 키우기를 축복합니다. 그 희망과 꿈은 반드시 이루어질 것입니다.

3. 말씀과 순종입니다.

5절에서 아주 중요한 메시지 하나를 또 발견하게 됩니다.
"선지자 갓이 다윗에게 이르되 너는 이 요새에 있지 말고 떠나 유다 땅으로 들어가라 다윗이 떠나 헤렛 수풀에 이르니라."

아둘람에 머물러 있는 다윗에게 그의 길을 제시한 선지자가 있었습니다. 그가 '갓' 입니다. 갓은 다윗으로 하여금 어떻게 행해야 할지를 일러주었습니다. 다윗은 선지자 '갓' 의 말을 하나님의 말씀으로 알고 순종했습니다. 이것이 아둘람의 비밀입니다. 말씀이 있었습니다. 순종이 있었습니다.

사무엘하 24:11절에는 우리가 주목할 말씀이 있습니다.
"다윗이 아침에 일어날 때에 여호와의 말씀이 다윗의 선견자 된 선지자 갓에게 임하여 이르시되, 가서 다윗에게 말하기를 여호와께서 이와 같이 말씀하시기를 내가 네게 세 가지를 보이노니 너를 위하여 너는 그 중에서 하나를 택하라 내가 그것을 네게 행하리라 하셨다 하라."

하나님은 항상 선지자를 통해 다윗에게 말씀하셨습니다. 그것은 선지자의 말이 아니라 하나님의 말씀이었습니다. 다윗은 그것을 알았습니다. 그리고 그 말씀대로 순종했습니다.

하나님은 사울에게도 항상 선지자를 통해 말씀하셨습니다. 그러나 사울은 그 선지자의 말씀을 하나님의 말씀으로 수용하지 못했고 따라서 순종하지도 않았습니다.

그래서 다윗은 역사의 위대한 인물로 남고, 사울은 역사의 가장 실패한 인물로 기록되었습니다.

아둘람에는 말씀이 있었고 순종이 있었습니다. 오늘 여러분이 그렇게 되기를 기도합니다.

그 때나 지금이나 하나님의 말씀을 받을 때 그 말씀을 순종한다는 것은 참으로 어렵습니다. 유다 땅에서 도망 나온 다윗에게 다시 유다 땅으로 들어가라는 갓 선지자의 말을 다윗이 순종하기란 매우 어려운 상황이었습니다. 그러나 다윗은 선지자의 말씀대로 순종했습니다. 그것은 나에게 손해가 될지라도, 어려움이 될지라도, 죽음에 이를지라도, 하나님의 말씀에는 순종하는 것이 축복임을 가르쳐 주고 있습니다.

창세기 12장의 아브라함에게 고향을 떠나라는 하나님의 말씀도, 창세기 22장의 이삭을 모리아 산에 번제로 바치라는 하나님의 말씀도, 아브라함에게 있어서는 순종하기가 그리 쉬 운 일이 아니었습니다. 그럼에도 불구하고 아브라함은 순종의 길을 선택했습니다. 그리고 마침내 그는 온 인류의 복의 근원이 되는 복을 받았습니다.

지난 주간에 식당에서 집사님 한 분을 만났습니다. 제가 안아 주자 그만 소리 없이 흐느끼기 시작했습니다. 오고간 말은 없었지만 그의 마음의 소리를 다 들을 수 있었습니다. 심방 보고서를 받고 병원에 입원한 집사님에게 전화를 했습니다. 눈물 젖은 목소리가 오고 갔습니다. 몇 마디 오고 가는 말에서도 그 집사님의 마음을 다 읽을 수 있었습니다.

은퇴하신 장로님에게 주머니를 다 털어 11만원 되는 것을 그 손에 쥐어 드렸습니다. 말 한마디 오가지 않았지만 노안을 적시는 눈물을 보면서 장로님의 마음을 다 읽었습니다.

때로는 가난하기 때문에 절망합니다. 때로는 병들어 고통으로 힘듭니다. 때로는 사업이 벅차 일어설 기력이 없어 좌절합니다. 때로는 믿었던 사람들에게서 아픔을 당해 힘듭니다. 때로는 삶에 아무 의미가 없는 듯 우울하고, 외롭고, 슬픔이 느껴져 삶이 싫어지기도 합니다.

여러분이 그렇듯 때로는 목사인 저도 그렇습니다. 그러나 때로는 아둘람 동굴에 갇힌 듯한 시간 속에 힘들지만, 오늘 다윗을 통해 말씀하시는 하나님의 아둘람에서의 은총을 우리도 경험할 수 있습니다.

아둘람에는 일치와 연합이 있었습니다.
아둘람에는 희망과 비전이 있었습니다.
아둘람에는 말씀과 순종이 있었습니다.

오늘 우리 교회가 그렇게 되기를 원합니다. 여러분의 삶의 현장이 그렇게 되기를 예수님의 이름으로 축복합니다. 아멘.

무엇에 집착 하십니까?

"돌아가서 여호와의 제사장들을 죽이라
그들도 다윗과 합력하였고
또 그들이 다윗이 도망한 것을 알고도
내게 알리지 아니하였음이니라
〈사무엘상 22:11~19 중〉."

'헨리 나우웬'은 1996년 사망할 때까지 30여 권의 저서를 남겼습니다. 그는 인간관계를 깨뜨리는 가장 무서운 적은 '분노'라고 했습니다. 그리고 가까운 이웃을 잘 섬기기 위해 사람은 두 가지 면에서 죽어야 한다는 점을 강조했습니다. 그 첫째는 다른 사람의 과거로부터 죽어야 한다는 것입니다. 둘째는 다른 사람을 향한 분노로부터 죽어야 한다는 것이었습니다.

왜 인간은 분노 할까요? 나우웬은 말하기를 '원하는 것이 이루어지지 않을 때, 원하는 것이 원하는 시간에 이루어지지 않을 때, 원하지 않은 것이 우리에게 일어날 때, 우리가 원하는 대로 사람들이 행동해 주지 않을 때' 그 때 분노가 발생한다고 했습니다.

'헨리 나우웬'의 저서 가운데 『마음의 문을 열고』가 있습니까. 거기에 이런 비유 한 편이 실렸습니다.

정신과 의사에게 한 부인이 찾아왔습니다. 부인은 들어오자마자 발작을 하면서 기물을 파괴하며 혈기를 부렸습니다. 간호사를 불러서 가까스로 진정을 시킨 후에 진료를 시작하려던 의사는 환자가 오른 손 주먹을 꽉 쥐고 있는 것을 발견했습니다. 그 손을 펴라고 했으나 환자는 막무가내였습니다. 간호사의 도움으로 마지막 손가락을 폈을 때 환자의 손에서 녹슨 1센트짜리 동전 하나가 바닥으로 떨어졌습니다. 동전을 잃어버리면 자기의 모든 것을 잃어버리는 것처럼 생각한 이 정신질환자는 이것을 빼앗기지 않으려고 두려움과 공포 속에서 매일을 살았던 것입니다.

어쩌면 이 모습이 오늘을 살아가는 우리들의 '집착'하는 자화상인지도 모릅니다.

집착(執着, Attach)이란 "어떤 것에 늘 마음이 쏠려 잊지 못하고 매달림"을 뜻합니다. 반대는 분리(分離, Detach)입니다.

미국 군사대학교(American Military University) 건강학 부교수이며 상담사로서 활동하는 '존 D. 무어' 박사의 『Confusing Love with Obsession』라는 책이 있습니다. 국내에서는 『집착』이라는 제목으로 번역되어 출간되었습니다.

아내 '베스'는 남편이 딸을 예뻐하지 못하게 하는 방법으로 딸 '크리스'에게 "아빠는 더 이상 너를 사랑하지 않는다."는 거짓말을 합니다. 그러면서 남편에게 집착합니다.

딸 '크리스'는 연인의 행방에 촉각을 세우며 몰래 은행계좌에 접속하는 데 집착합니다.

남편 '패트릭'은 아내가 집에 머물도록 직장에 나가지 못하게 하는 일에 집착합니다.

이들 모두의 표현은 사랑입니다. 그러나 전개되는 내용을 살펴보면 사랑을 가장한 집착으로 이루어져 있습니다. 어쩌면 이것이 오늘 우리 삶의 현장이라 해도 과언은 아닙니다.

이 책에서 저자는 사랑과 집착을 혼동하는 경우의 상처, 관계에 집착하는 사람들의 모습 분석, 치유와 회복을 통한 성숙한 관계 맺기 등을 자세하게 설명하고 있습니다. 즉 사랑과 집착을 혼동하는 사람들의 상처를 살펴보고, 집착의 치유 방법을 소개하는 좋은 책입니다. 이 책은, 관계에 집착하는 사람들을 위한 필독서라고도 해도 과언이 아닙니다.

한은성씨의 저서에도 『집착』이라는 소설이 있습니다. 이 책에서는 아들에게 집착하는 시어머니와 그 아들에게 소유당한 한 여자의 무섭도록 잔인한 사랑 이야기가 있습니다.

세상을 살다보면 느끼고 깨닫게 되는 것이 있습니다. 대상이 사람이든 물건이든 명예이든 너무 좋아할 것도, 너무 싫어할 것도 없다는 것입니다. 지나고 나면 너무 미워했기 때문에 괴로움이 오기도 하지만 또한 너무 좋아했기 때문에 오는 괴로움도 있습니다.

젊음을 좋아하기 때문에 늙는 것이 괴롭습니다. 돈을 좋아하기 때문에 가난이 괴롭습니다. 건강을 추구하기 때문에 병들면 괴롭고 힘듭니다. 살고자 하는 집착 때문에 죽는 것이 서럽고 고통스럽습니다.

사랑하는 것도 그렇습니다. 사랑하기 때문에 행복도 있지만, 사랑하기 때문에 괴로움도 옵니다.

극단적인 말이지만 사랑하지 않고 부귀영화를 좋아하지 않고, 건강도 젊음도 무관심하면 괴로울 것도 없습니다. 그것을 무착(無着)이라고 합니다. 그런데 우리가 살아가는 인생 여정에 무착의 삶이 어디 가능하겠습니까? 결코 그럴 수 없는 것입니다. 무슨 말인가 하면, 사랑하되 집착하지 말라는 것입니다. 무엇이든 좋아하되 집착하지 말라는 것입니다. 살아가면서 미워하되 거기에 너무 오래 머물러 있지 말라는 것입니다. 인생만사는 다 지나가는 것입니다.

오늘 본문의 사울 왕을 살펴봅니다. 무서운 집착에서 스스로 파멸하는 모습이 그림처럼 그려져 있습니다. "사울은 천천이요 다윗은 만만"이라는 백성들의 환호소리를 듣는 순간부터 사울왕은 다윗을 죽이려는 무서운 집착증에서 벗어나지를 못하고 일생을 살아갑니다. 그런 그의 삶의 여정은 참으로 어둡고 비참한 상황입니다.

11-13절까지는 악한 신하 도엑의 고자질을 받은 사울왕은 바로 놉으로 신하를 보냅니다. 그리고 제사장 아히멜렉을 중심으로 모든 제사장들을 왕궁으로 불러들여 다윗과 모함하여 자기를 배반하게 된 것을 추궁합니다.

14-15절에서 아히멜렉은 오히려 다윗만큼 사울왕에게 충성스러운 신하가 어디 있느냐고 제사장으로서의 충직스러운 말을 합니다.

16-17절에서는 사울이 신하들에게 아히멜렉과 제사장들을 죽이라고 명령합니다. 그렇지만 신하들이 제사장 죽이는 것을 싫어합니다. 그러자 왕은 악한 신하 도엑에게 명령을 내립니다. 그러자 그가 놉으로 가서 제사장 85명을 죽입니다. 놉의 남녀, 어린아이, 젖 먹는 유아와 소와 양과 염소까지 모두 도륙합니다. 사울의 집착이 빚어낸 비극의 악행입니다. 그것은 사울을 조정하는 사단의 역사입니다.

오늘 당신은 무엇에 집착하고 있습니까?

1. 어떤 사람은 과거에 집착합니다.

이명박 정부가 과거지향적인 국정에서 미래 지향적인 국정수행을 선포했습니다. 그것은 기독교적인 사상입니다. 성경도 이사야 43장 18~19절 말씀으로 권고합니다.

"너희는 이전 일을 기억하지 말며 옛적 일을 생각하지 말라. 보라 내가 새 일을 행하리니 이제 나타낼 것이라."

이스라엘 백성들은 가나안을 향해 광야 길을 행보하는 동안 걸핏하면 애굽에서의 고기 먹던 생각을 하면서 불평을 했습니다. 그러다가 광야에서 다 멸망당하고 말았습니다. 그들은 이제는 더 이상 바로의 종으로 살아가는 민족이 아니었습니다. 하나님을 바라보면서 살아가도록 출애굽 하여 하나님의 백성이 되었습니다. 그럼에도 불구하고 그들은 과거에 집착하여 원망과 불평을 일삼다가 광야에서 다 멸망당하고 말았습니다.

고린도후서 5장 17절은 선포합니다.

"그런즉 누구든지 그리스도 안에 있으면 새로운 피조물이라 이전 것은 지나갔으니 보라 새 것이 되었도다."

그렇습니다. 성경은 지나간 일에 집착하지 말라고 권고합니다. 실패한 것도, 성공한 것도 잊어야 합니다. 잘한 것도 잊어야 하고 못한 것도 잊어야 합니다. 믿음이 있는 성도는 성공과 실패 모두를 하나님의 은혜로 받습니다. 베푼 것도 잊어야 하고 받은 것도 잊어야 합니다. 믿음이 있는 성도는 주는 것도 받는 것도 다 하나님의 은혜로 생각합니다. 죄 지은 것도 회개하고 다 잊어야 합니다. 주님이 이미 우리 죄를 모두 도말하셨습니다.

지난 참여정부의 약점은 과거에 너무 집착한 정부였습니다. 그래서 앞으로 나아가지를 못했다고 모든 언론이 평가를 했습니다.

교회생활을 하는 성도들도 믿음이 있는 사람들은 미래를 이야기합니다. 그러나 믿음이 없는 사람들은 항상 '지난 날 내가 무엇 했는데' 하면서 과거를 이야기 합니다.

2. 어떤 사람은 물질에 너무 집착합니다.

부자 청년이 예수님에게 나아왔습니다.
"어떻게 하면 영생을 얻겠습니까?"
예수님은 청년의 질문이 너무도 대견스러웠습니다.
"네게 있는 것을 팔아 가난한 사람에게 나눠주고 나를 따르라."
그런데 이 청년은 물질에 집착한 나머지 영생을 거부하고 돌아갔다고 마태복음 19장에서 예수님은 말씀하셨습니다.

신앙생활을 잘하다가도 물질을 잃어버리면서 믿음도 잃어버리는 사람들을 종종 봅니다. 참으로 안타까운 일입니다. 욥기 22장 24~26절에는 주목할 교훈이 있습니다.
"네 보화를 티끌로 여기고 오빌의 금을 계곡의 돌로 여기라. 그리하면 전능자가 네 보화가 되시며 네게 고귀한 은이 되시리니, 이에 네가 전능자를 기뻐하여 하나님께로 얼굴을 들 것이라."

그렇습니다. 세상에서 사는 동안 우리가 물질을 떠날 수는 없습니다. 또 물질축복은 하나의 하나님의 큰 은혜입니다. 그러나 물질에 집착해서는 안 됩니다. 구제할 때 구제하고, 선교할 때 선교하고, 헌금 할 때 헌금 할 수 있어야 합니다.

발람 선지자는 물질에 집착하다가 유다서에 기록된 저주 받은 세 사람 가운데 하나로 기록을 남겼습니다.
아나니아와 삽비라도 물질에 집착하다가 영혼이 떠나버리고 말았습니다.

월삭기도회 시간에 아주 극단적인 말씀 한 마디를 드렸습니다. 예수님을 믿고 주일 예배를 잘 드리는 사람일지라도 어떤 면에서는 믿음 없는 사람이 있을 수 있다고 했습니다. 1년을 지나면서 감사헌금 한 번 하지 못한다거나, 십일조를 드리지 못한다거나, 전도 한 사람 못한다거나, 교회 봉사 한번 하지 못한다면 정말 믿음이 있는 사람이겠냐고 반문을 했었습니다. 그러면서도 세상적인 모임에서는 아낌없이 물질을 사용하고, 자기를 위해서는 아낌없이 물질을 쓰는 사람이 정말 믿음이 있는 사람일까 한 번 생각해 보자고 했습니다. 정말 생각해보아야 할 문제입니다.

3. 어떤 사람은 명예에 집착합니다.

목회를 하면서 아직도 이해할 수 없는 것 가운데 하나가 있습니다. 교회생활을 하면서 집사 장로 권사 혹은 다양한 직분에 목숨을 걸듯 하는 사람이 있는 것입니다. 그것이 나쁘다는 말이 아닙니다. 그것에 집착한 나머지 믿음도 파선되고 관계도 파선되며 아름다운 교회 생활도 파선되는 경우들이 있기 때문입니다.

그것은 명백히 잘못된 집착입니다. 높이고 낮추시는 분은 하나님 이십니다. 영광되게 하시고 욕되게 하시는 분도 하나님이십니다. 세상에서의 영광에 집착하지 말고 하나님이 주시는 영광을 소망해야 합니다. 보이는 것에 집착하지 말고 보이지 않는 영원한 것에 소망을 두어야 합니다.

4. 어떤 사람은 가족에게 집착합니다.

엘리 제사장은 가족집착의 모델이었습니다. 그 결과는 가문의 파멸이었습니다. 제사장이면서 하나님께 집착을 하지 못하고 자식에게 집착할 때 하나님은 그 자식도 버리고 가문도 닫아 버리고 말았습니다.

그러나 아브라함은 100세에 얻은 아들 이삭을 모리아 산에 번제로 바치라는 하나님의 말씀이 있었을 때 이삭에게 집착하지 않았습니다. 결과는 이삭도 얻고 하나님의 축복도 받았습니다.

한나도 기도로 얻은 아들 사무엘을 젖 떼고 바로 성전으로 올려 보냈습니다. 웬만한 어머니 같으면 어린 아들에게 집착하겠지만 한나는 사무엘에게 집착하지 않았습니다. 그리고 자신이 서원했던 하나님께 집착했습니다. 그 결과 사무엘도 위대한 이스라엘의 지도자가 되었고 한나도 복을 받은 여인으로 성경은 기록하고 있습니다.

5. 어떤 사람은 육신의 생명에 집착합니다.

물론 그것은 인간의 본성입니다. 그런데 성경은 세상에 있는 동안의 생명은 영원한 것이 아니라고 가르칩니다. 동시에 영원한 생명에 집착하라고 권고합니다. 그래서 죽어야 사는 기독교 진리를 성경은 교훈합니다.

예수님은 세상에서의 육신의 생명에 집착하지 않으셨습니다. 영원한 생명을 위하여 육신의 생명을 기꺼이 버리셨습니다. 요한복음 12장 24~25절에서 이 교훈을 하셨습니다.

"한 알의 밀이 땅에 떨어져 죽지 아니하면 한 알 그대로 있고 죽으면 많은 열매를 맺느니라. 자기의 생명을 사랑하는 자는 잃어버릴 것이요 이 세상에서 자기의 생명을 미워하는 자는 영생하도록 보전하리라."

다니엘서 3장의 사드락과 메삭과 아벳느고도 육신의 생명에 집착하지 않았습니다. 평소보다 일곱 배를 뜨겁게 한 풀무 가운데 던짐을 당했지만, 하나님께 집착하여 털끝 하나 상하지 않고 살아났습니다.

오늘 본문의 사울왕은 집착의 총체로서 대표적인 인물입니다. 과

거와 물질과 명예와 가족과 생명에 대한 집착이 대단했습니다. 그랬지만 그가 얻은 것은 아무것도 없었습니다. 오히려 잡으려고 집착할 때 모든 것이 떠났습니다. 갖고자 애쓸 때 모든 것을 잃어버리고 말았습니다.

말씀이 오늘을 살아가는 우리에게 주는 교훈이 무엇입니까? 예레미야 17장 7~8절 말씀에서 그 답을 얻을 수 있습니다.

"무릇 여호와를 의지하며 여호와를 의뢰하는 그 사람은 복을 받을 것이라. 그는 물가에 심어진 나무가 그 뿌리를 강변에 뻗치고 더위가 올지라도 두려워하지 아니하며 그 잎이 청청하며 가무는 해에도 걱정이 없고 결실이 그치지 아니함 같으리라."

한 마디로 하나님께 집착하라는 권고입니다. 그리하면 어떤 어려움이 닥쳐와도 문제가 없다는 것입니다. 어느 때든지 "물가에 심어진 나무와 같다."는 것입니다. 더위가 와도 두려움이 없습니다. 잎이 청청하기 때문입니다. 가뭄의 해에도 걱정하지 않는다는 것입니다. 결실이 그치지 않기 때문입니다.

요즈음 서점가의 베스트 셀러가 『내려놓음』입니다. 이용규 선교사님의 저서인데 우리가 내려놓으면 하나님이 움직이신다는 것을 가르쳐주는 책입니다. 움켜잡으면 소멸되나 내맡기면 풍성해지는 영적 비밀을 가르쳐 주는 책입니다.

세상의 것은 내려놓고 주님께 집착해야 함을 가르칩니다. 성공적인 신앙생활이란 예수 그리스도에게는 굳게 집착(Attach)하고, 주님 외의 세상적인 것에는 집착을 버리고 떨어지라는(Detach) 것입니다.

　우리 주님께서 사랑하시는 성도 여러분! 세상적인 것들에 집착하지 말고 우리 주님께 집착하는 복된 여러분이 되시기를 예수님의 이름으로 축복합니다. 아멘.

나의 탓이로다(痛感精神).

우리는 '진대제'라는 인물을 잘 알고 있습니다. 세계 최초로 16M D램을 개발한 엔지니어, 삼성 반도체의 신화를 이끌어낸 탁월한 CEO, 그리고 정보통신부 전 장관, IT시대의 핵심인재로 살아온 진대제 박사의 Mind는 Attitude(사람, 물건 등에 대한 태도, 마음가짐)입니다.

정보통신부 장관 재임기간에 대한상의 초청 조찬 간담회에 초청되어 파워포인트를 열고 외국인에게 들었다는 `인생을 100점짜리로 만들기 위한 조건'을 찾는 법에 대한 이야기를 시작했습니다.

내용인즉 먼저 알파벳 순서대로 숫자를 붙여줍니다. 즉 A에 1을 붙여주고 B에 2, C에 3....... 이런 식으로 Z-26까지 붙입니다. 그런 다음 어떤 단어 알파벳에 붙여진 숫자를 모두 더해 100이 되는 단어를 찾는 것입니다.

진 장관은 모인 사람들에게 질문을 던지고 100이 되는 단어가 결코 쉽지 않음을 전개 해 나갑니다.

"열심히 일하면 될까요? hard work, 98점입니다. 일만 열심히 한다고 100점짜리 인생이 되는 건 아닙니다."

"그렇다면 지식이 많으면? knowledge는 96점입니다."

"사랑을 하면? love 54점입니다."

"운(運)으로 될까요? luck 47점입니다."

"돈이 많으면 되나요? money는 72점입니다."

"리더십은요? leadership 89점입니다."

"그럼 뭘까요?"

"답은 attitude입니다. 인생은 `마음먹기'에 따라 100점짜리가 될 수 있습니다."

마음먹기에 달렸다는 말을 다른 말로 표현하면 '일체유심조(一切唯心造)' 라고 합니다. 원효대사가 중국의 당나라에 유학을 갈 때 어느 동굴에서 잠을 자다가 목이 말라 어둠 속에서 물을 마셨습니다. 다음 날 깨어보니 자신이 마신 물그릇은 시체가 썩어있는 사람의 해골이었습니다. 그리고 그렇게 맛있게 마셨던 그 물은 해골에 담긴 썩은 물이었음을 알았습니다. 원효대사는 세상의 모든 것은 마음을 어떻게 먹느냐에 따라서 변화될 수 있다는 것을 깨달았습니다. 그것이 불경 화엄경(華嚴經)에 기록된 일체유심조(一切唯心造)입니다.

〈心生故 種種法生 心滅故 龕墳不二 : 심생고 종종법생 심멸고 감분불이〉

"마음이 일어나므로 갖가지 현상이 일어나고, 마음이 없어지므로 동굴과 무덤이 둘이 아니다.”

〈三界唯心 萬法唯識 心外無法 胡用別求 :삼계유심 만법유식 심외
무법 호용별구〉

“삼계는 유심이요, 만법은 유식이다. 마음 밖에 아무것도 없는데
무엇을 어찌 따로 구하겠는가?’ 즉 사람의 행복과 불행은 마음의 생
각에 달렸다는 것입니다.

이야기 하나를 더 합니다.

두 친구가 함께 여행을 갔습니다. 마침 한 곳을 지나다가 예배당에
서 찬송소리가 들렸습니다. 수요일 저녁 예배가 진행되고 있었습니
다. 두 사람은 예배당으로 들어가 예배를 드리려고 앉았습니다. 그런
데 한 친구가 슬쩍 밖으로 나갔습니다. 그는 숙소로 돌아와 연속극을
보았습니다. 그리고 한 친구는 남아서 예배를 드렸습니다.

그런데 연속극을 보던 친구가 얼마 안 되어 곧 후회를 했습니다.
“이러고도 내가 기독교인인가? 정말 나는 한심한 놈이로구나.” 그러
면서 괴로워 하다가 급히 달음질을 하여 교회로 갔습니다. 그런데 이
미 예배는 끝나버렸습니다. 이 친구는 이후 이 일로 인하여 오래 동안
마음이 무거워 회개를 했습니다.

그 시간에 예배를 드리는 친구의 마음도 평안하지를 않았습니다.
몸은 예배당에 앉아 있었지만 마음은 온통 연속극에 가 있었습니다.
설교가 귀에 들어오지도 않았습니다. 예배를 마치고 숙소에 돌아왔
지만 마음은 이것도 저것도 아닌 뒤죽박죽이었습니다. 뭔지 모를 불
편스러움이 가득 차 있었습니다.

세월이 지났습니다. 두 사람은 죽었습니다. 그런데 놀랍게도 천사

는 예배드린 친구는 지옥으로, 연속극을 본 친구는 천국으로 안내를 했습니다. 천국으로 안내 받은 친구가 주님께 질문을 했습니다.

"어찌 이 같이 불충한 죄인을 주님의 나라에 이르게 하셨습니까? 주님은 미소를 띠고 이렇게 말씀 하셨습니다.

"음욕을 품고 여자를 보는 자마다 마음에 이미 간음을 하였느니라.(마태복음5:28)"

"사람에게 보이려고 그들 앞에서 너희 의를 행하지 않도록 주의하라. 그리하지 아니하면 하늘에 계신 너희 아버지께 상을 받지 못하느니라.(마태복음6:1)"

"내가 보는 것은 사람과 같지 아니하니 사람은 외모를 보거니와 나 여호와는 중심을 보느니라.(삼상16:7)"

일체유심조(一切喩心造)의 기독교적인 이해입니다. 불행하다고 생각하면 불행해집니다. 행복하다고 생각하면 행복해집니다. 할 수 있다고 생각하면 할 수 있게 되고, 할 수 없다고 생각하면 할 수 없게 됩니다.

살아가면서 일체유심조의 삶을 산다는 것이 얼마나 어려운가는 따로 설명하지 않아도 우리는 너무나 잘 압니다.

인간 마음의 주체는 '나' 입니다. 내 마음의 생각이 나를 이끌어 갑니다. 내 마음의 생각대로 되는 것입니다. 그러나 주의해야 할 것은 우리는 너나없이 미망(迷妄), 즉 미혹하고 망령된 어둠의 영역에서 해매면서 그것이 마치 진실인 것으로 착각하는 인간의 속성을 가졌다는 것입니다. 더욱 무서운 것은 이처럼 미망(迷妄)의 나 자신을 만드는 것도 내 마음이고, 그러한 미망(迷妄)의 자신을 깨뜨리는 것도 내 마음이라는 것입니다.

그래서 다윗은 엎드려 주님 앞에서 고백을 했던 것입니다. 시편 51:10절입니다.

"하나님이여 내 속에 정한 마음을 창조하시고 내 안에 정직한 영을 새롭게 하소서."

불교에서도 〈心佛及衆生 三無差別 :심불급중생 삼무차별〉을 가르칩니다. 즉 "마음과 부처와 중생 이 셋은 차별이 없다."는 것입니다.

이것을 예수님은 요한복음 15장에서 포도나무의 비유로 깨우치셨습니다. 주님이 내 안에, 내가 주님 안에 있을 때 모든 것이 가능하다는 것입니다. 그리할 때 주님께서 모든 것을 이루어 주시리라 하셨습니다.

본문의 다윗은 이것을 터득했습니다. 하나님과 함께 할 때 모든 것은 하나님께서 책임져주신다는 것이 다윗의 마음이요 생각이었습니다.

골리앗을 이긴 것도 일체유심조입니다. 시므이를 탓하지 않고 관용한 것도 일체유심조입니다. 다윗의 마음에는 오직 하나님으로 가득 차 있었습니다. 그래서 생각도, 말도, 행동도 그 모든 범사에 하나님이 표현되었던 것입니다.

본문의 내용이 그것을 더욱 잘 표현했습니다. 아히멜렉 제사장과 모든 놉의 사람들이 사울의 칼에 죽임을 당할 때 유일하게 살아서 도망한 사람이 있었습니다. 그는 아히멜렉의 아들 아비아달이었습니다. 아비아달은 다윗에게로 와서 놉의 제사장들과 남녀노소 및 생축까지 죽임 당한 보고를 하게 됩니다. 이 보고를 받은 다윗의 마음이 어떠했겠습니까? 얼마나 쓰리고 아팠겠습니까. 22절입니다.

"네 아버지 집의 모든 사람이 죽은 것이 나의 탓이로다."

"나의 탓이로다." 그렇습니다. 이것이 통감사상(痛感思想)입니다. 이것은 하나님의 마음을 가질 때 표현되는 인간의 마음입니다. 절망 중에서도 희망을 노래하는 마음입니다. 부정적인 상황에서도 긍정적인 이면을 보는 마음입니다.

예컨대 아내가 지은 밥이 뜸이 들지 않았으면 "오도독 씹는 재미"를 느끼는 마음입니다. 너무 많이 타 버렸으면 "누룽지 먹는 맛"이 됩니다. 돌이 하나 씹히면 "돌 보다는 밥알이 더 많네" 하며 너털웃음으로 한 번 웃어넘기는 마음입니다.

비가 올 때 비포장도로를 운전할 때 "먼지 안 나서 좋다."고 생각하는 마음입니다. 마른 날 비포장도로를 운전할 때는 "질퍽이지 않아 좋다."고 느끼는 마음입니다.

어릴 때 어머니로부터 무척 많이 듣던 이야기입니다. 아들 둘을 둔 아버지가 있었습니다. 큰 아들은 우산 장사, 둘째 아들은 짚신 장사를 했습니다. 그런데 이 노인의 마음은 365일 근심 걱정으로 가득 차 있었습니다. 비가 오면 짚신 안 팔릴까봐 둘째 아들걱정, 날이 맑으면 우산 안 팔릴까봐 맏아들 걱정이었습니다.

반대로 생각하면 날마다 행복할 터인데 인간의 마음은 이것이 훈련되지 못해 늘 쓸데없는 걱정 근심을 한다는 교훈이었습니다.

‘내 탓’이라는 마음을 가진 사람은 불평불만이 없습니다. 늘 감사하는 마음으로 살아갑니다. 내 탓이라는 마음을 가진 사람은 항상 인간관계가 원만합니다. 내 탓이라고 생각하는 마음을 가진 사람은 언제나 자기 자신의 부족을 먼저 봅니다. 그러니 남을 탓할 여유가 없습니다.

그러나 “네 탓”이라고 하는 사람은 언제 어디서나 인간관계는 원만하지 못합니다. 네 탓이라는 마음을 가진 사람은 사사건건 변화되어야 할 사람이 상대방이라고 생각하고 거친 말과 불평과 불만을 그치지 않습니다.

그릇에 담겨진 물체가 둥근 것이 아니라 그릇이 둥글기 때문에 담겨진 물체가 둥글게 보입니다. 네모나 세모 그릇에 무엇을 담으면 그렇게 보이는 것은 당연한 것입니다.

내 마음이 어떠냐에 따라 내 언어나 행동이 반영되어 나타나게 되어 있습니다. 내가 변하면 모든 것이 변해 보이는 것입니다.

심리학에서는 보편적으로 지적 수준이 낮은 사람들이 어떤 행동의 결과에 대하여 외적인 원인, 즉 남의 탓으로 돌리는 경향이 일반적이라고 말합니다. 그래서 일반적으로 ‘차원 높은 사회문화’에는 ‘책임지는 문화’가 보편화 되어있지만 저차원의 사회문화에는 어떤 사안이 전개될 때 책임지는 사람이 없다는 것입니다. 모든 원인을 ‘네 탓’으로 돌리기 때문입니다.

어느 추운 겨울 날 어떤 사람이 징검다리를 건너다 잘못하여 물에 빠져 버리고 말았습니다. 그 순간 이 사람은 “어떤 놈이 다리를 이 따

위로 놓았어?"라고 불평을 하면서 끓어오르는 마음의 화를 토해냈습니다. 발을 헛디딘 것은 자신인데, 신발 벗지 말고 냇물을 건너라고 징검다리를 놓아 준 사람을 욕했습니다. 어쩌면 삶의 다반사에서 표출되는 이런 모습이 우리의 모습, 우리의 마음일지도 모릅니다.

"너 때문이야."라고 상대방을 향해 손가락질을 할 때 이미 나머지 손가락 네 개는 나를 향하고 있습니다.

너 때문이 아닌데 우리는 종종 너 때문이라고 마음의 징검다리를 제대로 건너지 못하고 헛디디는 경우들이 많습니다.

너 때문에 내가 아프고, 힘들고, 속상하고, 죽을 것 같은 것이 아니라, 나 때문에 네가 그렇게 힘들고, 속상하고, 아프고, 죽을 것 같다는 생각을 할 수 있을 때 우리는 살아가는 맛을 느낄 수 있습니다. 그것이 통감의 정신입니다.

아합은 자기를 속이고 망했습니다.
다윗은 자기 죄를 통감하고 정직하게 고백하여 복을 받았습니다.
삭개오는 자기 허물과 죄를 통감하고 토색한 사배를 환원했습니다.

제 아내가 경험한 이야기를 하나 쓰겠습니다.
저희 집에서 교회로 오려면 대잠 4거리에서는 좌회전을 해야 합니다. 성모병원 언덕에서 좌회전 신호를 받고 달리는데 신호가 갑자기 황색 신호로 바뀌는 바람에 급정차를 하게 되었답니다. 그랬더니 뒤에서 따라오던 택시가 아내 차를 들이받았습니다. 경미한 사고라 아무 문제는 없었지만 뒤차에서 내린 운전기사가 소리를 치더랍니다.

"아줌마, 그렇게 갑자기 정지를 하시면 어떡해요?"

어이가 없어 아내가 그냥 가만히 있으니까 계속 불평을 하면서 열을 올리더랍니다. 거두절미하고 뒤에서 들이받으면 100% 뒤 차 잘못이라는 생각이 떠올랐지만 그래도 미안한 마음에 사과를 했답니다.

"아저씨처럼 훌륭한 드라이버는 황색 신호에서도 빨리 지나갈 수 있을지 몰라도 저 같은 여자는 그렇지 못해서 신호를 따라 정차했는데 어떡해요. 미안해요."

그래도 자꾸 중얼거리면서 불평을 하여 한 마디 더 했답니다.

"문제 있나요? 경찰 부를까요?"

"아니 그만 됐어요. 신호 바뀝니다. 어서 가세요."

아내는 그냥 웃고 자리를 떠나오면서 적반하장이라는 말이 떠올랐답니다. 자기가 잘못해 놓고 남에게 잘못을 떠넘기는 이 땅의 남자들이 밉더랍니다. 그래서 제가 그랬습니다.

"남자만 그런 것이 아니고 여자들도 그래 여보"

우리는 서로를 바라보면서 웃었습니다.

요나서 1:12절에는 우리가 주목할 고백이 있습니다.

"이 큰 폭풍을 만난 것이 나 때문인 줄을 내가 아노라."

내 탓이라고 깨닫게 될 때부터 마음은 행복입니다. 네 탓이라고 할 때부터 모든 것은 어두움입니다.

얼굴에 침 뱉기지만 우리 민족의 약점은 매사를 남의 탓으로 돌리는 문화에 익숙해 있습니다. 사촌이 땅을 사면 배 아픈 이야기, 시집가서 소박맞으면 궁합 탓, 쌀독에 쌀 떨어지면 며느리 밥 많이 먹는 탓, 밥이 질면 땔감나무 탓이고, 떡이 설면 안반(시루) 탓입니다. 글

못 쓰는 선비는 지필묵을 탓하고, 서툰 목수는 연장을 탓합니다. 일이 꼬이면 조상 묘 자리를 탓하고, 가난하면 부모 탓, 조상 탓을 합니다. 가만 보면 우리네 문화는 오만 가지가 다 남의 탓입니다.

이런 문화 속에 나고 자란 교인들이 크게 다르겠습니까? 교인수가 줄면 목사 설교 탓입니다. 헌금이 줄면 재정부장 탓입니다. 그 어디에도 '나의 탓이로소이다' 하는 소리가 없습니다.

그런데 오늘 본문에서 다윗은 사울의 칼에 85명의 제사장이 살육을 당하고 남녀노소, 어린아이와 생축까지 도륙당한 이야기를 듣고 "모두가 나의 탓이로다."라고 탄식을 했습니다. 이와 같은 마음이 어디서 온 것일까요? 하나님을 믿는 믿음의 마음에서 온 것입니다. 이 마음이 우리의 마음이기를 바랍니다.

예수님께서는 세상의 모든 죄와 허물을 다 지셨습니다. 모든 사망의 죄악을 다 담당하셨습니다. 그래서 저와 여러분이, 주님께 나아오는 인류가 살게 되었습니다. 하나님과 화목케 되었습니다.

예수님을 닮은 다윗처럼 우리도 만사 "나의 탓이로다."라고 고백할 수 있는 마음을 가지고 살기를 예수님의 이름으로 축복합니다. 아멘.

<h1>69.
하나님의 판단과 결정</h1>

"여호와께서 대답하여 이르시되
일어나 그일라로 내려가라
내가 블레셋 사람들을 네 손에 넘기리라 하시니라
〈사무엘상 23:1~5 중〉."

가혹한 표현일지 모르지만 어쩌면 정치에서만 유별나게 세월이 거꾸로 가고 있다는 느낌을 지울 수가 없습니다. 이것이 오늘의 우리 정치현실이라 공허한 마음을 구태여 숨기고 싶지도 않습니다. 진정한 국가발전이나 국민행복을 위한 청사진이 제시되지 않은 것도 이미 오래 된 이야기입니다. 정치가 오직 개인주의의 망령만 휘몰아치는 느낌을 여전히 지울 수 없는 것이 현실입니다. 그래서 링컨이 그립고, 처칠이 그립고, 김구가 그리운 대한민국이라고 백성들은 탄식을 하고 있습니다.

그래도 우리는 정치 지도자들을 선출해야 할 때가 오면 투표장으로 가야합니다. 왜냐하면 이도저도 다 싫다고 국민의 권리를 포기하는 유권자는 더 나쁘기 때문입니다. 잘 못된 사람이 선출이 되어서 국가가 잘 못되면 그것은 권리를 포기한 국민이 방관자로 서 있었기 때문입니다. 그렇기 때문에 우리는 더더욱 마음의 눈을 열고 보다 나은 훌륭한 대표를 찾아내야 하고 판단하고 결정해야할 국민으로서의 막중한 사명이 있습니다.

판단과 결정! 물론 그것은 철저히 유권자 개인의 몫입니다. 그리고 그 판단과 결정이 때로는 얼마나 어리석었고 후회스러운가도 우리는 경험했습니다.

탈무드에 나오는 이야기 하나를 해 드리겠습니다. 주인이 종에게 돈을 주고 물고기를 사오라고 명하였습니다. 종이 가서 물고기를 사왔습니다. 그런데 어찌된 영문인지 썩어서 악취가 진동을 했습니다. 화가 난 주인은 종에게 소리를 질렀습니다.

"세 가지 벌 중에 하나를 받아라. 악취가 나는 썩은 물고기를 먹든지, 곤장 100대를 맞든지, 물고기 값을 물어내든지 하나를 택하라!"

종은 물고기를 먹겠다고 했습니다. 아프지도 않고 돈도 들지 않을 것이기 때문입니다. 그러나 종은 물고기를 먹다가 포기하였습니다. 도저히 먹을 수가 없었습니다. 그래서 곤장을 맞겠다고 했습니다. 그러나 곤장도 50대 정도를 맞고 나니 더 이상 맞다가는 죽을 것만 같았습니다. 이 또한 견딜 수 없었던 그는 결국 물고기 값을 물어내겠다고 소리를 질렀습니다. 어리석은 판단과 결정으로 한 가지만 치러도 될 벌을 세 가지 다 치르게 되었다는 이야기입니다.

인간생활의 범사는 판단과 결정의 연속입니다. 그러나 언제나 올바른 판단과 결정을 할 수 있는 사람은 세상에 아무도 없습니다.

　우리가 주목할 판단과 결정에 대한 교훈이 요한복음 8장에 기록되어 있습니다. 예수님은 심판주가 되시지만 사람의 몸을 입고 사역하시는 세상에 계실 동안에는 그 어떤 경우에도 쉽게 판단하고 결정하지 않으셨습니다.

　현장에서 간음하다 잡혀온 여자를 두고 대부분의 사람들은 율법대로 돌로 쳐 죽여야 한다고 판단하고 결정했습니다. 그러나 예수님은 그들의 결정에 동의하지 않으셨습니다. 예수님은 사건을 종결지으시고 요한복음 8:15-16절에서 이렇게 말씀하셨습니다.

　"너희는 육체를 따라 판단하나 나는 아무도 판단하지 아니하노라. 만일 내가 판단하여도 내 판단이 참되니 이는 내가 혼자 있는 것이 아니요 나를 보내신 이가 나와 함께 계심이라."

　인간의 몸을 입고 계신 예수님은 아무도 판단하지 않으시지만 만일 판단하셔도 그 판단이 참된 이유는 하나님께서 함께 계시기 때문이라는 것입니다.

　우리는 이 말씀을 주목해야 합니다. 순간의 실수를 한 여인의 생명과 결코 바꿀 수 없는 것이 하나님의 판결입니다. 예수님의 이 판단과 결정은 당시 지도자들의 판단과 결정과는 그 근간이 달랐습니다. 예수 그리스도의 복음의 천평칭으로 재는 판단과 결정은 생명이 중심점입니다. 그러므로 당연히 그리스도인의 삶의 내용 또한 그렇게 기준을 두고 전개되어야 합니다. 사도 바울도 이 사실을 깨달아 고린도전서 4:5절에서 이렇게 깨우쳤습니다.

　"그러므로 때가 이르기 전 곧 주께서 오시기까지 아무 것도 판단하지 말라 그가 어둠에 감추인 것들을 드러내고 마음의 뜻을 나타내시리니 그 때에 각 사람에게 하나님으로부터 칭찬이 있으리라."

공자도 판단과 결정은 하늘에 맡겨야 한다는 것을 교훈한 것이 있습니다. 위(衛)나라 영공의 총애를 받고 있는 남자(南子)라는 부인이 있었습니다. 이 부인이 어느 때부터인가 공자를 만나고 싶다고 수 없이 전갈을 보내왔습니다. 그런데 이 여인은 행실이 바르지 못한 여자로 소문이 나 있었습니다. 공자는 어쩔 수 없이 여인을 만나 이야기를 나누게 되었습니다. 그러자 공자의 애제자 중의 하나인 자로(子路)는 존경하는 자신의 스승이 행실이 바르지 못한 여인과 만나는 것이 몹시 못마땅하였습니다.

"선생님, 남자 부인을 만나는 일을 삼가 하시지요. 혹시 다른 사람들의 눈에 띄기라도 하여 좋지 않은 오해를 받으시면 어쩌려고 그러십니까?"

자로의 말에 공자는 너털웃음을 웃었습니다.

"걱정 말아라. 만일 내가 잘못을 저지른다면 하늘이 나를 판단할 것이다. 옳지 않은 나를 하늘이 결코 가만 두지 않을 것이다. 옳고 그름의 판단과 결정은 하늘에 맡기라는 말이다."

하나님께 속한 사람은 무엇이든지 자기의 기준으로 섣불리 판단하고 결정하여 행동해서는 안 됩니다. 하나님의 백성에게 요구되는 것은 오직 하나님의 말씀의 기준을 따라 사는 것입니다.

인간의 역사는 오늘 옳다고 해도 내일은 그른 것이 될 수도 있습니다. 또한 오늘 틀렸던 것이 내일은 맞는 것이 될 수도 있습니다. 그렇게 인간의 역사에서 결정되는 판단기준은 절대 판단기준은 되지 못합니다. 언제나 사회 환경의 지배를 받기 때문입니다.

그래서 역사의 위대한 인물들의 공통점은 범사를 '내가' 아닌 '하나님' 의 관점에서 이해하고 판단하고 결정하였습니다. 그 대표적인 인물이 본문의 다윗입니다. 다윗은 무엇을 행하든지 반드시 하나님 앞에서 묻고 답을 받은 후에 행동하였습니다.

이 장 본문은 블레셋 접경에 위치한 유다 성읍 '그일라' 가 블레셋 의 습격을 받게 된 상황입니다. 이 때 다윗은 출전에 대한 결정을 스 스로 하지 않고 하나님께 여쭈었습니다. 그것이 2절입니다.

"이에 다윗이 여호와께 묻자와 이르되 내가 가서 이 블레셋 사람들을 치리이까 여호와께서 다윗에게 이르시되 가서 블레셋 사람들을 치고 그 일라를 구원하라 하시니"

이렇게 하나님의 인도하심을 받았지만 3절에서 백성들이 블레셋 을 치는 것은 잘못된 판단과 결정이라고 출전(出戰)을 극구 반대합니 다. 그러자 다윗은 다시 4절에서 하나님께 여쭙습니다.

"다윗이 여호와께 다시 묻자온대 여호와께서 대답하여 이르시되 일어나 그일라로 내려가라 내가 블레셋 사람들을 네 손에 넘기리라 하신지라."

다윗은 하나님의 말씀을 의지하고 백성들을 이끌고 출전하여 담대 하게 블레셋을 무찌르고 그일라를 구원한 사실을 보도하고 있습니 다. 우리는 여기서 몇 가지 생각할 것이 있습니다.

1. 사울과 다윗이 싸우는 동안 블레셋이 유다 성읍 그일라 를 치고 들어온 것.

내분(內分)이 있을 때 그것은 마귀에게 공격의 기회를 주게 된다는 교훈입니다. 그것은 국가나 교회나 가정이나 다 마찬가지입니다. 어느 나라, 어느 사회단체, 어느 교회를 무론하고 내분은 공멸을 불러오는 것입니다.

『천로역정』의 저자 존 번연은 이렇게 말했습니다.

"내가 이해할 수 없는 사실이 하나 있는데 그것은 마귀와 더불어 싸워야 할 성도들이 왜 자기들끼리 싸우고 있는가? 하는 것이다. 우리의 씨름은 혈과 육에 대한 것이 아니라 하늘에 있는 악의 영들에게 대함이다. 그런데 왜 성도들은 일치된 교제를 나누지 못하고 있는가?"

오늘날 교회 내분을 아파한 이야기입니다. 어디 존 번연만 그렇겠습니까? 주님은 더 아파하십니다.

2. 진정한 형제애

그일라가 공격을 당한다는 보고를 받은 다윗은 비록 자기가 사울에게 쫓기는 신세지만 그보다 동족이 대적의 공격을 받은 사실을 알고는 그대로 있을 수가 없었습니다. 그것은 곤경에 처한 형제를 외면해서는 안 된다는 중요한 교훈입니다.

마태복음 25:40절에서 예수님은 '작은 자'에 대한 교훈을 말씀하셨습니다. '작은 자'가 누구입니까? 작은 자는 "지금 나의 도움이 필요한 사람"입니다.

그일라 동족들의 어려움에 처한 상황을 알게 된 다윗은 이 마음을 가졌던 것입니다. 결코 가만히 있을 수가 없었습니다. 지금 다윗의 도움이 필요한 사람들이 그일라 동족임을 알게 된 다윗은 일신의 안일을 위해 그들의 고난을 못 본체 할 수는 없었던 것입니다.

영화감상을 좋아하시는 분들은 'Behind Enemy Lines(에너미 라인스)'를 기억하실 것입니다. '존 무어' 감독의 '오웬 윌슨'과 '진 핵크만'이 주연한 영화입니다.

젊고 패기만만한 파일럿인 크리스 버넷(오웬 윌슨 분) 중위가 보스니아의 내전 지역을 정찰 비행 중, 보스니아 군으로부터 미사일 공격을 받고 적진의 한 가운데 갇혀 버립니다. 평소의 훈련된 정신과 군사작전으로 단련된 버넷은 숱한 죽음의 고비 고비를 넘기면서 보스니아군의 숨겨진 비밀을 밝혀내는 작전 수행을 하게 됩니다.

항공모함의 제독이자 버넷의 상관인 리가트(진 해크만 분)는 최첨단 위성 시스템을 통해 버넷의 위치를 파악해내고 해병 최정예 부대를 투입, 그를 구출하려 합니다. 하지만 상급부대의 재가를 받지 못해 안타까워 하다가 동료가 죽음직전에 있고, 그 위치까지 알게 된 상황에 이를 못 본 체 할 수 없어 결국 임의로 구출작전을 수행합니다. 숨막히는 상황이 전개되면서 결국 리가트는 버넷을 구출하여 귀대합니다. 하지만 그의 행동은 분명한 명령 불복 죄임으로 군법에 회부되고 군복을 벗게 됩니다. 그러나 그의 행동은 미국의 영웅으로 그 이름을 남기게 된다는 영화입니다.

개인의 이익과 영달을 위하여 친구도, 동료도, 은혜를 입은 사람까지도 배반하는 오늘 이 시대를 살아가는 사람들에게 주는 강한 메시지가 있는 영화입니다.

본문의 다윗은 '그일라의 동족'을 결코 외면할 수 없었습니다. 비록 자신이 어렵고 힘든 시간을 보내고 있지만 그일라를 구원해야만 했습니다. 이것은 다윗의 동족과 형제 사랑의 아름다운 마음을 그대로 보여주는 모습입니다. 위기에 처한 자신을 돌아보지 않고 동족과 형제를 사랑하는 마음, 이것은 생명을 건 예수님의 사랑을 닮아 있습니다. 여러분에게 이런 사랑이 있습니까? 이 상황을 통해 우리에게 던져주는 교훈이 큰 내용입니다.

3. 믿음이 있는 자 – 판단과 결정을 하나님께 맡긴다.

세상에서 살아가는 동안 인간의 생활은 판단과 결정의 연속입니다. 그럼에도 불구하고 인간의 판단과 결정은 결코 온전할 수 없다는 것을 우리는 잘 알고 있습니다. 그러기에 성경은 판단하지 말라고 곳곳에서 교훈하고 있습니다. 특히 로마서 14장에서는 일일이 실제적인 내용을 예로 들며 쉽게 판단해서는 안 된다는 것을 교훈하고 있습니다.

"믿음이 연약한 자를 너희가 받되 그의 의견을 비판하지 말라(롬 14:1)."

"어떤 사람은 모든 것을 먹을 만한 믿음이 있고 믿음이 연약한 자는 채소만 먹는데, 먹는 자는 먹지 않는 자를 업신여기지 말고 먹지 않는 자는 먹는 자를 비판하지 말라. 이는 하나님이 그를 받으셨음이라(롬 14:2-3)."

"어떤 사람은 이 날을 저 날보다 낫게 여기고 어떤 사람은 모든 날을 같게 여기는데, 날을 중히 여기는 자도 주를 위하여 중히 여기고 먹는 자도 주를 위하여 먹으니 이는 하나님께 감사함이요 먹지 않는 자도 주를 위하여 먹지 아니하며 하나님께 감사하느니라(롬14:5-6)."

"네가 어찌하여 네 형제를 비판하느냐 어찌하여 네 형제를 업신여기느냐 우리가 다 하나님의 심판대 앞에 서리라(롬14:10)."고 경고했습니다.

그렇습니다. 인간생활의 모든 판단과 결정은 하나님께서 하시는 것이지 인간이 하는 것이 아닙니다. 그러므로 지혜가 있고 믿음이 있는 사람은 세상을 살아가는 동안 쉽게 이웃을 정죄하고 심판하지 않습니다. 오직 겸손히 주님 앞에서 믿음으로 살아가는 것입니다.

그래서 하나님은 야고보를 통하여 야고보서 4장 12절에서 이렇게 교훈하셨습니다.

"입법자와 재판관은 오직 한 분이시니 능히 구원하기도 하시며 멸하기도 하시느니라. 너는 누구이기에 이웃을 판단하느냐?"

오직 바른 판단과 결정은 하나님만 하실 수 있습니다. 그래서 다윗은 그일라를 구원하기 위하여 블레셋을 공격해야 할 때 이 일이 옳은 일인지 잘못된 일인지 스스로 판단하지 않고 하나님께 여쭈었던 것입니다.

그러나 백성들의 판단으로는 당시의 상황이 블레셋을 친다는 것은 어불성설이었습니다. 그것은 인간 다윗의 생각도 다르지 않았습니다. 그러나 다윗은 이 문제를 자기 판단과 결정에 따라 행동으로 옮기지 않았습니다. 하나님의 판단과 결정이 어떤 것인가를 알고 싶었습니다. 하나님의 판단과 결정이라면 기꺼이 순복하고자 하는 믿음이 있었습니다. 그것은 인간생활의 옳고 그름의 판단과 결정은 하나님만이 정확하게 하실 수 있다는 절대 믿음에서 나오는 다윗의 신앙입니다.

성경은 하나님의 판단과 결정이 정확무오 함을 가르칩니다. 시편 105:7절입니다.

"그는 여호와 우리 하나님이시라 그의 판단이 온 땅에 있도다."

시편 119편 137절입니다.

"여호와여 주는 의로우시고 주의 판단은 옳으니이다."

3절의 백성들은 블레셋을 두려워하고 그일라를 구원하는 일을 반대하고 나섰습니다. 그것은 하나님을 온전하게 믿지 못할 때 나타나는 인간적인 계산에 의한 부끄러운 면을 보여주고 있습니다.

그래서 이 장의 본문 전체가 주는 메시지는 하나님의 판단과 결정을 믿고 하나님의 말씀에 믿음으로 순종하는 것이 얼마나 귀한 축복인가를 가르치고 있는 것입니다.

사무엘상 24장에서 공부할 내용이지만 다윗을 죽이려고 혈안이 된 사울이 다윗이 은신해 있던 엔게디 동굴에 들어와 용변을 보게 되었습니다. 이때는 사울을 죽일 수 있는 절호의 기회였습니다. 그러나 다윗은 결코 그렇게 하지 않았습니다.

다윗의 신복들은 성경 구절을 인용하면서까지 사울을 죽일 기회라고 판단하고 시행하라고 촉구했습니다. 그렇지만 다윗은 절대로 하나님의 판단과 결정에 맡겼습니다. 그리고 24장 12절에서 이렇게 고백했습니다.

"여호와께서는 나와 왕 사이를 판단하사 여호와께서 나를 위하여 왕에게 보복하시려니와 내 손으로는 왕을 해하지 않겠나이다."

이것이 오늘 우리가 본받아야 할 다윗의 믿음입니다. 우리의 삶이 다윗처럼 믿음 있는 생활이 되기를 바랍니다.

미국의 제 35대 대통령 '존 F. 케네디' 취임식 때, 프랑스의 드골 대통령이 케네디 대통령 취임을 축하하며 보낸 메시지는 역사에 남는 명 축하 메시지였습니다.

"당신은 세계에서 가장 큰 권세를 쥐고 있습니다. 당신 손에 있는 권세로 세계의 역사와 운명이 좌우됩니다. 당신은 노련한 전문가인 수많은 보좌관을 데리고 있습니다. 만일 문제가 생기면 그 많은 보좌관들이 제각기 자기의 전문적인 지식을 당신에게 말할 것이고, 당신은 당신을 보좌하고 있는 사람들의 말을 모두 경청해야 합니다. 그러나 판단을 하고 결정을 해야 할 때는 아무도 없는 곳에서 혼자 하나님 앞에 묵상하고 가슴 깊은 곳에서 울려오는 하나님의 음성을 들으십시오."

우리나라 대통령 이명박 장로님이 그러시기를 바랍니다. 우리 포항 시장님도 그러시기를 바랍니다. 그리고 우리교회 장로님들이 당회를 할 때, 이 교회의 거룩한 사역을 진행해야 할 거룩한 사명을 갖고 일을 하는 담임목사로서의 저의 삶이 그러기를 바랍니다. 그리고 우리교회 성도님들의 범사가 모두 그러기를 기도합니다. 이 글을 읽고 있는 당신의 삶이 그러기를 기도합니다. 열심히 기도하고 최선을 다해 일을 하되 판단과 결정은 오직 하나님께 맡기는 겸손한 믿음의 사람들이 다 되시기를 바랍니다.

우리 예수님께서 모든 판단과 결정을 하나님께 듣고 행하셨던 것처럼, 예수 그리스도를 구주로 믿는 우리 모두가 그렇게 살기를 예수님의 이름으로 축복하며 기도합니다. 아멘.

70. 하나님의 인도(2)

히브리서 13장 8절은 오늘도 우리에게 소망이 되며 기쁨이 되며 생명이 되는 말씀입니다.

"예수 그리스도는 어제나 오늘이나 영원토록 동일하시니라."

어제도 오늘도 함께 하시는 우리 주님의 사랑과 은혜와 축복하심이 오늘도 여러분에게 함께 하시기를 축복합니다.

예수님은 우는 자의 위로가 되십니다. 약한 자에게 강함이 되십니다. 추한 자에게 정함이 되십니다. 없는 자에게 풍성함으로 인도하십니다. 보지 못하는 자에게 빛이 되십니다. 죽을 자에게 생명이 되십니다. 낮은 자를 높이십니다. 병든 자를 고치십니다.

어제와 오늘도 동일하신 주님께서 지금도 말씀을 읽는 여러분들과 예배를 드리는 우리와 함께 하시고 고치시며 회복하게 하심이 있을 것입니다. 하나님께서 여러분을 이 시간에 있게 하시는 인도하심을 감사하시기 바랍니다. 오늘도 여러분이 환난 많은 세상에서 믿음으로 승리하면서 살아가도록 말씀으로 함께 하시는 축복의 자리에 인도하신 것을 감사하시기 바랍니다.

중국의 '임어당'은 현대의 문명은 ABC문명이라고 갈파 했습니다. 첫째는 Atheism 무신론입니다. 둘째는 Beatles 방종입니다. 셋째는 Communism 공산주의라고 했습니다.

그런데, 이 현대인의 ABC 문명을 살펴보면 소망도 보이지 않습니다. Atheism은 하나님이 없는 세상입니다. 그것은 어두움이며 무질서이며 인간이 만세가 되는 세상입니다. Beatles는 무질서하고 방종하는 것으로써 삶의 가치가 없는 것입니다. Communism은 Confusion, 즉 혼동 혼란의 대명사입니다.

이처럼 현대문명의 어두움에서 빛으로의 전환은 예수 그리스도의 복음입니다. 그래서 어두움에서 빛으로의 전환을 복음의 삶이라고 합니다. 그것을 부활 신앙이라고 합니다. 빛으로의 인도함을 받는 것이 은혜입니다. 하나님께서 우리를 그렇게 빛으로 인도하십니다. 하나님께서 우리의 삶을 축복으로 인도하십니다.

이스라엘 민족의 출애굽의 역사를 살펴보면 하나님의 인도하심이 그림처럼 그려져 있습니다. 하나님께서 친히 이스라엘 민족의 가야 할 방향과 길을 인도하셨습니다. 하나님은 이스라엘 민족을 앞서 가시면서 한 걸음 한 걸음 인도하셨습니다. 하나님은 이스라엘 민족이 가는 길에 만나는 여러 가지 환난과 역경 가운데서도 항상 승리로 인도하셨습니다.

잠언 16장 9절은 하나님의 인도하심에 대한 더욱 분명한 말씀입니다.

"사람이 마음으로 자기의 길을 계획할지라도 그의 걸음을 인도하시는 이는 여호와시니라."

이 말씀에는 몇 가지 중요한 메시지가 있습니다.
첫째는 어떤 상황에서도 하나님을 인정해야 합니다.
둘째는 어떤 문제일지라도 하나님께 맡겨야 합니다.
셋째는 어떤 상황에서도 하나님께 순종해야 합니다.

다윗은 하나님의 인도하심에 따르는 결과에 대하여 시편 23편에서 최고의 표현으로 노래했습니다.

"여호와는 나의 목자시니 내게 부족함이 없으리로다. 그가 나를 푸른 풀밭에 누이시며 쉴 만한 물 가로 인도하시는 도다. 내 영혼을 소생시키시고 자기 이름을 위하여 의의 길로 인도하시는 도다."

다윗이 이 노래를 하게 된 배경인 그의 삶의 여정을 살펴보면 더욱 이해가 쉽습니다.

예수 전도단에서 출판한 '진 에드워드' 목사님의 저서 『세 왕 이야기』가 있습니다. 이 책에는 다윗의 시편 23편의 놀라운 찬양 고백의 배경에 대한 이야기가 있습니다. 그것이 아주 의미 있게, 그러면서도 아주 생생하게 표현되어 있습니다. 그 한 부분을 옮겨 보겠습니다.

다윗이 목동으로 생활하던 어느 날, 양을 잡아먹으려고 달려드는 곰을 물매로 물리치고 난 후 다윗이 겁에 질려 떨고 있는 어린 양을 끌어안고 이렇게 말합니다.

"나는 너의 목자이고, 하나님은 나의 목자로구나."

이 한 마디 고백은 다윗의 일생의 고백이며 신앙이며 삶이었습니다.

이 장의 본문에서도 다윗의 그 마음이 그림처럼 그려져 있습니다. 앞 장의 말씀을 통해 이미 나눈 부분이지만 블레셋이 그일라를 치고 유다 백성들이 고난 받는 이야기를 들은 다윗의 행동입니다. 그는 자신의 사사로운 감정이나 의지로 판단하고 결정하며 나아가지 않았습니다. 그래서 취한 그의 행동에서 우리가 본 것은 하나님의 인도하심을 받고자 하는 그의 마음 중심이었습니다.

2절에서도 하나님께 여쭈었습니다. 3절에서는 그일라를 구원하려는 것은 불가능한 상황이라는 것을 알게 된 백성들이 만류합니다. 그러자 4절에서 다윗은 다시 하나님께 여쭙습니다. 5절은 하나님께서 그일라를 구원하라고 말씀하시자 다윗은 그일라로 가서 블레셋은 물리치고 그 주민을 구원합니다.

그리고 다음 편인 이 장의 본문으로 넘어왔습니다. 그일라를 구원한 것은 좋은 일입니다. 그런데 문제가 또 발생했습니다. 어떤 사람이 사울에게 다윗이 그일라에 왔다는 사실을 알리게 된 것입니다. 그것이 7절입니다.

"다윗이 그일라에 온 것을 어떤 사람이 사울에게 알리매 사울이 이르되 하나님이 그를 내 손에 넘기셨도다. 그가 문과 문빗장이 있는 성읍에 들어갔으니 갇혔도다."

말씀을 보니 자신의 주제를 깨닫지 못하고 있는 사울의 표현이 참 재미있습니다.
"하나님이 그를 내 손에 넘기셨도다."

우리는 이 말씀에 주목할 필요가 있겠지요?
그 때나 지금이나 타락한 신앙인들의 전형적인 모습입니다. 그들의 곡해는 기상천외합니다. 그런 사람들의 판단이며 결정이 이런 말입니다. 다시 말하면 하나님의 뜻을 자기 시각에 맞추어 왜곡하는 것입니다. 자신의 악한 목적을 정당화하고 그것을 하나님의 뜻이라고 곡해하여 판단하고 말하고 행동하는 것입니다. 이것은 타락한 신앙인, 사단에 사로잡힌 자들의 전형적인 생활 방식입니다.

부동산 투기를 하다가 교도소에 들어간 사람이 하나님의 뜻이라고 합니다. 남의 돈을 빌려가서 자기 생각대로 기업을 경영하다가 부도를 맞았습니다. 그리고 갚지도 않고 많은 사람을 고통하게 하고 경제 사범으로 교도소에 들어가서도 그것을 하나님의 뜻이라고 합니다. 로또 복권을 수 십 장, 수 백 장을 사서 일확천금을 얻으려다가 다 잃어버리고도 하나님의 뜻이라고 합니다. 부정 시험을 봐서 1등을 하고도 하나님의 뜻이라고 합니다. 주일날 놀러가다가 차량 전복사고를 내고 병원에 입원을 하고서도 하나님의 뜻이라고 합니다.
자기 생각, 자기 뜻을 하나님의 인도하심이라고 왜곡하면서 정작 하나님의 뜻은 무엇인지도 모르는 영적으로 무지한 자들의 모습입니다.

속된 말로 '쓰면 뱉고 달면 삼킨다.' 는 말처럼 하나님의 말씀도 자기 생각과 뜻에 맞으면 하나님의 인도하심이고, 자기생각에 맞지 않으면 사단의 역사라고 규정하는 경우입니다.

매우 조심해야 할 내용입니다. 사울이 바로 여기에 함몰되어 버린 것입니다.

물론 건강한 신앙생활, 아름다운 봉사생활을 하다가 어려움을 당해 고난가운데서 힘든 시간을 보내면서도 좌절하지 않고 하나님의 뜻이 있음을 고백하는 경우가 있습니다. 이런 것은 우리 모두가 고난 당하는 자를 위로하며 귀를 기울일 필요가 있습니다. 그러나 악한 일을 행하다가 어려움을 당하고도 하나님의 뜻이라고 하는 말에는 우리 모두가 귀를 막아야 합니다.

요한1서 1장 6절에서는 참 귀한 진리의 말씀으로 우리를 교훈합니다.

"만일 우리가 하나님과 사귐이 있다 하고 어둠에 행하면 거짓말을 하고 진리를 행하지 아니함이거니와"

사울은 자신이 하나님의 뜻을 거스르는 악을 행하면서도 상황이 유리하게 전개되자 하나님의 뜻이라고 말합니다. 그러면서 자신의 악을 더 악하게 전개해 나가는 기막힌 모습을 7절에서 보여주고 있습니다.

8절을 보면 사울은 군사를 불러 소집하고 그일라로 내려가서 다윗을 죽이려는 계획을 세웁니다.

이 사실을 알게 된 다윗은 위기 상황에서도 철저하게 하나님의 인도하심을 받고자 하는 마음과 태도를 9절 이하에서 보여주고 있습니

다. 다윗은 제사장 아비아달에게 에봇을 가져오라고 당부하여 하나
님께 간절히 구합니다. 사울이 그일라로 내려온다고 하는데 그 때 그
일라 사람이 자신을 사울에게 넘기겠느냐는 질문입니다.

하나님은 다윗에게 사울이 내려올 것이며 그일라 사람이 다윗을
사울에게 넘길 것이라고 말씀해 주십니다. 그러자 다윗은 13절에서
그를 따르는 600여명의 사람들과 함께 그일라를 떠납니다. 그리고 14
절을 보면 광야의 요새에도 있게 되고, 광야 산골에 머물기도 하는데
사울은 다윗을 찾지 못하게 됩니다. 그것은 하나님께서 다윗을 사울
의 손에 넘기지 않으시기 때문이라고 14절에서 밝히면서 본문은 마
무리가 됩니다.

여기서 우리는 세상에서의 인간사를 보게 됩니다. 다윗은 사울의
칼을 피하여 다니느라 자기 몸 하나도 제대로 간수할 수 없는 상황입
니다. 그런데도 동족이 블레셋 사람들에게 도륙을 당하게 되었다는
소식을 듣자 목숨을 걸고 달려가 그일라 백성을 구원했습니다. 그런
데 그 그일라 사람들은 자신들을 구원해준 다윗을 사울에게 넘기는
배신자들이 될 것이라는 것이 하나님의 말씀입니다. 참으로 가슴 찢
어지도록 슬픈 삶입니다. 이것이 인간의 실상입니다. 그럼에도 불구
하고 소망이 있는 것은 하나님께서는 어떤 경우에도 다윗을 사울에
게 넘기지 않으신다는 말씀입니다.

여기서도 우리는 두 가지 메시지를 받습니다. 첫째는 그일라 백성을
구원해 주었지만 배반당하게 되는 상황입니다. 12절 상반 절입니다.

"다윗이 이르되 그일라 사람들이 나와 내 사람들을 사울의 손에 넘기
겠나이까? 하니 여호와께서 이르시되 그들이 너를 넘기리라 하신지라."

다윗의 마음이 어떠했겠습니까? 목숨을 걸고 그일라 백성들을 구원해 주었건만 그들은 다윗을 배반하게 될 것이라고 하나님께서 일러 주셨습니다. 이럴 수가 있는 일입니까? 은혜를 원수로 갚는 경우입니다. 지금도 이런 일들은 일어나고 있습니다. 이것이 오늘을 살아가는 우리의 모습입니다.

은혜를 받을 때는 감격합니다. 기뻐합니다. 행복해 합니다. 헌신합니다. 생명이라도 내어 놓을 듯이 합니다. 그러다가 자신에게 조금만 위험부담이 되면 안면을 바꾸고 돌변합니다. 언제 은혜를 입었느냐는 듯 배반합니다.

여러분도 민망하시겠고 저 자신도 아픈 일이지만 목회 30여년에 수없이 경험한 일입니다. 이것은 이상한 것이 아닙니다. 이것이 세상에서 살아가는 인간의 모습입니다.

진실한 신앙인은 이것을 깨달아 알고 살아갑니다. 그러기에 이런 일을 당해도 당황하지 않습니다. 이런 상황 가운데서도 하나님의 인도하심을 겸손하게 기다리는 것입니다.

둘째는 그럼에도 불구하고 다윗은 한 마디의 불평도 원망도 하지 않았습니다. 다윗의 입장에서는 얼마나 얼울하고 분통이 터질 일이었겠습니까. '머리 검은 짐승을 구해주었더니 오히려 앙분을 한다'는 속담의 경우를 다윗이 당하게 된 것입니다. 그런데도 다윗은 전혀 불편한 마음을 나타내지 않았습니다. 그냥 조용히 자기를 따르는 사람들을 데리고 그일라를 떠났습니다.

여러분이 보실 때 이런 다윗이 어떻게 보입니까? 바보같이 보입니까? 예, 맞습니다. 그렇습니다. 다윗은 정말 바보였습니다. 바보가 아니면 할 수 없는 일을 다윗은 행한 것입니다. 다윗의 일생을 살펴보면 거의 바보 행진이었습니다.

25장에서 세세히 따져볼 것이지만 나발이 다윗을 배반하게 되었을 때 나발을 죽이려고 찾아갑니다. 그러나 나발의 지혜로운 아내 아비가일의 간곡한 만류를 듣고 바보처럼 그 걸음을 멈추었습니다.

사무엘하 16장에서는 시므이의 배반에도 바보처럼 당하기만 했습니다. 사울을 죽일 기회도 두 번이나 있었지만 바보처럼 사울을 죽이지 않았습니다.

그런데 참으로 신기한 것은 하나님은 이런 바보들을 보살피시고 인도하신다는 것입니다. 소위 잘난 사람들, 그래서 자기 뜻을 앞세우고 자기 생각대로 행동하는 사람들을 하나님은 돌아보시지 않으시는 것입니다. 이것을 깨닫는 것이 영적 감각, 곧 영감입니다. 영감이 충만하다는 것은 영적 안테나의 수신감이 뛰어나다는 것입니다.

산 속의 짐승들은 일기의 변화에 대단히 민감합니다. 지진이나 화산폭발과 같은 자연의 움직임도 가장 먼저 감지하고 행동입니다.

인간은 영적인 존재입니다. 그러므로 하나님과 민감하게 교류하고 살아갈 때 우리의 삶에 전개되는 다양한 상황들을 깨닫게 되고 대비할 수 있습니다.

영적 안테나를 높여 하나님의 뜻을 수신하는 방법이 무엇일까요? 그것은 기도입니다. 기도하는 사람은 영감이 충만하여 하나님의 뜻을 아주 예민하게 감지하고 하나님이 뜻대로 살아갈 수 있습니다. 그것이 믿음 있는 성도의 아름다운 삶입니다.

　다윗과 사울의 차이는 이 영적 안테나의 수신감도의 차이입니다. 다윗의 영적 안테나는 수신감도가 매우 좋았습니다. 언제나 말씀을 묵상하고 찬양하며 기도하기 때문입니다.

　사울의 영적 안테나는 수신감도가 매우 나빴습니다. 하나님과의 교제가 전혀 없었기 때문입니다. 14절 말씀은 이 상황을 뒷받침하는 결정적인 말씀입니다.

　"다윗이 광야의 요새에도 있었고 또 십 광야 산골에도 머물렀으므로 사울이 매일 찾되 하나님이 그를 그의 손에 넘기지 아니하시니라."

　바로 이것입니다. "하나님이 다윗을 사울의 손에 넘기지 아니하시니라." 하나님께서 사랑하시는 것입니다. 하나님께서 지켜 주시는 것입니다. 하나님께서 인도하시는 것입니다.

　오늘 여러분이 힘들고, 어렵고, 속상하고, 때로는 억울할 때가 있겠지만 다윗같이 하나님 앞에서 바보가 되시기를 바랍니다. 그리하면 하나님이 여러분을 인도하십니다.

　오늘 여러분이 병들고 가난합니까? 실패하고 일어설 기력조차 없습니까? 그럴 때가 있지만 다윗처럼 하나님만 바라보시기 바랍니다. 그리하면 하나님께서 여러분을 일으켜 세워 주십니다. 하나님은 반드시 그리하십니다. 그래서 오늘도 우리는 다윗의 고백을 우리의 고백으로 노래합니다.

　"여호와는 나의 목자시니 내가 부족함이 없으리로다.(시편23:1)"

　"너의 길을 여호와께 맡기라. 그를 의지하면 그가 이루시고 네 의를 빛같이 나타내시며 네 공의를 정오의 빛같이 하시리로다.(시편 37:5〜6)" 아멘.

71.
좋은 친구

"사울의 아들 요나단이 일어나
수풀에 들어가서 다윗에게 이르러
그에게 하나님을 힘 있게 의지하게 하였는데
〈사무엘상 23:15~18 중〉."

어느 날 건축회사 대표로 있는 친구로부터 한통의 전화가 걸려왔습니다. 내용인즉 지난날의 희비가 엇갈리던 많은 추억을 함께 갖고 있는 절친한 친구로부터 투서를 당했다는 것이었습니다. 그도 건축회사를 경영하고 있는데 두 사람은 공교롭게도 한 사업의 입찰에 함께 응찰을 하게 되었습니다. 그런데 입찰 날짜를 닷새 앞두고 갑자기 세무조사를 받게 되었습니다. 까닭을 알고 보니 그 친구로부터 투서가 들어갔다는 것입니다. 세무조사 결과 별 문제는 없었지만, 절친했던 친구로부터 그와 같은 일을 당하게 되자 세상이 싫어졌다는 넋두리였습니다. "참 좋은 친구였는데......." 하며 심한 배신감에 허탈해 했습니다.

어려울 때 함께 회사를 일으키며 동고동락의 세월을 통해 둘 다 꽤 괜찮은 사업가로 오늘에 이르렀습니다. 그런데 이순의 나이에 이르러 이런 슬픈 친구가 되고 보니 사업에 신경 쓸 일없는 목사가 된 제가 부럽다는 것이었습니다. 제가 친구를 위로하며 건넨 말이 있습니다.

"이 사람아, 자네는 겨우 그것 하나로 힘들어하는가? 나는 수없이 경험하는 일들이네. 인간관계에서 좋은 친구란 어려운 법, 너도 나도 언제 또 그런 관계로 변질될지 모르는 것이 인간이야. 좋은 친구는 오직 한 분, 예수 그리스도뿐이심을 알게나."

인생을 살아가는 것, 그것을 한 마디로 함축하면 '관계' 입니다. 수직적으로는 하나님과의 관계이며 수평적으로는 인간관계입니다. 그 관계 속에서 자연과 물질과의 관계가 고리처럼 맞물려 있는 것이 인간생활입니다.

그리고 인간관계는 이해관계라는 옷을 입고, 자기에게 오는 손익 계산을 따져 철저하게 이용하기도 하고 때로는 손해를 보기도 하면서 인간생활이 엮어지는 것입니다. 에베소서 2:3절에서는 이에 대해 근원적으로 설명해 주는 중요한 메시지가 있습니다.

"전에는 우리도 다 그 가운데서 우리 육체의 욕심을 따라 지내며 육체와 마음의 원하는 것을 하여 다른 이들과 같이 본질상 진노의 자녀이었더니"

"본질상 진노의 자녀" 란 말은 태어나면서부터 있던 천성적인 것으로써 진노를 받기에 마땅한 자들이라는 말입니다. 속이고 속고, 자기의 유익을 위해 부모까지도 팔아넘기는 진노를 받아야 마땅할 본성을 가지고 있는 것이 인간입니다.

그러나 에베소서 5장 8절에서는 이 문제의 근원적인 해결에 대해 설명하고 있습니다.

"너희가 전에는 어두움이더니 이제는 주 안에서 빛이라. 빛의 자녀들처럼 행하라. 빛의 열매는 모든 착함과 의로움과 진실함에 있느니라."

이것이 변화된 그리스도인의 삶입니다.

'착함'이란 헬라어 '아가도쉬네($\dot{\alpha}\gamma\alpha\theta\omega\sigma\dot{\upsilon}\nu\eta$)'는 일종의 관대한 정신으로 온유하고 도덕적인 성품을 의미합니다. '의로움'이란 '디카이오쉬네($\delta\iota\kappa\alpha\iota\sigma\sigma\dot{\upsilon}\nu\eta$)'인데 하나님과 사람에 대한 자신의 의무를 이행하는 공정(公正)하고 올바른 행위를 의미합니다. '의로움'은 그리스도 안에서 새사람이 된 그리스도인들이 맺어야 할 생활의 열매입니다. '진실함'이라는 '알레데이아($\dot{\alpha}\lambda\dot{\eta}\theta\epsilon\iota\alpha$)'는 말과 행위에 있어서 순수하고 정직함을 의미합니다. 이 빛의 열매로서의 내용은 하나님의 참된 자녀 됨을 판단하는 근거가 된다고 야고보서 2:26절에서 다음과 같이 설명하고 있습니다.

"영혼 없는 몸이 죽은 것 같이 행함이 없는 믿음은 죽은 것이라."

여기서 우리는 아주 중요한 질문에 봉착합니다. '그리스도인은 전과 같이 진노의 자식이 아니라 그리스도 안에서 빛의 자녀가 되었는데 왜 여전히 악함과 불의함과 거짓 가운데 있는가? 라는 것입니다.

그것은 예수님을 믿는 믿음 안에서 빛의 자녀가 된 참 그리스도인이 아니라 변화 받지 않고 그리스도인이라 칭하는 명목상의 그리스도인입니다. 그래서 모양은 그리스도인인데 행위는 진노의 자식의 모습을 그대로 연출하는 것입니다. 부끄럽게도 거기에는 목사도 있고 장로도 있고 권사와 집사도 있습니다.

이런 경우를 심리학에서는 '인격 장애'라는 말을 사용합니다. 인격 장애자란 정신병자는 아니지만 정신과 인격 관리를 잘 못해서 큰 문제점을 노출하는 자를 말합니다. 이런 사람은 외형적으로는 별 문제가 보이지 않습니다. 어떤 면에서는 지식도, 명예도, 지위도, 기술도, 돈도, 건강도 다른 사람보다 앞선 환경에서 살아가기도 합니다. 그러나 더불어 살아가는 인간관계에서 문제가 나타납니다.

앞에도 나누었지만 이런 사람은 Pride 관리가 잘못된 상황입니다. 타인과의 관계에서 자신의 자존심을 질투와 교만으로 표출함으로써 인간관계가 온전하지 못한 상태가 되는 것이 인격 장애의 특징입니다. 나보다 상대방이 앞서면 질투가 일어나고, 나보다 상대방이 못하면 교만으로 표현되는 것, 이것이 본질상 진노의 자녀로서의 본성입니다.

이런 사람의 삶의 기준은 철저하게 자기 자신입니다. 모든 판단과 결정이 자기가 기준이 됩니다. 본질상 진노의 자녀로서 모든 것이 자기 기준이 될 때의 상황을 생각해 보십시오. 그것은 한 마디로 독선이요 어두움입니다.

그러나 그리스도 안에서 빛의 자녀가 된 사람은 프라이드를 잘 관리합니다. 그것은 내가 아닌 내 안에서 성령님이 나를 지배하시기를 원하는 겸손함에서 가능한 것입니다. 모든 범사의 기준이 내가 아니라 예수 그리스도, 성령님입니다. 그리할 때 훌륭한 인격자의 모습이 나타나고, 참 신앙인이라는 말을 듣게 됩니다.

본문에서 우리는 이와 관련된 두 사람을 보게 됩니다. 곧 다윗과 요나단입니다. 이들의 관계는 좋은 친구 관계입니다. 이들의 관계를 통해 우리는 주님과 나와의 관계를 새롭게 정립할 수 있습니다. 그리고 빛의 자녀가 된 모습으로 친구를 생각합니다.

사울의 칼을 피해 다윗은 일곱 번째로 '십' 이라는 황무지 수풀사이에 숨었습니다. 그 때 요나단이 찾아와서 다윗을 위로하고 용기를

북돋우어 줍니다. 이들을 통해 우리는 다시 한 번 좋은 친구의 관계를
보게 됩니다.

좋은 친구관계는 어떤 관계로 나타날까요?

1. 어려울 때 찾아와 힘을 주는 관계.

16절 상반 절입니다.
"사울의 아들 요나단이 일어나 수풀에 들어가서"

사랑하는 친구 다윗이 아버지의 칼을 피하여 이리 저리 유리방황
하다가 '십' 황무지 수풀에 숨어있다는 사실을 알게 되었습니다. 그
러자 요나단은 어려움을 무릅쓰고 친구를 찾아갑니다.

다윗은 사울의 박해를 피하여 도망하는데도 이젠 한계에 이르렀습
니다. 그야말로 지칠 대로 지친 상황이었습니다. 어떤 면에서는 다윗
의 생애 중 가장 위기라고 해도 과언이 아닐 상황입니다.

이러할 때 요나단은 다윗을 찾아와 함께 하면서 위로하고 격려했
습니다. 이때의 다윗에게는 요나단 한 사람이 천군만마보다 더 큰 힘
이 되었고 위로가 되었습니다. 요나단은 주님의 말씀 속에 거하는 하
나님의 사람이었습니다. 로마서 12장 15절입니다.

"즐거워하는 자들과 함께 즐거워하고 우는 자들과 함께 울라."

옛말에 '매에는 장사 없고, 오랜 병에 효자 없다.' 는 말이 있습니
다. 친구도 좋을 때 친구지 아무것도 도움이 되지 못할 때는 멀어지기

마련입니다. 그러나 우리의 요나단은 그렇지 않았습니다. 여러분에게 이런 친구가 있습니까? 그리고 여러분은 누구에겐가 이런 친구가 되어주고 있습니까?

2. 하나님을 힘 있게 의지하게 합니다.

16절 하반 절입니다.
"다윗에게 이르러 그에게 하나님을 힘 있게 의지하게 하였는데"

인간은 누구를 무론하고 약할 때 마귀의 올무에 빠지기가 쉽습니다. 약할 때 쉬 낙심하고 좌절합니다. 이럴 때 누군가의 위로와 격려 한 마디가 큰 힘이 됩니다.

요나단은 다윗에게로 찾아가 가장 중요한 것을 권고하며 위로했습니다. "하나님을 힘 있게 의지하게 하였는데……" 세상의 그 어떤 것보다 가슴이 찡한 말씀입니다.

인간생활에서 경험하는 것이지만 약하고 힘들 때 필요한 것은 돈도 아니고 명예도 아니며 권세도 아닙니다. 참으로 가슴 저 밑바닥에서 울려나는 진심 어린 사랑의 위로와 격려입니다. 다시 말하면 그리스도인에게 있어서 최고의 힘은 하나님을 의지하게 하는 신앙적 권면이며 위로라는 말씀입니다.

우리가 살아가면서 경험하는 것 가운데 가장 힘든 것은 역설적 상황에 처할 때입니다. 즉 다윗이 그런 상황의 절정에 닿아있다는 말씀입니다. 다윗의 상황이 어떤 상황입니까? 무죄한 그가 위협을 당하고 있습니다. 존경받을 다윗이 멸시를 받고 있습니다. 피하여 달아나지만 안전히 숨을 곳도 없습니다. 국가와 민족 앞에 공로가 많은 다윗이 그 수고를 인정받지 못하고 죄인취급을 받습니다. 오직 하나님 신앙으로 정직과 진실로 일관한 다윗이 도망 다니는 신세가 되었습니다. 그야말로 사면초가의 상황이었습니다. 하나님을 향해 원망할 수도 있고, 자신의 삶을 포기할 수도 있는 위태한 상황입니다.

이럴 때 사랑하는 친구 요나단이 찾아왔습니다. 그리고 그 어떤 것보다 하나님을 더욱 의지하게 했습니다. 이것은 다윗에게 요나단은 참으로 좋은 친구라는 것을 다시 한 번 보여주는 것이었습니다.

요나단이 다윗에게 하나님을 더욱 의지하게 한 근간(根幹)이 무엇인지 아십니까? 어떤 환난 가운데서도 좌절하지 않고 일어설 수 있는 확신의 기초와 위로의 원천이 하나님이라는 믿음에서 기인한 것입니다.

이처럼 요나단은 다윗의 마음이 인간이 아니라 하나님을 의지하게 함으로써 그의 손에 힘이 솟아오르게 하여 주었습니다. 요나단은 그를 힘 있게 할 수 있는 능력이 자기에게는 없으나 하나님께서는 하실 수 있다는 것을 확신시켜 주었습니다. 하나님을 의지하되 대충 대충 믿지 말고 힘 있게 믿으라고 권면을 했던 것입니다. 이보다 더 좋은 권고는 세상에 다시없는 것입니다. 그래서 누가복음 18장 27절에서 주님은 이렇게 말씀 하셨습니다.

"무릇 사람이 할 수 없는 것을 하나님은 하실 수 있느니라."

이것이 그리스도인의 신앙이며 삶이어야 합니다. 좋은 친구는 하나님을 힘 있게 의지하게 합니다. 그것이 믿음 있는 자입니다. 믿음 있는 자는 또 다른 믿음 있는 자를 만들어 갑니다. 믿음 있는 자는 넘어진 자를 세워줍니다.

이 믿음이 없을 때 가정에서 부부관계는 의부증, 의처증으로 가정이 파괴됩니다. 이 믿음이 없을 때 노동자와 고용주는 서로를 파괴시키는 공멸을 초래합니다. 이 믿음이 없을 때 목사와 장로가 하나님의 교회를 난장판으로 만들고 거룩한 하나님의 백성들을 힘들게 합니다. 이 믿음이 없을 때 정치는 당파싸움으로 서로를 불신하며 국태민안의 절체절명의 정치적 사명을 상실하면서 국민을 불안하게 합니다. 이렇게 믿음이 없으면 가해자는 한명도 없고 피해자만 있는 기괴한 세상이 됩니다.

왜 그렇게 서로 믿지 못하게 될까요? 답은 아주 간단하고도 분명합니다. 하나님을 믿지 않는 결과입니다.

3. 환난을 극복하게 하는 확신을 갖게 합니다.

17절 말씀입니다.

"곧 요나단이 그에게 이르기를 두려워하지 말라 내 아버지 사울의 손이 네게 미치지 못할 것이요 너는 이스라엘 왕이 되고 나는 네 다음이 될 것을 내 아버지 사울도 안다 하니라."

참 놀라운 말입니다. 다윗을 향해 요나단은 지금 처해 있는 상황이 극한 상황이지만 하나님을 힘 있게 의지한다면 두려워하지 말라고 합니다. 그리고 다윗이 곧 이스라엘의 다음 왕이 될 것이고 요나단 자신은 그 다음이 될 것이라고 겸손하게 고백합니다.

극한 상황을 극복할 수 있게 하는 지혜의 메시지입니다. 인간생활의 범사는 하나님의 손길 안에 있음을 믿는 요나단은 하나님이 다윗과 함께 하심을 확신하고 있었습니다. 그러므로 자신의 그 확신을 다시금 다윗에게 새겨 주고 있습니다.

'극복한다.' 는 말을 overcome이라고 합니다. over는 '어떤 것 위에, 처음부터 끝까지 걸쳐서' 라는 뜻이고, come은 '온다.' 라는 뜻입니다. 즉 위에서 하나님의 능력이 내려와 우리의 삶 전반에 걸쳐있으면, 우리는 어떤 상황도 극복할 수 있다는 말입니다.

이 극복 신앙이 없으면 소망이 없습니다. 소망이 없다는 말은 믿음이 없다는 말과 다르지 않습니다. 소망이 있을 때는 어떤 어려운 상황도 극복할 수 있습니다.

지능지수를 IQ(Intelligence Quotient)라고 합니다. 감성지수를 EQ(Emotion Quotient)라고 합니다. 그런데 성공하는 사람에게는 OQ(Overcoming Quotient)가 뛰어나다고 합니다. 이것은 곧 극복지수입니다. 즉 어려운 일들을 잘 극복하는 사람이 결국 성공한다는 것입니다.

그런데 언제부터인가 우리 사회는 극복지수가 약화되어 버렸습니다. 교회도 예외가 아닙니다. 그래서 모든 사람들이 자기를 위해 있기를 원합니다. 모든 일을 할 때 자기 기준으로 일을 합니다. 그러다가 조금만 충족되지 않으면 쉽게 화를 내고 불평을 합니다. 포기하고 좌절합니다. 이런 사람의 약점이 OQ가 부족한 것입니다.

요나단은 다윗에게 지금 처하여 있는 상황을 극복하라고 힘을 주었습니다. 오늘 당한 현실이 결코 다윗의 인생 전부가 아니라는 것입니다. 내일은 이스라엘의 왕이 될 것을 확신 시켜 주었습니다. 요나단에게는 다윗의 지금 처한 한 가지 문제만 보이는 것이 아니라 아흔 아홉 가지의 하나님의 은혜의 손길을 보는 눈이 있었습니다.

대부분의 사람들은 상대방의 한 가지 약점을 보고 그것이 그 사람의 전부라고 생각합니다. 그래서 보이는 대로 판단하여 결정하고 미처 보지 못한 모든 나머지 좋은 것을 보려고 하지도 않는 약점을 갖고 있습니다.

그러나 믿음 있는 사람은 그렇지 않습니다. 하나님을 믿는 사람은 하나님의 마음을 가지고 인간관계를 엮어가기 때문에 당면한 문제의 이면을 생각합니다. 하나님은 아흔 아홉 가지의 허물과 실수가 우리에게 있어도 한 가지 장점을 보시고 그것 한 가지로 우리를 축복하시고 사용하신다는 것을 생각합니다.

연약한 인간은 보편적으로 사람의 아흔 아홉 가지의 장점을 보는 것이 아니라 한 가지 허물을 붙들고 그것으로 그 사람을 판단하고 정죄하고 심판합니다. 그것이 인간의 한계요 약점입니다.

그래서 부부간에도 좋은 것들은 보지 못하고 한 가지 허물 때문에 이혼하고 가정이 파괴되기도 합니다. 그래서 교회도 더 많은 좋은 것들을 보지 못하고 한두 가지 허물을 붙잡고 갈등하고 분열하며 다투게 됩니다.

그래서 오늘에 이르도록 평생 직장생활을 하면서 복을 받았지만 한 가지 충족되지 않는 것 때문에 직장을 욕하고 배반하며 떠나게 됨니다.

요즈음 언론 보도를 통해 심심찮게 듣고 보는 것이 오랜 직장생활을 하며 상당한 행복을 누리던 사람이 그 회사를 고발하는 것입니다. 자신의 오늘이 있기까지 토양이 되었던 그 회사를 완전히 온갖 비리와 잘못의 온상인 것처럼 폭로하는 것입니다. 그 동안 자신이 누렸던 회사의 장점은 그 어디에서도 찾아볼 수 없습니다. 자신이 몸담았던 그 회사를 온전히 자신을 착취한 것으로만 인식하고 고발하는 참담한 경우를 매일처럼 봅니다.

우리는 극복하는 믿음을 가져야 합니다. 이것을 다른 말로 표현하면 유월절 신앙이라고 합니다. 뛰어넘는 것입니다. 극복하는 것입니다.

요나단은 다윗의 좋은 친구였습니다.
좋은 친구는 친구가 어려울 때 찾아와 위로합니다.
좋은 친구는 어려움에 처한 친구가 더욱 하나님을 힘 있게 의지하게 해 줍니다.
좋은 친구는 환난을 극복하도록 확신을 갖게 해 줍니다.
여러분에게 이런 좋은 친구가 있습니까? 여러분은 누군가에게 이런 좋은 친구가 되어 살아가십니까?
참 좋은 친구, 정말 좋은 친구, 영원한 친구는 오직 예수 그리스도 한 분이십니다. 이 좋은 친구와 함께 인생길의 영원한 동반자로 손을 잡고 가시기를 예수님의 이름으로 축복합니다. 아멘.

72.
하나님의 울타리

국가가 정한 날 가운데 장애인의 날이 있습니다. 우리 교회도 장애인의 주일을 정하여 지킵니다.

가수 서정희 씨의 '인간은 누구나 장애인이다.' 라는 노랫말 가운데 4번째 소절의 내용이 이렇습니다.

니가 나를 사랑하고

내가 너를 사랑할 수 있는 지금이

우리에겐 너무 중요함을 너는 외면한 체

자꾸만 장애라는 이유 하나로 나를 멀리해

"네가 나를 사랑하고 내가 너를 사랑할 수 있는 지금이 우리에겐 너무 중요함을 너는 외면한 채 자꾸만 장애라는 이유 하나로 나를 멀리해"라는 노랫말을 들으면서 왠지 모르게 눈물이 고여 왔습니다.

장애인 주일을 지키며 우리 모두 이것을 깨닫기를 바랍니다. 장애인이든 정상인이든 하나님 앞에서 인간은 모두가 장애인이라는 것을요.

장애인(障碍人)이라는 사전적인 의미는 "신체 장애와 정신 장애를 비롯해 여러 이유로 일상적인 활동에 제약을 받는 장애를 가진 사람들"입니다. 장애는 선천적 장애와 후천적 장애로 나눌 수 있습니다.

한때 장애우 권익문제연구소를 중심으로 '장애우'라는 용어를 쓰자는 제안이 많았지만, '장애우'라는 용어는 1인칭으로 쓸 수 없다는 문제가 제기되었습니다. 그리고 한국 장애인단체 총연합회는 장애인들이 '장애우'라는 용어를 싫어한다고 하여 현재 통칭 장애인으로 통용하고 있습니다.

영어권에서는 Handicapped가 더욱 정치적으로 올바른 용어라는 주장이 있었으나 '장애우'와 비슷하다는 이유로 쓰이지 않고, 전통적으로 Disabled라는 용어를 사용하고 있습니다. 영어권의 장애인들은 Handicapped라는 용어를 모욕으로 느끼기도 합니다. 즉 다리에 장애가 있는 경우 휠체어를 탐으로써 보정을 할 수 있기 때문에 handicapped가 아니라고 생각합니다.

일반적으로 영어권에서 장애인을 뜻하는 용어로는 Disability, 또는 Disabled를 쓰며, 이 표현은 수식할 사람(Person)이 앞에 붙는 것이 적절한 표현으로 간주됩니다. 이를테면 a Person with Disability를 예로 들 수 있습니다.

우리교회가 장애인 사랑에 남다르다고들 말들을 하지만 담임목사인 저로서는 항상 죄송하고 미안한 마음을 금치 못합니다.

그러면서 저의 진솔한 고백 하나를 들려 드린다면 우리가 아무리 장애인들을 배려하고 사랑하고 환경을 편리하게 만들어 드린다 할지라도, 그것이 장애인들에게 있어서 진정한 행복의 울타리가 될 수 없다는 것입니다. 그 분들에게나 우리에게나 진정한 행복의 울타리는 하나님의 울타리입니다.

성경에는 울타리에 대한 말씀이 많이 있습니다.

스가랴 9장 9절에서는 하나님은 유다와 이스라엘의 울타리가 되신다고 하셨습니다.

욥기 1장 10절에서는 우리들의 집과 모든 소유물을 하나님이 울타리로 둘러 주셔서 우리가 땅에서 복을 받는다고 했습니다.

잠언 5장 9절에서는 게으른 자의 길은 가시울타리 같다고도 했습니다.

출애굽기 27장에는 성막에 대한 기록이 있습니다.

성막의 본 건물은 약 20 평정도 되는 직사각형입니다. 이 성막은 주위를 삥 둘러서 휘장을 치라고 했습니다. 이것을 우리 환경에 적용하면 울타리입니다. 그 울타리 안을 계산해 보면 약 340평 정도가 됩니다.

***울타리는 높았고 문은 큰 문이 하나 있었습니다.** 울타리가 높다는 것은 아무나 들어올 수 없다는 것입니다. 그리고 문이 있다는 것은 그 울타리 안에 들어올 수 있는 자격이 있는 사람은 문으로 들어오라는 것입니다.

***이 문은 예수 그리스도를 의미합니다.** 이것은 구속사와 맞물려 있는 내용으로, 그리스도 예수로 말미암아 구속의 은혜를 입은 사람은 하나님의 울타리 안으로 들어올 수 있지만, 그렇지 못한 사람은 하나님의 울타리, 즉 예수 그리스도의 피로 값 주고 산 교회를 들여다볼 수도 들어올 수도 없다는 것입니다.

***문은 오직 하나만 만들었습니다.** 이것은 오직 예수 그리스도를 통하지 않고는 하나님의 울타리 안으로 들어올 자는 아무도 없다는 것입니다. 이것을 증명하는 것이 요한복음 10장 9절입니다.

"내가 문이니 누구든지 나로 말미암아 들어가면 구원을 받고 또는 들어가며 나오며 꼴을 얻으리라."

사도행전 4장 12절입니다.

"다른 이로써는 구원을 받을 수 없나니 천하사람 중에 구원을 받을 만한 다른 이름을 우리에게 주신 일이 없음이라 하였더라."

요한복음 14장 6절입니다.

"예수께서 이르시되 내가 곧 길이요 진리요 생명이니 나로 말미암지 않고는 아버지께로 올 자가 없느니라."

***그 문은 넓었습니다.**

이것은 예수님을 구주로 시인하고 믿기만 하면 누구든지 다 들어올 수 있다는, 누구도 거절하지 않는다는 메시지가 있습니다.

***그 문은 흰 바탕에 홍색 자색 청색 실로 수를 놓게 되어있습니다.**

이것은 종족, 빈부, 남녀노소, 강약의 차이가 없이 다 맞아 주시는 하나님의 사랑을 표현하는 것입니다. 자신이 죄인임을 고백하고 예수님을 믿는 믿음으로 나아오기만 하면 누구나 하나님의 울타리 안으로 들어올 수 있는 것입니다. 그래서 예수님은 마태복음 11장 28절에서 이렇게 말씀 하셨습니다.

"수고하고 무거운 짐 진 자들아 다 내게로 오라 내가 너희를 쉬게 하리라."

이 하나님의 울타리에는 3가지의 의미가 있습니다.
첫째는 울타리 안에 있는 것은 세상과는 구별됩니다.
둘째는 울타리 안에 있는 것은 하나님의 것입니다.
셋째는 울타리 안에 있는 것은 하나님의 보호를 받는 것입니다.

이 울타리 안에 들어올 때 약속하시는 하나님의 말씀이 이사야 43장 1절입니다.
"너는 두려워하지 말라 내가 너를 구속하였고 내가 너를 지명하여 불렀나니 너는 내 것이라."

요한복음 10장 28절입니다.
"내가 그들에게 영생을 주노니 영원히 멸망하지 아니할 것이요 또 그들을 내 손에서 빼앗을 자가 없느니라."

본문에는 참 묘한 장애인 이야기가 기록되어 있습니다. 일반적으로 우리가 장애인이라 할 때는 지체장애인을 일컫습니다. 그러나 그보다 더 심각한 것은 정신 장애인입니다. 그보다 더더욱 심각한 것은 영적 장애인입니다.

우리나라 장애인 복지법에서는 신체적 장애와 정신적 장애를 구분하여 규정하고 있습니다. 신체적 장애는 다시 외부기능의 장애와 내부기능의 장애로 나뉩니다. 외부 신체기능의 장애로는 시각장애, 청각장애, 언어장애, 지체장애(소아마비, 한센시병 등), 뇌 병변 장애(주로 뇌성마비), 안면장애가 있습니다.

내부 신체기능의 장애로는 신장, 심장, 간, 호흡기, 장루·요루 장애, 간질 장애로 구분됩니다.

정신적 장애인으로는 지적장애인(IQ 70 이하), 정신장애인, 자폐성장애인(2007. 10. 12일부터 정신지체장애인과 발달장애인을 지적, 자폐성으로 바꿈)으로 구분 됩니다.

그런데 대한민국 법으로 명시되어 있지 않은 무서운 장애가 또 하나 있습니다. 그것이 바로 영적장애라는 것입니다. 영적장애란 영적 생활에 있어서 온전하지 못하고 비틀거리는 것을 말합니다. 이것은 그리스도인이라고 하면서 신앙생활에 온전하지 못한 생활을 하는 사람을 일컬어 '영적장애인' 이라고 하는 것입니다.

이것을 불교에서는 삼장(三障)의 하나인 업장(業障)이라고 합니다. 말, 동작 또는 마음으로 지은 악업에 의한 장애를 이르는 말입니다. 그것은 마음에서 시작되는데 이를 번뇌장애라고 하고, 번뇌장애란 탐(貪), 진(瞋), 치(痴)를 말합니다.

본문에는 이런 영적장애인을 한 사람 소개하고 있습니다. 그가 바로 사울 왕입니다.

사울은 무섭도록 타락한 영적장애인이었습니다.

외형적으로는 항상 하나님입니다. 내용은 전적으로 자기 자신의 사욕(私慾)입니다. 모든 삶의 기준이 자기 자신입니다. 모든 행위의 기준이 자기 생각입니다. 모든 언어의 기준이 자기 뜻입니다. 영적 장애인의 전형적인 모습이 사울 왕입니다.

영적장애인은 또 영적장애인과 교통합니다.
그것이 19절에 나타나는 사람들입니다. 십 사람들이 사울에게 다윗을 고자질 합니다. 같은 지파의 다윗을 배반하는 십 사람들에게서 오늘날 우리의 삶의 현장을 보는 듯합니다.
20절에서는 다윗을 사울에게 넘기는 것이 자기들의 의무라고까지 합니다. 악을 행하면서 감히 의무라고 표현하는 것은 심한 영적장애를 가진 사람들의 고질적 아부형 어법입니다.

21절에서는 그와 같은 행위를 하는 십 사람들에게 하나님이 복을 주실 것을 사울이 축복합니다. 아주, 대단히, 엄청나게 웃기는 축복입니다. 말도 안 되는 어불성설입니다. 자기들이 하고 있는 일들이 하나님 앞에서 얼마나 잘못 된 것인가를 전혀 깨닫지 못하고 오히려 그것이 당연하고 하나님 앞에서 복 받을 일이라고 착각합니다.
전 미국 대통령 부시가 악의 축이라는 말을 했습니다만 악의 축에 있는 사람들의 모습을 그림처럼 그려 놓았습니다. 한 마디로 기막힌 현상입니다. 영적장애인의 극치를 보는 느낌입니다.
아무나 축복한다고 축복을 받는 것이 아닙니다. 축복 받는 사람의 기준이 시편 1편 1절에 기록 되어 있습니다. 이것이 축복을 빌고 받는 수여관계의 정석입니다.
"복 있는 사람은 악인들의 꾀를 따르지 아니하며 죄인들의 길에 서지 아니하며 오만한 자들의 자리에 앉지 아니하고”

십 사람들이 누구입니까? 열 두 지파 가운데 가장 부러운 유다 지파입니다. 다윗과 한 지파입니다. 그런데도 그들은 다윗을 배반하고 사울의 편에서 행동을 하고 있습니다. 다윗은 시편 54편 34절에서 이들의 행위에 대해 이렇게 기록했습니다.
“하나님을 자기 앞에 두지 아니하였음이니이다.”

신전의식(神前意識)이 전혀 없는 신앙자세입니다. 불교에서 말하는 탐.진.치(貪瞋痴)의 발상입니다.

오늘날도 이런 일들이 버젓이 횡횡하고 있습니다. 오늘의 영적장애인들의 신앙생활은 사울과 십 사람들과 다르지 않습니다. 몸은 예배당에 앉아서 예배를 드리지만 마음은 세상에 가 있어서 예배가 감동이 없습니다. 헌금은 드리지만 드림의 기쁨과 감사가 없습니다. 모든 것이 형통하지만 나눔과 섬김의 진정한 봉사가 없습니다. 설교는 귀에 들리는데 하나님의 음성은 들리지 않습니다. 입술을 열고 찬송은 하는데 찬송의 대상이 없이 곡조만 흥얼거려댑니다. 직분을 자랑하고 신앙의 연조를 자랑하지만 전도 한 사람 하지 못합니다. 세상에서는 말 잘하기로 소문났는데 기도조차 제대로 한 마디 하지를 못합니다.
감사와 축복과 칭찬은 고사하고 입만 열면 불평과 불만이 노래처럼 흘러나옵니다. 네가 있기에 내가 있는데도 네가 있기에 내가 불편하고, 손해 본다는 생각에 공동체 생활에 늘 기쁨이 없습니다. 사욕(私慾)을 챙기기 위하여 거짓말을 하고, 내 기쁨 위하여 너를 고통하게 하면서도 양심의 아픔을 전혀 느끼지 않습니다.

하나님의 교회에서 정직하지 못하고 진실하지 못하게 모든 분야에서 자기를 속이는 부정과, 다른 사람을 속이는 부패를 행하면서 가책도 느끼지 않습니다. 이 모든 내용이 영적 장애인의 모습을 열거한 것입니다.

여러분은 지금 어떠하십니까?

*하나님의 울타리 안의 사람

본문은 또 상대적으로 복 있는 사람을 기록하고 있습니다. 바로 다윗에 대한 내용입니다. 24절을 보면 십 사람들이 다윗을 찾아 사울에게 보고를 하려고 십으로 갔습니다. 그 때 다윗 일행은 마온 광야 아라바에 있었습니다.

25절을 보면 사울과 십 사람들이 다윗을 찾는 상황을 알게 된 어떤 사람이 다윗에게 이 사실을 알립니다. 그러자 다윗이 마온 광야 황무지로 내려갑니다. 이 사실을 알게 된 사울도 다윗을 뒤 쫓아 마온 황무지로 쫓아 내려갑니다.

26절을 보면 아주 급박한 상황이 전개되고 있습니다. 마치 다윗은 독안에 든 쥐 같이 되고 말았습니다. 주위에는 사울의 군사들이 진을 치고 황무지 숲을 샅샅이 뒤지며 포위망을 좁혀오고 있습니다. 숨 막히는 추격전입니다. 얼마 있지 않으면 곧 잡히게 됩니다.

그런데 갑자기 급반전의 소식이 있습니다. 추격전을 따라 급하게 27절을 읽어 내려가자 놀라운 일이 일어납니다. 읽어 내려가는 저만큼이나 급하게 전령이 사울에게 와서 블레셋 사람들이 공격해 왔다고 전갈을 합니다. 모든 상황이 갑자기 종료됩니다. 급반전입니다.

다윗의 목숨이 풍전등화의 위경에서 갑자기 불던 바람이 멈추게 된 형국입니다.

28절을 보면 다윗을 눈앞에 두고도 사울은 다윗 쫓기를 멈춥니다. 그리고 기수를 돌려 블레셋 사람을 치기 위해 회군하는 모습을 볼 수 있습니다. 전혀 예기치 않은 상황이 전개되면서 다윗은 다시 생명을 보전하게 되었습니다.

이 사건이 주는 메시지가 무엇이겠습니까? 하나님께서 보호하시는 자, 곧 하나님의 울타리 안에 있는 자는 어떤 경우를 무론하고 하나님이 보호하신다는 것입니다. 이것이 하나님의 울타리에 대한 교훈입니다.

하나님의 울타리 안에 있는 사람은 하나님이 보호하시고 하나님이 지키십니다.

홍해 앞에서 하나님은 이스라엘을 바로의 눈앞에서 구원하셨습니다(출14:21~31). 옥에 갇혀 죽기 일보직전의 베드로를 하나님은 구원하셨습니다(행12:5~10). 죽음직전의 바울과 실라를 하나님은 옥중에서 구원해 주셨습니다(행16:16~34). 일곱 배를 뜨겁게 한 풀무 가운데 던져진 사드락과 메삭과 아벳느고도 하나님은 머리털 하나 그을리지 않게 하시고 구원하셨습니다(단3:19~23).

그 하나님은 그 때나 지금이나 동일하게 말씀하십니다. 이사야 41장 10절입니다.

"두려워하지 말라. 내가 너와 함께 함이라. 놀라지 말라. 나는 네 하나님이 됨이라. 내가 너를 굳세게 하리라. 참으로 너를 도와주리라. 참으로 나의 의로운 오른손으로 너를 붙들리라."

이것이 하나님의 울타리 안에 있는 자에게 주시는 하나님의 은혜
이며 축복입니다. 저와 여러분이 모두 하나님의 이 울타리 안에서 서
로 사랑하며 살기를 예수님의 이름으로 축복합니다. 아멘.

참 신앙의 지표

"다윗이 이 말로 자기 사람들을 금하여
사울을 해하지 못하게 하니라
사울이 일어나 굴에서 나가 자기 길을 가니라
〈사무엘상 24:1~7 중〉."

목회현장의 유머 하나를 소개합니다. 신실한 집사님이 천국에 갔습니다. 그런데 세상에서 교회생활을 불성실하게 했던 장로님이 먼저 와 있다가 집사님을 환영했습니다. 집사님이 생각할 때 저 분은 아무리 점수를 주어도 천국은 어려울 것이라고 생각했는데 천국에서 파안대소 하는 것을 보고 주님께 조용히 질문을 했습니다.

"주님, 제가 저 분을 잘 아는데 아무리 생각해도 주님 나라에 오실 분이 아닙니다. 뭔가 잘못된 것은 아닌지요?"

주님은 빙그레 웃으시면서 집사님을 인도하여 지옥을 보여 주시면서 질문을 했습니다.

"저기 저 목사를 너는 잘 아느냐?"

“그럼요. 저희교회를 담임하셨던 목사님인데요. 그런데 저분이 왜 지옥에 계시는 거예요?”

“사랑하는 딸아 그것이 네가 보는 것과 내가 보는 것의 차이이니라.”

이 이야기는 진실한 믿음에 대한 생각을 하게 합니다.

이미테이션(imitation)이란 말이 있습니다. 모방, 흉내라는 뜻의 단어로써 가짜라는 말입니다. 아주 가끔 보석상을 쇼핑하다보면 이미테이션이 진짜보다 더 화려하고 정교한 것을 볼 수 있습니다. 그러나 아무리 정교하고 아름다워 진품처럼 보이는 것일지라도 전문가가 볼 때는 분명하게 구별이 된다는 것입니다.

아이러니한 것은 신앙생활에도 요즘은 이미테이션 신앙이 더 돋보이고 화려하게 보여지는 시대가 되었습니다. 다시 말하면 교회 안에도 가짜와 진짜가 공존하고 있다는 말입니다. 그 가짜가 진짜보다 교회생활을 더 그럴듯하게 하면서 진짜를 밀어내는 상황이 여기 저기에서 나타나는 것을 우리는 보고 듣고 있습니다.

그래서 지각 있는 성도들은 걱정들을 합니다. 그러나 주님은 이미 이 사실까지도 다 알고 계셨습니다. 그래서 가라지 이야기를 하시면서 추수 때까지 가만두라고 권고하셨습니다. 때가 되면 알곡과 쭉정이는 분명하게 구별이 될 날이 있다는 것입니다. 명목상 그리스도인인 가짜가 있는가 하면 하나님의 마음에 합한 진짜 그리스도인이 많다는 것입니다.

그렇다면 그리스도인의 참 신앙의 지표는 무엇일까요? 하나님의 마음에 합한 그리스도인으로서의 참 신앙의 지표는 무엇일까요? 이 장 본문의 주인공 다윗에게서 그것을 배웁니다.

이 장의 본문 1~3절은 블레셋과 전투를 마친 사울이 또 다시 다윗의 추격전에 나섭니다. 그는 다윗이 엔게디 황무지에 있다는 보고를 받자 3천여 명의 군사를 이끌고 그를 추격하다가 용변을 보기 위해 엔게디 동굴에 들어갔습니다.

4~7절의 내용을 보면 다윗 일행이 이미 그 굴에 먼저 들어와 있었습니다. 그런데 사울은 그것도 모르고 홀로 그 굴에 들어가 용변을 보게 된 것입니다. 사울을 죽일 수 있는 절호의 기회가 다윗에게 왔습니다. 그러나 다윗은 사울을 죽이지 않습니다.

이렇게 전개되는 과정에서 다윗을 통해 생각하게 되는 진정한 신앙의 지표 몇 가지가 있습니다.

1. 모든 언행심사의 기준은 하나님의 뜻을 따랐습니다.

4절입니다.

"다윗의 사람들이 이르되 보소서 여호와께서 당신에게 이르시기를 내가 원수를 네 손에 넘기리니 네 생각에 좋은 대로 그에게 행하라 하시더니 이것이 그 날이니이다 하니 다윗이 일어나서 사울의 겉옷 자락을 가만히 베니라."

엔게디 굴에 다윗과 그의 사람들이 먼저 들어가 있는 줄을 모르는 사울이 그곳으로 들어가 뒤를 보려는 상황에서 부하들이 다윗에게 한 말입니다. 사울에게 쫓기는 다윗은 잡히기만 하면 죽음을 면치 못할 것입니다. 그런데 그 원수가 지금 혈혈단신으로 다윗이 있는 굴로 찾아든 것입니다. 그야말로 성난 호랑이 굴로 뛰어든 개꼴이 되었습니다. 그러자 다윗의 사람들은 지금이야말로 사울을 죽일 절호의 기회가 왔다고 했습니다. 즉 하나님께서 이렇게 기회를 주셨다는 신하들의 해석입니다. 정말 그런 것도 같습니다.

그런데 다윗은 어떻게 합니까? 다윗은 신하들의 말에 동의하지 않았습니다. 그럴 수가 없었습니다. 그리고 용변을 보고 있는 사울의 겉옷자락을 가만히 베는 것으로 끝을 냈습니다. 왜 그랬을까요?
여기서 우리는 아주 중요한 메시지를 발견합니다. 오늘을 살아가면서 우리는 주어지는 상황들을 더러는 내 뜻대로 해석합니다. 그러나 그래서는 안 된다는 것입니다. 주어지는 상황들도 반드시 하나님의 뜻대로 해석해야 한다는 교훈입니다.
뿐만 아니라 다윗은 주어진 기회를 범인(凡人)들이 생각하는 그 수준으로 생각하지 않았습니다. 더 깊은 하나님의 마음으로 행하고 있었습니다. 그것은 오히려 원수에게 은혜를 베푸는 것이었습니다. 원수를 사랑하라고 하나님께서 마련해주신 기회로 생각했던 것입니다.

다윗의 이 같은 결단에는 최소한 두 가지의 의미가 있습니다.
첫째, 다윗은 여론을 따른 것이 아니라 하나님의 뜻을 먼저 생각했다는 것입니다. 민심을 존중하지만 그렇다고 그것이 하나님의 뜻이라고 생각하지는 않았습니다. 하나님의 뜻은 자의적 해석이 아니라 말씀을 기준으로 해석이 되어야 하는 것입니다.
둘째, 다윗은 대단히 절제된 욕심을 가진 진정한 신앙인이었습니다. 다윗도 사람인지라 사울을 죽일 수 있는 절호의 기회가 왔을 때 그를 죽이고 싶었을지도 모릅니다. 그러나 직접 사울을 죽이지 않고 겉 옷자락만 베는 것으로도 이미 사울을 죽인 것과 같다는 것은 자타가 인정하는 것입니다. 다윗이 바로 이 방법을 선택했다는 것은 그의 욕심은 대단히 절제된 것이라는 것을 보여주는 것입니다.

인간은 누구나 욕심이 있습니다. 이것은 오늘 우리의 삶의 현장에서도 얼마든지 볼 수 있는 것입니다. 그러나 절제되지 못한 욕심은 스스로를 파멸로 이끄는 것임을 성경 곳곳에서 볼 수 있습니다. 욕심은 곧 죽음을 불러온다는 것을 야고보서 1장 15절을 통해 야고보 사도가 각별히 경계를 하고 있습니다.
"욕심이 잉태한즉 죄를 낳고 죄가 장성한즉 사망을 낳느니라"

오늘날도 시끄러운 분쟁으로 몇몇 교회들이 평안하지 못한 경우를 더러 보고 있습니다. 그 이유를 살펴보면 대부분이 교회 지도자들로 인한 것임을 알게 됩니다. 그 결정적인 이유가 바로 이 본문의 다윗과 같은 경우에 지도자들이 정확한 판단과 결정을 하지 못하고 부하들의 판단과 결정으로 일을 어렵게 만든 것이라는 것을 보게 됩니다.
우리네 삶 범사의 언행심사 기준은 언제든지 내 뜻이 아닌 하나님의 뜻에 기준을 두어야 그것이 참 신앙의 지표가 되는 것입니다.

아담과 하와가 선악을 알게 하는 나무 열매를 두고 하나님의 말씀보다는 뱀의 말을 들었습니다. 그렇게 되자 욕심을 절제하지 못하고 그것을 먹음으로 죄를 짓게 되었습니다.
롯의 아내 역시 소돔을 향하여 뒤를 돌아보지 말라는 하나님의 말씀을 지키지 못하고, 뒤를 돌아보고 싶은 마음을 절제하지 못하여 돌아보다가 그 자리에서 소금기둥이 되고 말았습니다.

욕심을 따라 행하다가 멸망한 사람들은 더 있습니다. 아간이 그랬습니다. 아나니아와 삽비라가 그랬습니다. 다윗의 아들 압살롬이 그랬습니다. 가룟 유다가 그랬습니다.

그래서 에베소서 5장 17절에서 이렇게 교훈했습니다.

"그러므로 어리석은 자가 되지 말고 오직 주의 뜻이 무엇인가 이해하라."

민수기 14장 24절에는 모든 기준을 하나님의 뜻에 두고 행했던 참 신앙인 갈렙의 모습이 기록되어 있습니다.

"그러나 내 종 갈렙은 그 마음이 그들과 달라서 나를 온전히 따랐은즉 그가 갔던 땅으로 내가 그를 인도하여 들이리니 그의 자손이 그 땅을 차지하리라."

모든 신앙생활의 기준을 자기 뜻에 두고 행하면서 하나님의 뜻이라고 하는 것이 얼마나 무섭고 비참한 결과를 가져왔는가에 대하여는 얼마든지 지나 온 역사를 통해서 볼 수 있습니다.

참으로 이 지면을 통해 여러분께 간절히 바랍니다. 여러분의 신앙생활의 기준을 하나님의 뜻에 두고 행하시기를 바랍니다. 하나님의 뜻의 기준은 언제나 말씀임을 잊지 마십시오.

2. 깨끗하고 살아있는 행동하는 양심(良心)입니다.

良心(conscience) 이란 한 개인이 자기 자신의 행위, 의도 등의 도

덕적인 가치를 판단하여 옳고 그름, 선과 악을 깨달아 바르게 행하려
는 도덕의식입니다.

역사적으로 볼 때 거의 모든 문화는 양심의 존재를 인정했습니다.
그리고 모든 종교적 신앙에서 양심은 신의 목소리로 이해하기 때문
에 전적으로 신뢰할 만한 행동지침으로 여깁니다. 그래서 베드로전
서 3장 21절에서는 '선한 양심이 하나님을 향하여 찾아가는 것이라'고
했습니다. 이 양심이 깨끗해야 하고 살아있어야 참 신앙의 지표가 되
는 것입니다.

5절입니다.
"그리 한 후에 사울의 옷자락 벰으로 말미암아 다윗의 마음이 찔려"

다윗의 마음이 왜 찔렸을까요? 사울을 죽일 수 있는 상황에서도 죽
이지 않았음을 증거하기 위하여 그의 겉옷자락만 조금 베었습니다.
이렇게 되면 보편적으로 대부분의 사람들의 행동은 어떻게 나타납니
까? 마음이 찔리기는커녕 오히려 당당하게 이 보란 듯이 큰소리를 치
고 자기가 이만큼 의롭다고 의기양양해 했을 것입니다.

그런데 다윗은 그렇지를 않았습니다. 오히려 사울의 겉옷자락을
벤 것 때문에 마음이 쓰리고 아팠습니다. 다시 말하면 양심이 찔린 것
입니다. 이유가 무엇입니까? 뒤이어 6절에서 그 답이 나옵니다.

"자기 사람들에게 이르되 내가 손을 들어 *여호와의 기름 부음을 받은
내 주를 치는 것은 여호와께서 금하시는 것이니 그는 여호와의 기름 부
음을 받은 자가 됨이니라.*"

바로 이것입니다. 깨끗한 양심입니다. 살아있는 양심입니다. 행동

하는 양심입니다. 선한 양심이 하나님을 찾아가는 것이었습니다.

여호와의 기름부음을 받은 사울을 치는 것은 하나님이 금하신 것인데 내가 사울의 옷자락을 벤 것은 사울을 친 것이라는 것이 다윗의 고백입니다. 다윗의 양심에는 오직 하나님의 말씀이 살아 있었습니다. 그래서 그 양심이 깨끗했습니다. 그 깨끗한 양심으로 행동하는 것이 그의 삶이었던 것입니다.

요즈음 거의 모든 차량에는 내비게이션(navigation), 즉 차량자동 항법장치를 부착하고 있습니다. 이 기계는 전원이 공급되면 1분 이내에 내가 있는 위치가 화면에 나타납니다. 그리고 가고자 하는 목적지를 설정하면 기기에 입력된 좋은 길로 잘 안내를 해 줍니다. 그런데 만일 이것이 고장이 나면 그 때는 그야말로 낯선 길은 헤맬 수밖에 없는 경우를 우리는 경험합니다.

저는 신앙생활의 내비게이션이 양심이라고 생각합니다. 목적지 설정은 하나님 나라입니다. 요즈음 다양한 버전으로 녹음이 되어 있어 처음 듣는 사람들로 하여금 웃음을 자아내게 하는 내비게이션의 안내목소리는 신앙생활의 안내인 성경입니다. 지금 내 위치를 정확히 파악할 수 있는 수단은 기도와 자기 성찰입니다.

요즈음 이 신앙생활의 내비게이션이 고장 난 차를 운전하는 사람들이 여럿 보입니다. 그래서 길을 잃고 방황하는 경우를 종종 봅니다. 다시 말하면 신앙양심이 고장 났다는 것입니다. 그래서 그들의 교회생활도 좌충우돌입니다. 보는 사람들로 하여금 안타까움을 자아내게 합니다. 스스로도 얼마나 힘든 생활을 하는지 모릅니다.

신앙생활의 내비게이션인 양심이 고장 나지 않으면 신앙생활에서 방황하지 않습니다. 동시에 사고도 나지 않습니다. 운전하는 것도 여유롭고 평안합니다. 목표를 설정해 놓았기 때문에 안내하는 대로 가기만 하면 됩니다.

그럼에도 불구하고 잊지 말아야 할 중요한 것이 하나있습니다. 반드시 기억해야 하는 것입니다. 내비게이션은 일정한 기간이 지나면 반드시 업그레이드를 해야 한다는 것입니다. 그렇지 않으면 새롭게 난 길을 알지 못합니다. 옛길을 가도 목적지에 도착은 하겠지만 그만큼 연료와 시간을 소모합니다. 더러는 옛 길이 폐쇄되거나 사라져 늦어지고 방황하게도 됩니다. 다른 사람들은 새 길을 따라 평안하게 운전할 때 업그레이드되지 않은 내비게이션을 단 운전자는 옛길로만 안내하는 안내를 따라 가야합니다.

양심의 업그레이드는 이렇게 정규적인 신앙생활을 통해 가능합니다. 찬양과 기도와 말씀을 들으면서 우리의 양심이 업그레이드 될 때 우리의 신앙양심은 깨끗해집니다. 살아있는 행동하는 양심이 되는 것입니다. 그래서 디모데전서 1장 19절에서는 다음과 같이 말씀하십니다.

"믿음과 착한 양심을 가지라 어떤 이들은 이 양심을 버렸고 그 믿음에 관하여는 파선하였느니라."

베드로전서 3장 16절입니다.

"선한 양심을 가지라 이는 그리스도 안에 있는 너희의 선행을 욕하는 자들로 그 비방하는 일에 부끄러움을 당하게 하려 함이라."

다윗은 항상 주님 앞에서 살았습니다. 그에게는 말씀이 등불이었고 길이었습니다. 찬송이 행복이었고 기쁨이었습니다. 다윗에게 있어서는 주야의 묵상이 하나님을 향한 삶이었습니다. 그래서 그는 다양하게 주님 앞에서 고백하였습니다. 하나님이 사람의 마음과 양심을 감찰하신다고 했습니다(시7:9). 여호와를 송축함으로 밤마다 내 양심이 나를 교훈한다고 고백했습니다(시16:7). 나를 살피시고 시험하사 내 뜻과 내 양심을 단련해 달라고 간구했습니다(시26:2).

요한복음 8장에서도 간음한 여인을 돌로 쳐 죽이려고 왔던 무리들이 예수님의 말씀을 듣고 양심의 가책을 느껴 돌아갔다고 했습니다.
사도행전 23장에서도 사도 바울이 억울하게 고난당할 때 나는 양심을 따라 하나님을 섬겼다고 고백을 했습니다. 그리고 24장에서도 하나님과 사람에 대하여 양심에 거리낌 없기를 힘쓴다고 고백했습니다.
로마서 2장 15절에서는 양심이 증거가 된다고 했습니다.
고린도후서 1장 12절에서도 하나님의 은혜로 행함은 우리 양심이 증언하는 바니 이것이 우리의 자랑이라고 했습니다.
디모데전서 4장 2절에서는 이런 양심이 화인을 맞으면 외식함으로 거짓말하는 자가 된다고 했습니다.
히브리서 9장 14절에서는 그리스도의 피가 우리의 양심을 죽은 행실에서 깨끗하게 하고 살아 계신 하나님을 섬기게 한다고 했습니다.

이렇게 참 신앙의 지표는 깨끗하고 착한 양심입니다. 참 신앙의 지표를 다양하게 설명할 수 있지만 이 본문 강해를 통해서는 두 가지를 깨닫고 가겠습니다.
첫째는 하나님의 뜻입니다.

둘째는 깨끗한 양심입니다.

여러분에게는 이 두 가지의 지표가 있습니까? 있다면 우리의 신앙은 참 신앙입니다.

어떤 사람이 되었느냐가 아니라 어떻게 되었느냐가 중요합니다. 나의 모든 범사가 하나님의 뜻에 맞았는가? 내 신앙양심에 거리낌이 없었는가? 늘 이 두 가지를 묵상하면서 신앙생활을 하시기 바랍니다.
오늘도 주님의 말씀으로 우리의 양심이 살아나기를 바랍니다. 그렇게 깨끗하여진 양심이 선한행동을 하는 선한양심의 사람들이 되기를 바랍니다. 그것이 하나님께서 우리를 지으신 이유입니다.

"우리는 그의 만드신바라 그리스도 예수 안에서 선한 일을 위하여 지으심을 받은 자니 이 일은 하나님이 전에 예비하사 우리로 그 가운데서 행하게 하려 하심이니라(에베소서2:10)." 아멘.

참 신앙인의 언행

"그런즉 여호와께서 재판장이 되어
나와 왕 사이에 판결하사 나의 사정을 살펴 신원하시고
나를 왕의 손에서 건지시기를 원하나이다
〈사무엘상 24:8~15 중〉."

목회를 하면서 황당한 일을 겪는 것이 어디 한두 번 있는 일이겠습니까만 어떨 때는 정말 해도 해도 너무 한다는 생각이 들 때가 있습니다.

오래 전의 일인데 A장로님이 어느 날부턴가 저를 보는 눈빛도 대하는 모습도 예전 같지를 않았습니다. 뭔가 불편한 기색이 역력한데 도무지 영문을 모르는 저는 뭔가 가정에 문제가 있나보다 했습니다. 설마 저와 관계된 일로 저렇게 불편하리라고는 생각도 못하고 몇 달이 지났습니다. 그렇게 날을 지내는 동안 더 이상은 불편한 마음 이대로 지낼 수는 없다는 결정을 하던 날이었습니다. 마침 장로님과 식사를 할 기회가 되었습니다. 그리고 그 이상한 모습에 대한 사연을 알게 되었습니다.

"목사님, 저는 목사님을 정말 사랑합니다. 제가 부족한 것이 많습니다. 그러니 앞으로는 저에게 직접 말씀해 주시면 천만 번이라도 고치면서 목사님과 함께 행복하게 교회 생활을 하고 싶습니다."

사연인즉, B장로님이 전해준 말로써, 제가 A장로님의 일상생활까지 평가를 하면서 장로가 그래서야 축복을 받겠느냐고 아주 못마땅하게 말을 하였다는 것입니다. 한 마디로 어불성설(語不成說)이었습니다.

'아니 땐 굴뚝에 연기 나랴? 라는 말이 있듯 전혀 근거 없는 말이 아님은 금방 알 수 있었습니다. 왜냐하면 오래 전에 B장로님이 저를 찾아와 A장로에 대해 이런 저런 말을 했습니다. 그래서 오히려 제가 B장로님을 꾸지람을 하면서 어떻게 같은 장로끼리 그렇게 함부로 말을 하느냐고 권고를 했던 일이 있었습니다.

그런데 B장로님은 자기가 한 말을 마치 제가 한 듯 A장로님에게 이야기를 했으니 황당해도 이정도면 기절할 상황입니다. 그렇다고 목사가 해명을 한답시고 A장로에게 B장로가 나쁜 사람이라고 폄하하여 말 할 수는 없는 일이기에 그냥 빙그레 웃고 한 마디만 했습니다.

"아무리 건망증이 심해졌어도 나는 그런 말을 한 기억이 전혀 없는데 만약에 했다면 내가 대단히 잘못했어요. 그러나 장로님에 대한 내 마음은 절대로 그렇지 아니하니 쓸데없는 생각으로 신앙생활을 함에 있어 불편하지 마시기 바랍니다."

세월이 지나고서야 A장로님은 사실의 전후사정을 알게 되었고 오히려 자기 자신의 소견이 좁은 것을 미안해하면서 지금도 더욱 저를 아껴주시고 존중해 주십니다만 이정도면 황당한 사건이 아닐 목회의 치명적인 일이 될 수도 있는 것입니다. 이런 일들은 목사로서 목회현장에서 수 없이 경험하는 일들이지만 때로는 허전하고 섭섭할 때가 있습니다.

그러나 하나님께서는 부족한 목사인 저의 모든 면면을 지키시고 보호하시고 인도하심을 확신하기에 오늘에 이르도록 은혜 안에서 목회를 하고 있음에 감사를 드립니다.

목회를 시작하면서 세운 목회철학이 있었습니다. 절차탁마를 기본 틀로 하는 각론 가운데 하나가 언행일치(言行一致), 학행일치(學行一致), 신행일치(信行一致)였습니다. 즉 말과 행동이 같아야 하고, 배운 대로 행동해야 하며, 믿음대로 행하는 것이 목회자로서 성도들을 앞장서 인도할 때 기본마음 가짐이 되어야 한다는 것이 저의 목회의 기본 자세였습니다.

믿음을 가진 성도가 세상에 사는 동안에 겪어야 하는 현실적 괴리감은 말할 수 없이 큽니다. 그렇다고 성도의 삶이 세상 사람들과 동일할 수는 더욱 없기에 신앙인의 언행은 언제나 도마 위에 오르게 됩니다.

우리 생활 중심에 작심삼일(作心三日)이란 말이 있습니다. 이것은 어떤 일에 대하여 결심을 하고 삼일도 못 지킨다는 뜻입니다.

남아일언중천금(男兒一言重千金)이란 말도 있는데 남자의 말 한 마디는 천금과 같이 무겁고 가치가 있다는 뜻입니다.

일구이언(一口二言)은 이부지자(二父之子)란 말도 있습니다. 한 입으로 두 가지 말을 하면 두 아비의 아들과 같다는 뜻입니다.

모두 언행과 관련된 생활의 금언들입니다.

본문의 내용은 다윗이 사울을 죽일 수 있었던 상황이지만 그렇게 하지 않았다는 것을 사울에게 고하고 있습니다. 이 상황을 좀 더 깊이 묵상해 보면 참 신앙인의 언행이 그림처럼 그려져 있는 것을 볼 수 있습니다. 곧 다윗이 그 모델입니다. 그의 모습을 살펴보면서 오늘 하나님의 가르침을 받도록 하겠습니다.

1. 예의(禮儀)를 기본으로 합니다.

예의란 타인과의 관계에서 지켜야 하는 존경심의 표현과 삼가 해야 하는 말과 몸가짐을 말합니다. 다윗의 언행은 언제나 이것이 바탕이 되어 있었습니다. 8절 내용입니다.

"그 후에 다윗도 일어나 굴에서 나가 사울의 뒤에서 외쳐 이르되 내 주 왕이여 하매 사울이 돌아보는지라 *다윗이 땅에 엎드려 절하고*"

자기를 죽이려고 혈안이 된 사울을 오히려 죽일 기회가 있었지만 그것을 포기한 다윗입니다. 그가 사울 앞에서 땅에 엎드려 절하면서 정중하게 자신의 입장을 이야기 합니다. 이런 다윗의 모습은 상황이 어떻게 되었든지 왕 앞에서 신하로서 갖추어야 할 예를 갖춘 참 신앙인의 모습입니다.

다윗이 사울 앞에 엎드려 "내 주 왕이여"라고 한 것과 "여호와의 기름부음 받은 자"라고 고한 것은 하나님의 권위에 복종하는 참 신앙인의 자세를 보여주고 있는 것입니다.

하나님을 믿는 신앙인이라면 이와 같이 하나님의 말씀과 그 뜻을 순종할 수 있어야 합니다. 다윗의 언행은 이것을 근간으로 모든 범사를 살아갔습니다.

하나님의 기름부음을 받은 하나님의 종을 치는 것은 절대 하나님이 금지하셨고 싫어하셨습니다. 사람을 판단하고 정죄하는 것도 하나님의 주관이지 사람의 주관이 아닙니다. 참 신앙인이라면 이것이 기본이 된 예의 있는 삶을 살아야 합니다.

그런데 언제부터인가 그리스도인의 언행이 너무도 자연스럽게 하나님 없는 언행으로 표출되고 있는 것을 봅니다. 어떤 경우든 그것은 하나님의 권위에 도전하는 것임을 우리는 겸허한 마음으로 인정해야 합니다. 그것이 신앙인의 삶입니다.

예신지간 국지간야(禮身之幹 國之幹也)라는 말이 있습니다. 예기(禮記)와 춘추좌씨전(春秋左氏傳)에 나오는 말인데 예는 사람의 등뼈와 같으며 나라의 등뼈와 같다는 뜻입니다.

언어에도 예의가 있어야 하고 행동에도 예의가 있어야 그 사람이 참으로 괜찮은 사람입니다. 그것은 신앙적 기준으로 볼 때도 참 신앙인의 언행입니다.

비둘기도 어미가 나뭇가지에 앉으면 새끼는 어미가 앉은 나뭇가지의 두세 가지 아래에 앉는다고 조류학자들이 밝힌 바가 있습니다.

제가 어릴 때 자라면서 배운 도덕적인 생활 규범 가운데 하나가 '어른들의 그림자는 밟지도 않는 것이다' 라는 기억입니다.

언젠가 목회 단상에 쓴 기억이 납니다만 '놈' 은 의존명사로 쓰일 때는 '사내', '남(男)자'의 낮춤말이 되고, 또 물건이나 동물을 지칭할 때도 쓰입니다. 명사로 쓰일 때는 '보통 사람'을 지칭하는 말로 쓰이며, 형용사를 수반할 때는 친밀, 경멸 등의 감정을 나타내며 상대방을 욕하는 단어로도 쓰입니다. 이를 테면 '귀여운 놈', '간악한 놈' 등이 그것입니다.

놈의 눈에는 놈이 보이고, 님의 눈에는 님이 보인다는 말이 있습니다. 마태복음 5장 22에서는 어떤 경우이든 '놈'을 '놈'으로 부르는 사람 자신도 '놈'보다 나을 것이 없다는 사실을 깨우치면서 그것은 지옥 불에 들어갈 대상이라고 하였습니다.

자기에게 필요할 때는 '님'이 되고 자신의 필요가 채워지면, 그리고 별 유익이 없으면 '놈'이 되는 세상이 우리가 살아가는 세상이라면, 도대체 어디에 우리의 아름다운 삶이 존재하겠습니까?

영국 윈스턴 처칠이 국회에 국정 보고를 할 때였습니다. 야당 의원들이 그의 보고에 거짓을 더하여 야유를 보냈습니다. 그 때 처칠은 차마 "거짓말"이라는 용어를 사용하기가 민망스러워서 "언어의 부정확함"이라고 표현을 했습니다.

또 한 번은 국회의원들이 너무 바보스러운 말들로 야유를 하며 비웃었습니다. 그러자 처칠은 전도서 7장 6절의 "우매자의 소리는 솥 밑에서 가시나무의 타는 소리 같으니 이것도 헛되니라."는 말씀을 인용하며 속된 말을 사용하는 것을 절제했습니다. 속된 단어를 쓰지 않고 오히려 예를 갖추며 의원들을 바보가 되게 한 그에 관한 이야기는 동서고금에 남는 유명한 이야기가 되었습니다.

우리는 그리스도인으로서 사회의 예절인으로서도 부끄러움이 없어야 합니다.

2. 하나님의 판단을 염두에 둡니다.

9~15절까지의 내용을 정리하면 이렇습니다. 9절에서는 왕이신 사울께서 어떻게 사람들의 말을 듣고 다윗 자신이 감히 왕을 죽이려 한다는 것을 믿느냐고 안타까워합니다.

10절에서는 자신이 사울 왕을 죽일 기회가 있었고 사람들이 그렇게 하라고 했지만 결코 그럴 수 없었다는 것입니다. 그 이유는 사울이 하나님의 기름부음을 받은 자이기 때문이라고 합니다.

11절에서는 사울은 다윗을 죽이려고 찾아 헤매지만 다윗 자신은 사울을 죽일 기회가 주어져도 죽이지 않았다고 합니다.

12절에서는 사울과 다윗 사이의 모든 것을 하나님은 판단하신다고 믿으며, 13절에서는 악은 악인의 손에서 나는 것인즉 자신은 하나님의 판단을 의지할 뿐 악인의 행위를 할 수 없다고 합니다. 그러므로 사울의 언행이나 다윗의 언행 모두 하나님이 판단하실 것이라고 15절에서는 말합니다.

이것이 다윗의 하나님 신앙에서 연출되는 언어와 행동입니다. 한마디로 함축하면 인간 언행의 모든 것을 하나님은 아시고 판단하신다는 것입니다. 이것이 믿음에 기초를 둔 말입니다. 이 모든 언행의 중심은 믿음 위에 예의가 바탕으로 깔려 있음을 볼 수 있습니다.

이와 같은 신앙 정신은 위대한 삶을 연출합니다. 다윗이 사울을 죽이지 않고 겉 옷자락만 벤 것은 사울을 죽이는 것에 비교할 수 없는 큰 능력입니다. 그것이 용서의 능력입니다. 그것은 상황에 따라 자신의 힘을 과시하며 상대방을 꺾어버리는 세속적인 힘이 아닙니다. 자신의 힘을 다스리는 위대한 절제의 능력입니다.

절제된 언어와 절제된 행동은 훌륭한 인격자의 열매입니다. 기독교적 표현으로는 참 신앙인의 모습입니다.

우리는 사무엘하 16장의 시므이에 대한 다윗의 언행을 기억하고 있습니다. 아들 압살롬의 반역으로 도망하는 신세가 된 다윗을 시므이가 쫓아오면서 욕하고 저주하며 돌을 던졌습니다. 그때 충복 아비새가 참다못해 "죽은 개가 어찌 왕을 저주하리이까? 나로 건너가 그의 머리를 베게 하소서."라고 했습니다. 그때 다윗이 보여준 모습은 '참 신앙인'의 언행이었습니다. 사무엘하 16장 10~12절입니다.

"그가 저주하는 것은 여호와께서 그에게 다윗을 저주하라 하심이니 네가 어찌 그리하였느냐 할 자가 누구겠느냐 하고······ 내 몸에서 난 아들도 내 생명을 해하려 하거든 하물며 이 베냐민 사람이랴 여호와께서 그에게 명령하신 것이니 그가 저주하게 버려두라. 혹시 여호와께서 나의 원통함을 감찰하시리니 오늘 그 저주 때문에 여호와께서 선으로 내게 갚아 주시리라."

이것이 다윗의 믿음입니다. 스스로의 언행심사뿐만 아니라 타인과의 관계에서의 언행심사 또한 하나님께서 판단하신다는 것을 확신하는 믿음, 이것이 다윗의 믿음입니다. 이것이 우리가 추구해야 할 참 신앙인의 언행입니다.

이사야 3장 10~11절입니다.

"너희는 의인에게 복이 있으리라 말하라 그들은 그들의 행위의 열매를 먹을 것임이요. 악인에게는 화가 있으리니 이는 그의 손으로 행한 대로 그가 보응을 받을 것임이니라."

갈라디아서 6장 7~8절입니다.

"스스로 속이지 말라 하나님은 업신여김을 받지 아니하시나니 사람이 무엇으로 심든지 그대로 거두리라. 자기의 육체를 위하여 심는 자는 육체로부터 썩어질 것을 거두고 성령을 위하여 심는 자는 성령으로부터 영생을 거두리라."

그렇습니다. 이것은 거룩한 법칙입니다. 하나님이 세우신 이 거룩한 법칙을 어기면서 복을 받을 수 없습니다. 참 신앙인은 이 법을 두려워하고 지키는 사람들입니다.

그러나 하나님의 존재를 부정하는 믿음 없는 사람, 교회에 출석은 하고 신앙생활은 한다지만 거짓된 신앙인은 하나님이 세우신 거룩한 법칙을 염두에 두지 않습니다. 하나님의 법이 안중에도 없는 언행을 연출합니다.

참 신앙인의 언행은, 첫째는 예의를 기본으로 합니다. 둘째는 하나님의 판단을 염두에 둡니다.

여러분의 삶이, 언행이, 주님을 모시고 사는 참 신앙인의 아름다운 것이기를 예수님의 이름으로 권고하며 축복합니다. 아멘.

75.
거짓 회개

"사울이 이르되 내 아들 다윗아
이것이 네 목소리냐 하고 소리를 높여 울며
...나는 너를 학대하되 너는 나를 선대하니
너는 나보다 의롭도다
〈사무엘상 24:16~22 중〉."

오래 전에 있었던 일입니다. 예배를 드리고 있는데 다급한 목소리의 황 집사님으로부터 급한 연락이 왔습니다. 집이 불에 타고 있다는 것입니다. 예배 중이었지만 한걸음에 달려갔습니다. 소방차가 와 있었지만 이미 집은 거의 다 타버렸습니다. 어떻게 할 도리가 없는 상황이었습니다.

이런 어려운 상황을 만났지만 황 집사님은 믿음으로 이겨내고 있었습니다. 무척도 힘든 생활이었지만 잘 극복하면서 좌절하지 않았습니다. 교인들이 찾아가서 위로하고 격려해 주었습니다. 힘들고 어렵지만 믿음으로 극복하라면서 이런 일도 더 좋은 전화위복이 될 수도 있다는 격려와 위로였습니다. 또 화재를 당한 사후 대책에 대해 자신의 경험을 이야기 해 주는 친절한 조언의 위로와 안내도 있었습니다. 참 감사하고 고마운 일이었습니다.

그런데 와중에 집이 화재로 소실 된 것보다 더 견디기 힘든 일이 있었습니다. 그것은 위로 차 왔다는 사람들 중에서 하는 황당한 소리 때문이었습니다. 황 집사님이 뭔가 하나님 앞에 지은 죄가 있기 때문에 이런 일이 일어났으니 돌이켜 회개하라는 심판적인 선언이었습니다. 도무지 견디기 힘든 부분이었습니다. 가뜩이나 힘들어 지쳐 쓰러질 상황인데, 그래도 하나님의 은혜를 생각하며 겨우 버티고 있는데, 거기에다 대고 정죄하고 심판을 하는 교인들이라니……. 정말 너무도 견디기 힘들었다는 것이 집사님의 고백이었습니다.

이것은 회개에 대한 올바른 이해가 없는 사람들로 인해 겪게 된 아픈 이야기입니다.

회개(Repentance)는 히브리어로는 '슈브(שוב[shub])' 이며 헬라어로는 '메타노이아(μεταvoια[metanoia])' 입니다. 그 뜻은 '방향을 바꾸다', '되돌아가다' 라는 동사입니다.

이 동사는 '무엇으로부터 돌아오다(come back from the)' 와 '무엇으로 돌아가다(return to)' 라는 의미를 갖고 있습니다.

'무엇으로부터 돌아오다' 의 그 무엇은 '악한 행실', '지금까지 행한 죄악', '폭력', '우상', '가증한 것', '죄' 등으로 언급됩니다. '무엇으로 돌아가다' 의 대상은 하나님입니다.

그래서 '떠남' 과 '향함' 을 하나로 묶어 한 마디로 '죄악을 멀리하고 하나님께로 돌아감' 을 뜻합니다.

구약에서 나타나는 회개 의식을 살펴보면 크게 두어 가지 경우가 있습니다. 그 하나는 하나님의 징계를 통한 재앙이 닥쳤을 때 하는 회개입니다. 그리고 또 하나는 그런 재앙을 미연에 방지하고자 할 때의 경우입니다. 이때 하는 방법으로는 금식을 하거나, 옷을 찢거나, 굵은 베옷을 걸치거나, 재위에 눕거나, 또 때로는 목 놓아 통곡을 하는 것이 있습니다. 호세아 6장 1절에는 이 내용이 잘 표현되어 있습니다.

"오라 우리가 여호와께로 돌아가자 여호와께서 우리를 찢으셨으나 도로 낫게 하실 것이요 우리를 치셨으나 싸매어 주실 것임이라."

이와 같은 하나님께로 돌아오는 회개가 거짓되어서는 안 된다는 것을 이사야 58장에서 깨우쳐주시면서 진정한 회개의 내용이 어떤 것인가를 말씀하셨습니다. 즉 회개의 방법으로 금식을 하면서 마음을 괴롭게 하는데 하나님이 돌아보지 않으신다고, 주님이 알아주시지 않는다고 불평을 하는 백성들에게 하나님은 선지자를 통해 이렇게 책망했습니다. 4~5절입니다.

"보라 너희가 금식하면서 논쟁하며 다투며 악한 주먹으로 치는도다. 너희가 오늘 금식하는 것은 너희의 목소리를 상달하게 하려는 것이 아니니라. 이것이 어찌 내가 기뻐하는 금식이 되겠느냐?"

그러면서 하나님이 기뻐하시는 진정한 회개가 어떤 것인가를 이사야 58장 6~7절에서 설명하셨습니다.

"내가 기뻐하는 금식은 흉악의 결박을 풀어 주며 멍에의 줄을 끌러 주며 압제 당하는 자를 자유하게 하며 모든 멍에를 꺾는 것이 아니겠느냐. 또 주린 자에게 네 양식을 나누어 주며 유리하는 빈민을 집에 들이며 헐벗은 자를 보면 입히며 또 네 골육을 피하여 스스로 숨지 아니하는 것이 아니겠느냐."

오늘 우리말로 바꾸면 쇼 하지 말라는 말씀입니다. 하나님은 다 아신다는 것입니다. 그리고 요엘서 2장 13절을 통해 진정한 회개의 모습을 가르치십니다.

"너희는 옷을 찢지 말고 마음을 찢고 너희 하나님 여호와께로 돌아올지어다. 그는 은혜로우시며 자비로우시며 노하기를 더디 하시며 인애가 크시사 뜻을 돌이켜 재앙을 내리지 아니하시나니"

그렇다면 '하나님께로 돌아감' '죄악으로부터의 떠남' 은 구체적으로 어떤 것일까요?

첫째는 하나님의 뜻대로 행하는 것입니다. 즉 행동하는 믿음입니다. **둘째는 하나님께 대한 절대적인 믿음입니다.** 이것은 하나님 이외의 어떤 것도 의지하지 않는 것입니다. **셋째는 하나님의 뜻에 반(反)하는 모든 악에서 떠나는 것입니다.**

그런데 중요한 것은 이와 같은 의식과 행위는 인간 스스로는 불가능하다는 것을 구약에서는 강조합니다. 즉 하나님께서 하게 하심으로만 가능하다는 것입니다.

회개는 인간의 공로가 얼마나 쌓였는가에 따라 할 수 있는 것이 아닙니다. 전적인 하나님의 은혜에 의해서 일어나는 사건입니다.

집단성을 띠던 회개는 포로기와 포로기 이후에 와서는 회개의 개인성이 강조되고, 그 회개가 하나님의 말씀인 율법을 준수하는 것으로 이해되었습니다. 또한 하나님께서 원하시는 구체적인 행위를 실천하는 것이 회개인 것으로 간주되었습니다. 이것은 회개가 입술의 고백이 아니라 삶의 고백임을 말하는 것입니다.

본문으로 돌아갑니다.

다윗이 사울에게 엎드려 절하면서 자신에게 주어졌던 사울을 죽일 수 있는 기회를 악으로 갚지 않고 오히려 선용했다고 진실하게 고했습니다. 그 때 나타나는 사울의 반응이 이 본문입니다.

본문의 내용은 전반적으로 사울의 회개하는 모습입니다. 자신에게 선을 베푼 다윗의 고백을 듣고 사울은 16절에서 소리 높여 울면서 다윗을 부릅니다. 그리고 17절을 통해 사울 자신은 다윗을 학대하는데 오히려 다윗은 사울에게 선대했음을 고백하며 18절에서는 다윗의 사울에 대한 선대함의 구체적인 부분을 언급합니다. 그러므로 하나님께서는 그와 같은 다윗에게 복주시기를 축복하는 사울의 마음이 19절에 나타납니다. 또한 20절에서는 다윗이 이스라엘의 왕이 될 것을 자신도 알고 있다는 고백과 인정이 있습니다.

21절은 다윗이 왕이 된 후에 사울의 가문을 멸하지 말 것을 약속해 달라는 당부를 합니다. 이 말을 들은 다윗의 그렇게 하겠다는 약속과 함께 사울과 다윗은 각각 자기 길로 가는 것으로 22절에 기록이 되며 이 장은 끝이 납니다.

이 정도면 사울의 언행은 회개로써 부족함이 없는 훌륭한 모습입니다. 그런데 성경은 사울의 이 회개가 거짓 회개임을 나타내고 있습니다.

본문에서 보여 준 사울의 언행은 눈물도 있었고 진실함도 보였습니다. 자신의 행위가 악함도 인정을 하였습니다. 그런데 왜 사울의 이 회개가 거짓된 회개라는 것일까요?

딱 꼬집어 밝히면 사울에게는 하나님께 대한 죄의 자복이 없었습니다. 즉 관계에 있어서 다윗에게 미안한 마음, 후회스러운 마음의 표현은 했지만, 하나님 앞에서의 자신의 죄에 대한 자복은 없었습니다. 이것은 겉으로 드러난 모습은 분명 회개 같은데, 실제에 있어서는 그저 자기의 감정이 북받쳐 오르자 회개와 유사한 자신의 잘못에 대한 인정을 하는데 그치는 언행만 있었을 뿐이었다는 것입니다.

그래서 성경학자 '메튜헨리' 박사는 이 본문에 대해 주석하기를 "사울의 고백은 다윗의 무죄를 입증했지만 사울 자신이 회개자로 하나님 앞에 회개한 것을 입증하기에는 충분하지 못하다."고 했습니다.
그리고 실제로 사울은 이렇게 회개한 듯 했지만 그 이후에 이어지는 그의 말과 행동을 통해 오늘의 모습이 진정한 회개가 아니었음을 드러내고 있습니다.

진정한 회개는 지난날 잘못의 후회와 함께 삶이 주님을 향해 전향(前向)되는 것입니다. 그리고 그 내용은 말이 아닌 생활이어야 합니다. 그것이 진정한 회개입니다.
그런데 사울의 회개는 그렇지 못했습니다. 순간순간의 위기 때마다 다윗 앞에서 뉘우치고 후회했습니다. 그러나 그의 삶은 전혀 변하지 않았습니다. 끝까지 다윗을 죽이려고 그를 쫓는 일생을 보내다가 마침내 자신의 일생이 비참하게 마무리 되었습니다.

우리는 빅토르 위고를 잘 압니다. 어느 날 그의 외동딸 '레오포르딘' 의 시체가 세느강에서 발견되었습니다. 딸의 시신 옆에는 유서가 놓여있었습니다. 거기에는 '아버지의 심한 외도와 과음, 거기에 짓눌려 사는 비참한 엄마 때문에 살 의욕을 잃었다' 는 내용이 적혀 있었습니다.

위고는 "이것은 나를 향한 하나님의 심판"이라고 외치며 처절하게 반성합니다. 그리고 180로 완전히 바뀌어 새사람이 되었습니다. 공무원이 되어 국가를 위해 헌신적으로 일한 결과 프랑스 교육부장관까지 지내게 되고, 프랑스 국기인 '3색 기'의 유공자가 되기에 이릅니다. 또한 독실한 신앙생활을 통해 그의 문학성도 더욱 깊어갔습니다. 한 사람의 진실한 회개는 자신과 세계를 바꾸어 놓습니다.

부흥사 '무디' 목사님은 "회개란 꽃병 속에 넣은 주먹과 같다"고 하였습니다. 목이 좁은 꽃병 안에서 주먹을 움켜쥐면 손을 뺄 수가 없습니다. 돈, 명예, 지위, 권력, 구습과 옛 생활 등을 고집하면 세상적인 나쁜 것으로부터 빠져 나올 수가 없습니다. 세상의 모든 것을 움켜 쥔 그 주먹을 펼 때 어두운 꽃병 속에 갇힌 손을 뺄 수 있습니다. 그 손이 열린 손입니다. 깨끗한 손입니다. 그것이 바로 회개입니다.

그래서 하나님은 사도바울을 통해 에베소 교회를 향해 이렇게 말씀하셨습니다. 에베소서 4장 22~24절입니다.

"너희는 유혹의 욕심을 따라 썩어져 가는 구습을 따르는 옛 사람을 벗어 버리고, 오직 너희의 심령이 새롭게 되어, 하나님을 따라 의와 진리의 거룩함으로 지으심을 받은 새 사람을 입으라."

이 말씀의 중심은 항상 '벗고 입는' 현재 진행형입니다. 옛 사람은 벗고 새사람을 입는 것입니다. 즉 회개는 현재 완료형이 아니라 현재 진행형입니다. 그것이 하나님의 뜻이며 진정한 하나님의 자녀로서의 오늘의 삶입니다.

시편 7편 11~12절에서는 회개하지 않을 때 오는 결과가 얼마나 무서운 것인가를 깨우쳐주고 계십니다.

"하나님은 의로우신 재판장이심이여 매일 분노하시는 하나님이시로다. 사람이 회개하지 아니하면 그가 그의 칼을 가심이여 그의 활을 이미 당기어 예비하셨도다."

예수님께서는 누가복음 15장 7절에서 회개하는 것이 얼마나 귀하고 하나님께서 기뻐하시는 일인가에 대해 이렇게 말씀하셨습니다.

"내가 너희에게 이르노니 이와 같이 죄인 한 사람이 회개하면 하늘에서는 회개할 것 없는 의인 아흔아홉으로 말미암아 기뻐하는 것보다 더하리라."

이런 회개는 감정적으로만 진행되는 것이 아닙니다. **회개는 먼저 지적인 회개가 있어야 합니다.** 즉 내 잘못을 인정하는 것입니다. 내가 원인임을 인정해야 합니다. 내 죄라는 분명하고도 정직한 인식이 있어야 합니다.

그러면 자연스럽게 정적인 회개로 이어집니다. 정적인 회개는 죄로 말미암아 다가 올 형벌과 심판과 저주를 생각하면서 가슴 아파하는 통분입니다.

그러고 나서는 반드시 의지적인 회개가 이루어져야 합니다. 잘못된 것을 인정하고 통분하면 거기서 그 잘못된 행위를 딱 멈추어야 하는 것입니다.

사울의 회개가 바로 여기서 옳은 회개가 아니었다는 것이 드러났습니다. 사울은 자신이 하나님 앞에서 다윗에게 죄를 지은 것을 스스로 인정했습니다. 지적인 회개입니다. 그리고 다윗 앞에서 울면서 자신의 허물과 잘못을 뉘우쳤습니다. 정적인 회개입니다. 그런데 또 다시 이어지는 사울의 행위는 여전히 다윗을 죽이려는 데 혈안이 되는 삶이었습니다. 의지적인 회개가 빠져버린 것입니다. 그것이 거짓 회개입니다.

제가 진실로 존경하는 장로님 한 분 이야기를 실으면서 이 장을 마치겠습니다.

그 분이 집사로 교회를 섬기고 있을 때였습니다. 어느 날 교회에 분규가 일어났습니다. 집사님은 그 분쟁의 내용을 제대로 파악하지 못하고 자기를 신앙적으로 지도해 주신 장로님의 말씀만 듣고 분쟁에 휘말렸습니다. 그리고 담임 목사님에게 차마 해서는 안 될 언행을 저지르고 말았습니다.

목사님은 결국 그 교회를 사임하고 다른 교회로 부임해 가셨습니다. 세월이 얼마 지난 후 그 집사님은 장로로 임직을 받았습니다. 그리고 교회의 지난 역사 자료들을 하나씩 확인하는 가운데 당시 사건의 전말을 알게 되었습니다. 진실을 알게 된 장로님은 나날이 괴로움이 깊어갔습니다. 사태를 정확히 알지도 못하고 천방지축으로 나댄 자신으로 인해 애꿎게도 목사님이 다른 교회로 가신 것, 목사님을 향해 했던 자신의 당시의 언행이 생생히 살아나며 자꾸만 자기를 괴롭게 했습니다.

장로님 내외분은 한 밤중에 현재 담임목사님의 목사관을 찾아가 이 사실을 고백했습니다. 그리고 어떻게 해야 할지 상담을 했습니다.

담임목사는 조언했습니다. 이미 지난 일이고 그 목사님은 절대로 장로님에 대해 마음을 닫고 계시지 않을 것이니 지금 현재 잘하시면 된다고 했습니다. 덧붙여 그래도 불편하면 그 목사님을 찾아가 정중히 사과하는 것이 행복할 것이라고 일깨워 주었습니다.

장로님은 쇠뿔도 단김에 빼라는 속담을 따라 이미 시각은 자정을 넘어있었지만 목사님을 찾아가기로 했습니다. 그래서 밤새 차를 운전하여 그 목사님을 찾아갔습니다.

이른 새벽에 산골 작은 교회에 도착한 장로님은 목사님을 만나 무릎을 꿇고 용서를 구했습니다. 목사님은 눈물을 흘리면서, 이미 다 잊은 일이지만 장로님이 이렇게 찾아와 주시니 자신도 지난날이 너무 부끄럽다며 오히려 자신을 용서해 달라고 했습니다. 두 분은 서로를 위로하였습니다.

그 후 그 장로님은 오늘에 이르도록 교역자를 대하여 지극하리만큼 존경하고 사랑하며 교회의 일등 장로로 사역하고 계십니다.

진정한 회개가 무엇인가를 그 분을 통해 새삼 생각을 해 봅니다. 내 마음이 움직이는 좌우를 따라 상대방에 대한 사랑과 복음의 교제가 좌우 되는 믿음이 아니라 언제나 변함없는 주님의 마음으로 살아가는 것이 진정한 회개의 삶입니다.

사울처럼 위선적인 회개의 삶을 살아가는 사람의 마지막은 비참합니다. 그러나 다윗처럼 진정한 회개를 한 사람의 삶은 날이 갈수록 윤택하고 아름답습니다. 우리의 삶이 다윗 같기를 바랍니다. 썩어져가는 구습을 좇는 옛 사람을 벗어버리고 새사람으로 변화를 받기를 예수님의 이름으로 기도하며 축복합니다. 아멘.

76.
죽음이 주는 교훈

매미와 하루살이의 이야기가 있습니다. 매미와 하루살이가 친구가 되어 즐겁게 놀았습니다. 저녁이 되자 매미가 "하루살이야, 내일 만나."하고 인사를 했습니다. 그러자 하루살이가 "내일이 뭔데?"하고 물었습니다. 다음날 매미는 친구 하루살이를 찾았지만 어디에서도 그를 볼 수가 없었습니다.

하루살이가 죽은 후 매미는 심심했습니다. 그러다가 제비를 만났습니다. 매미는 제비와 친구가 되어 여름을 보냈습니다. 가을이 오자 제비가 강남으로 돌아갈 때가 되었습니다. 제비는 매미에게 말했습니다. "매미야, 내년에 만나자." 그러자 매미는 "내년이 뭔데?"하고 물었습니다. 다음해 봄에 돌아온 제비는 친구 매미를 찾았지만 어디에서도 친구를 찾을 수가 없었습니다.

세월은 그렇게 지나갑니다. 이 세월을 살아가는 사람도, 동물도 자기에게 주어진 시간과 그 몫을 감당하다가 마침내 이 세상을 떠나야 하는 죽음을 맞습니다.

매미와 하루살이 이야기는 그래서 오늘에 충실해야 함을 깨우쳐주고 오늘 해야 할 일을 내일로 미루지 말아야 한다는 것을 교훈합니다.

이 이야기 속에는 살아감에 대한 메시지가 있습니다. 그와 같은 세월을 사는 우리는 이 이야기를 통해 새삼 자신을 돌아보게 됩니다.

하나님께서 북 유럽 4개국을 돌아볼 기회를 주셨습니다. 눈물과 감동, 회개와 결단, 사명의 자각과 희망의 시간이었습니다.

핀란드, 스웨덴, 노르웨이, 덴마크는 루터교인이 90%를 넘는 기독교 국가입니다. 어디를 가든지 기독교 문화가 자리매김을 하고 있었고, 세계 최고의 선진국이며 소위 지상 천국이라고 불리는 곳이었습니다.

제가 감동하는 것은 그런 이유 때문이 아닙니다. 그런 나라가 되기까지의 저변에는 탁월한 지도력을 발휘한 인물들이 그곳에 있었기 때문입니다. 그런 그들의 역사의 현장을 둘러보면서 참으로 많은 것을 생각했습니다.

덴마크를 오늘의 지상 낙원으로 만들어 낸 인물로 손꼽히는 두 사람이 있습니다. 그룬트비 목사님과 또 한 사람 달가스입니다. 그들의 이야기는 오늘의 조국 대한민국을 새롭게 조명할 수 있는 기회이기도 했습니다.

그룬트비 목사님의 이야기는 세계인의 심금을 울리는 역사입니다. 덴마크는 1864년 슐레스비히와 홀슈타인 두 공국의 귀속문제를 둘러싸고 일어난 프로이센과의 두 차례에 걸친 전쟁에서 패하여 큰 실의에 빠져 있었습니다. 그 때 그룬트비 목사는 온 국민들을 대상으로 "밖에서 잃은 것을 안에서 찾자"고 호소하며 삼애 운동(三愛 運動)을 펼쳤습니다. 삼애 운동은 '하늘사랑, 땅사랑, 사람사랑' 의 3 가지를 일컫는 것이었습니다. '하늘사랑' 은 성경의 하나님을 마음과 뜻과 정성을 다해 섬기는 하나님 사랑입니다. '땅사랑' 은 조국인 덴마크를 재건하는 겨레사랑을 뜻했습니다. 그리고 '사람사랑' 은 동포를 사랑하는 이웃사랑이었습니다. 그룬트비 목사의 삼애운동(三愛運動)의 설교를 들은 국민들은 마음이 움직였습니다. 어떻게 이 사랑을 실천할 것인지를 고민하는 사람들이 늘어나기 시작하였습니다.

그들 중에 달가스(Dalgas, Enriko Mylius, 1828~1894)라는 사람이 있었습니다. 그는 18세기 후반 덴마크로 이주한 프랑스계 이민 집안에서 태어났습니다. 1855년 북 유틀란트 비보르 군사용 도로부설대의 중위로 임관되어 1856년에는 대위로 승급했습니다. 그리고 1860년 중령이 되었으나 패전 이후 심한 패배감에 빠져있었습니다. 그가 그룬트비 목사의 설교를 들으며 새로운 용기와 비전을 품기 시작하였습니다. 그는 자신이 할 수 있는 삼애운동은 척박한 국토에 나무를 심어 숲을 가꾸어 땅을 살리고 사람을 살리는 운동임을 자각케 되었습니다. 그래서 자신이 복무했던 북 유틀란트의 황무지 히스지대 개간에 착수하여 나무심기에 남은 삶을 투자하였습니다.

그는 덴마크 국민들에게 용기와 의욕을 불러일으키기 위하여 1866년 뜻을 같이하는 친구들과 함께 히스협회를 설립하고 그들과 함께 나무를 심었습니다. 그들의 열성에 감동한 덴마크 국민들이 자발적으로 작업에 참여하였습니다. 그러나 나무를 심을 때마다 차가운 북

풍과 척박한 땅 탓에 나무들이 죽어갔습니다. 그는 무려 13년의 뼈를 깎는 고통을 견디며 그 기후와 그 토양에 알맞은 나무를 찾아내기에 전력을 다했습니다. 그리고 마침내 그들은 270만평의 숲을 일구어 내는 일에 성공하게 되었습니다.

이렇게 그룬트비 목사와 달가스의 만남으로 이루어진 삼애 운동이 덴마크를 일으키게 되는 한 시작이 되었습니다.

덴마크가 지상낙원이 된 배경에 대한 많은 이야기 가운데 유달영 박사가 1980년대 초 건국대 학생들을 인솔하여 덴마크로 현장 실습을 갔을 때의 감동적인 이야기가 있습니다.

대중교통 수단인 지하철에 승차를 할 때면 표를 삽니다. 그리고 내릴 때 그 표는 회수하지 않고 찢어서 휴지통에 버리면 되는 그런 시스템이었습니다. 그때 그 지하철을 같이 탄 건국대 학생이 한 손님에게 물었답니다.

"지금처럼 지하철을 이용하면 표를 사서 탔는지, 그렇지 않은지 아무도 모르기 때문에 손실이 발생하지 않겠습니까?"

그 승객의 대답은 덴마크의 국민성을 그대로 보여주는 말이었습니다.

"그렇지 않습니다. 하늘이 알고, 땅이 알고, 자기 자신이 알지 않습니까?"

그 학생은 이 덴마크인의 답변에 전율하는 충격을 받았습니다.

그런 덴마크도 세계 자살 상위국을 벗어나지 못한다는 것을 우리는 잘 알고 있습니다. '덴마크는 지상낙원인데 왜 자살하느냐?' 는 질문에 대한 대답 또한 많은 것을 생각하게 하는 유머로 남은 것이 있습니다.

"지상에서 가장 행복한 나라가 덴마크인데 그것보다 더 좋은 나라가 천국이니 빨리 그곳에 가려고 그런 것 아니겠습니까?"

넉넉한 국민성을 생각하게 하는 이야기입니다.

실제로 이번 선교여행을 통해 보고 듣고 느낀 것은 북 유럽 국가 국민들은 어릴 때부터 '내'가 아닌 '우리'의 교육이 현장학습을 통해 철저하게 진행되고 있었습니다. 이렇게 교육된 그들의 삶 또한 실제로 그렇게 연출되고 있는 것을 보면서 행동하는 신앙인의 진정한 삶을 볼 수 있었습니다.

오늘 본문 1절은 딱 한 절이지만 많은 이야기를 할 수 있는 메시지가 있는 말씀입니다. 그것이 사무엘의 죽음에 대한 말씀입니다.

"사무엘이 죽으매 온 이스라엘 무리가 모여 그를 두고 슬피 울며 라마 그의 집에서 그를 장사한지라. 다윗이 일어나 바란 광야로 내려 가니라."

인간은 누구를 무론하고 죽습니다. 이미 알고 있는 것이지만 히브리서 9장 27절이 명시하고 있습니다.

"한번 죽는 것은 사람에게 정해진 것이요 그 후에는 심판이 있으리니"

1. 죽음이란 무엇인가?

죽음의 사전적 해석은 '생물의 생명이 없어지는 현상'이라고 합니다. 그러나 인간은 죽음을 자기 안경을 끼고 이해합니다. 즉 '생명이 없어지는 현상'에 대한 이해입니다.

생물학적으로는 삶과 죽음의 구분에 고심합니다. 왜냐하면 생물계에는 단세포 생물도 있고 다세포 생물도 있어서, 생사를 판가름 하는 기준을 일정하게 말하기는 어렵기 때문입니다.

의학적으로는 일반적으로 심장 고동과 호흡 운동의 정지를 표준으로 삼지만 가사상태(假死狀態)인 경우도 있고, 한 때 멈추었다가 기적적으로 다시 회생하는 경우도 있습니다.

2. 죽음의 형태

성경에서도 이 한 번 죽는 인간의 죽음에 대하여 하나님은 다양하게 말씀하십니다. 하나님이 주신 명, 곧 천수(天壽)를 누리고 죽는 자연사가 있습니다. 아브라함, 이삭, 야곱으로 이어지는 축복된 죽음입니다.

불평하다가 불뱀에게 물려 죽거나 자연재해를 통해 죽는 재앙의 죽음도 있습니다. 사악한 자에 의해 이루어지는 의도적인 살해 같은 타살도 있습니다. 구약의 사울 왕과 신약의 가룟 유다 같은 자살의 죽음도 있습니다. 주의 종 엘리야를 놀리다가 엘리야의 저주로 암곰이 나와 소년들을 찢어 죽이는 저주로 인한 죽음도 있습니다. 아나니아와 삽비라도 그랬고, 아간도 그랬습니다. 하나님 앞에서 교만하다가 하나님께서 손을 본 충이 먹어 죽은 헤롯 같은 죽음도 있습니다. 웃시야도 하나님 앞에서 교만하다가 나병으로 비참한 말년을 보내다 죽었습니다.

　그러나 스데반처럼 아름다운 순교적인 죽음도 있습니다. 사도 바울은 사나 죽으나 자기는 주를 위해 살고 주를 위해 죽는다고 고백을 했습니다(롬14:7-8). 계시록 14장 13절에서는 주 안에서 죽는 것이 복이라고 했습니다. 경건한 자들의 죽음은 하나님의 보시기에 귀중한 것이라 했습니다(시편116:15). 예수님이 죽으심으로 죽음의 세력을 잡은 마귀를 멸하신 것이 생명의 회복이라 했습니다(히2:14).

　그런데 마태복음 10장 28~29절에서는 죽음에 대하여 이렇게 말씀하고 있습니다.

　"몸은 죽여도 영혼은 능히 죽이지 못하는 자들을 두려워하지 말고 오직 몸과 영혼을 능히 지옥에 멸하실 수 있는 이를 두려워하라. 참새 두 마리가 한 앗사리온에 팔리지 않느냐 그러나 너희 아버지께서 허락하지 아니하시면 그 하나도 땅에 떨어지지 아니하리라."

　무슨 말씀인 것 같습니까? 천하 만물의 생명의 주관자는 하나님이시라는 말씀입니다. 그렇다면 우리는 이 말씀 한 구절에서 깨달아야 할 절체절명의 교훈이 있습니다. 즉 잘 살아야 하고, 잘 죽어야 한다는 것입니다. 다른 말로 표현하면 하나님이 주시는 은혜 안에서 복 받고 살아야 하고, 하나님께서 주시는 은혜 안에서 인생을 잘 마무리해야 한다는 것입니다. 그렇게 하는 것은 생사를 주관하시는 분이 하나님이라는 것을 인정하는 삶을 사는 것입니다.

　생사화복을 주관하시는 하나님에 관하여 사무엘상 2장 6절이 증거합니다.

　"여호와는 죽이기도 하시고 살리기도 하시며 스올에 내리게도 하시고 거기에서 올리기도 하시는도다. 여호와는 가난하게도 하시고 부하게도 하시며 낮추기도 하시고 높이기도 하시는도다."

3. 죽음의 근원은 무엇인가?

창세기 2장 16절에는 죽음의 근원에 대하여 밝히고 있습니다. 아담과 하와가 하나님의 말씀을 거역하고 불순종함으로 죽음이 왔습니다. 즉 죄의 결과라는 것입니다. 그래서 로마서 6장 23절에서는 "죄의 삯은 사망"이라고 했습니다. 죄 때문에 인간은 죽습니다. 육신이 죄를 지으면 감옥에 가듯, 영혼이 죄를 지으면 지옥에 가는 것입니다.

야고보서 1장 15절에서는 다음과 같이 말씀하십니다.

"욕심이 잉태한즉 죄를 낳고 죄가 장성한즉 사망을 낳느니라."

성경의 역사에서 밝히는 죽음에 대한 원인은 욕심으로 인한 죄 때문이라고 합니다. 욕심 때문에 죄를 짓고, 그 죄로 말미암아 인간은 사망에 이르게 된 것입니다.

그런데 예수 믿는 사람들은 이 욕심을 예수님과 함께 십자가에 못 박은 사람들이라고 갈라디아서 5장 24절에서 확실하게 교훈하고 있습니다.

아담 당시의 그 때나 지금이나 욕심으로 인해 생명의 축복을 누리지 못합니다. 욕심을 십자가에 못 박지 못하기 때문에 오늘도 더럽고 추한 일들이 일어납니다.

욕심을 죽인 다윗과 욕심을 죽이지 못한 가룟 유다의 죽음을 대표적으로 성경은 교훈하고 있습니다. 역대상 29장 28절은 다윗의 죽음입니다.

"그가 나이 많아 늙도록 부하고 존귀를 누리다가 죽으매 그의 아들 솔로몬이 대신하여 왕이 되니라."

사도행전 1장 18절은 가룟 유다의 죽음에 대하여 말씀하고 계십니다.

"이 사람이 불의의 삯으로 밭을 사고 후에 몸이 곤두박질하여 배가 터져 창자가 다 흘러나온지라."

욕심을 내어버리자 하나님께서 복을 주셨습니다. 그러나 욕심을 버리지 못하자 배가 터져 창자가 흘러나오는 비참한 최후를 맞이했습니다.

4. 사무엘을 통한 죽음의 교훈은 무엇인가?

첫째, 인간은 누구나 죽는다는 것입니다(히브리서 9:27). 그래서 위대한 이스라엘의 지도자 사무엘도 죽었습니다.

둘째, 복된 죽음입니다. 사무엘이 죽자 이스라엘의 온 무리가 모여 애도했습니다. 참으로 복된 죽음을 나타내는 동시에 사무엘의 삶이 얼마나 아름답고 위대했는가를 보여주는 내용입니다. 다시 말하면 잘 살아야 하고 잘 죽어야 한다는 교훈입니다.

이번 덴마크 탐방을 통해 그룬트비 목사님의 기념교회를 방문했습니다. 그곳에서 그야말로 언어로 다 표현할 수 없는 감동을 받았습니다.

이 교회는 코펜하겐 북서부에 있는 '목사의 언덕' 꼭대기에 웅장하고 아름답게 세워져있습니다. 이 건물은 1921~40년까지 20년에 걸쳐 미색 벽돌로 지은 건물인데 벽돌과 벽돌 사이에 어떤 접착제도 사용하지 않고 건축한 교회입니다. 교회 건축비는 덴마크의 온 국민들이 젖먹이 아기 몫의 헌금까지 모아 그룬트비 목사님을 존경하는 마음으로 지었습니다. 그 모양 또한 얼마나 독특한지 마치 파이프 오르간처럼 생겼습니다. 주위의 집들을 건축할 때도 교회와 같은 색깔로 지어 교회와 주변이 아름답게 조화를 이루고 있습니다.

그룬트비 목사님은 덴마크의 국부(國父)로 역사에 기록되었고, 그분의 죽음을 통해 '잘 살았던 삶'이 어떤 것인가를 덴마크 역사는 기록하고 있었습니다.

셋째, 사무엘은 **고향 라마 자기 집에서 장사** 되었습니다.

누구에게나 고향은 소중한 곳입니다. 그러나 우리가 여기서 다시금 확인해야 할 것은 우리의 고향은 이 땅이 아니라 하나님의 나라 천국이라는 것입니다.

사무엘의 죽음이 고향 라마에서 장사된 것을 오늘을 살아가는 우리가 다시 생각하면, 우리가 이 세상에서 삶을 마무리 했을 때 저 천국에 들어갈 수 있는 죽음이 되어야 한다는 교훈을 받습니다.

믿음의 법칙 1단계는 죽어야 사는 것입니다. 그래서 잘 죽는다는 것은 곧 잘 산다는 말입니다. 죽음이 주는 교훈이 바로 여기에 있습니다. 하나님이 주신 생명의 천수를 다하기까지 하나님의 뜻을 거역하지 말고 잘 살아야 합니다.

잘 산다는 것이 무엇입니까? 이 세상을 만드신 하나님의 뜻대로 사는 것입니다.

5. 하나님의 뜻은 무엇인가?

데살로니가전서 4:3절입니다.
"하나님의 뜻은 이것이니 너희의 거룩함이라."

데살로니가전서 5:16-18절입니다.
"항상 기뻐하라. 쉬지 말고 기도하라. 범사에 감사하라 이것이 그리스도 예수 안에서 너희를 향하신 하나님의 뜻이니라."

우리 모두 세상을 사는 동안 하나님의 뜻대로 잘 살기를 바랍니다. 그렇게 아름답게 살다가 주님의 부르심에 응답하시는 은혜 안에 살아가기를 예수님의 이름으로 축복합니다. 아멘.

77. 어리석은 남편과 지혜로운 아내(1)

"그 사람의 이름은 나발이요
그의 아내의 이름은 아비가일이라
그 여자는 총명하고 용모가 아름다우나
남자는 완고하고 행실이 악하며
〈사무엘상 25:2~13 중〉."

친구들 모임에서는 늘 저의 이야기가 많이 거론 됩니다. 그 가운데 공통된 것이 제가 아내를 잘 만났다는 것입니다.

실제로 그것은 35년을 살아오는 동안 만 번이라도 맞는 말이라는 것을 저도 인정하고 있는 부분입니다. 그래서 저희 부부를 아는 사람들 모두가 그렇게 객관적 평가를 하는 것 같습니다.

이런 이야기를 할 때마다 아내가 꼭 안 놓치고 하는 말이 있습니다.

"수양산 그늘이 강동 80리랍니다. 당신 없는 내가 어찌 있을 수 있겠습니까."

그러면 곁에서 친구들이 꼭 한 마디를 더 붙입니다.

"저렇게 아내가 겸손하고 지혜로우니까 서 목사가 목회를 잘하는 거야."

어쨌든 저는 지금까지 목회를 하지만 실수도 많고 허물도 많은 사람입니다. 그리고 부족한 것도 많습니다. 그렇지만 아내의 지혜로운 내조로 대과(大過)없이 하나님의 은혜와 사랑 안에서 목회를 하고 있습니다.

지난 날을 돌아보면 저는 소심하고 약점이 많은 사람이지만, 아내로부터 한 번도 남편의 허물과 부족함, 그리고 어리석음에 대하여 비판하거나 불평하는 것을 들어보지 못했습니다. 언제나 격려와 용기와 칭찬을 아끼지 않고 저의 기를 살려주었습니다. 다시 곰곰이 생각해 보아도 제 아내는 제게 그런 사람이었습니다.

세상에는 악처(惡妻)로 이름을 남긴 여인들이 있습니다.

한국의 3대 악처로는 『사씨남정기』의 교씨, 『심청전』의 뺑덕 어미, 『장화홍련전』의 허씨가 있습니다.

세계적인 3대 악처로는 소크라테스의 아내 '크산티페', 모차르트의 아내 '콘스탄체', 톨스토이의 아내 '소피아'를 꼽습니다.

그 중에 소크라테스의 아내 크산티페의 일화는 잘 알려진 이야기이기도 합니다.

어느 날 소크라테스의 집에 많은 제자들이 찾아왔습니다. 많은 가르침을 받기 위해 항상 소크라테스의 집에는 손님이 끊이지 않았습니다. 하지만 소크라테스의 처는 늘 이 일이 불만이었습니다. 그날도 평소 때와 같이 제자들이 소크라테스의 집을 찾았습니다. 그런데 밤 늦은 시간에 그의 아내는 제자들이 보는 앞에서 소크라테스에게 '이

늦은 시간에 손님을 데려오면 어떻게 하느냐'며 소리를 버럭 버럭 질러댔습니다. 제자들과 소크라테스는 쥐 죽은 듯이 듣기만 하였습니다. 소리 소리를 지른 뒤 한참 시간이 지났는데도 그의 아내는 성이 덜 풀렸는지 그릇에 물을 담아 와 소크라테스의 얼굴에 확 퍼부어 버렸습니다. 그렇게 크산티페가 성질을 내고 나간 뒤 제자들이 질문을 했습니다.

"이런 일을 겪으시면서 어떻게 그리도 태평할 수 있습니까?"

소크라테스는 허허 웃으면서 이렇게 말했습니다.

"천둥이 치고 난 후에 비가 오는 것이 당연한 것 아닌가?"

성경에서의 악처로는 아담의 아내 하와, 욥의 아내, 헤롯의 아내, 아합의 아내 이세벨을 들 수 있습니다. 반면에 현명하고 지혜로운 아내들도 많이 있습니다.

오늘 본문은 미련한 남편 '나발'과 지혜로운 아내 '아비가일'에 대한 내용입니다.

마온이라는 곳에 '나발'이라는 큰 부자가 살고 있었습니다. 양이 삼천 마리이며 염소가 천 마리나 되었으니 아주 큰 부자입니다. 이 부자의 이름은 '나발'입니다. 나발의 뜻은 '시들다', '쇠잔하다', '미련하다'라는 뜻의 히브리어 '나벨(נָבָל,[Nabal])'에서 유래된 '어리석은 자', '미련한 자'라는 뜻입니다. 그는 이름대로 그야말로 어리석은 사람이었습니다.

게다가 3절을 보면 나발은 완고한 자이기까지 합니다. 행실이 악한 자라고 소개하고 있습니다. 9절 이하를 보면 자기에게 도움을 구하는 사람을 거절하고 모욕하는 자였습니다. 17절 이하를 보면 불량하고 더불어 말도 할 수 없는 사람이기도 하였습니다. 36절을 보면 부자라고 항상 왕의 잔치처럼 일락을 즐기는 사람이었습니다. 그렇게 살다가 결국 하나님의 매를 맞고 일생을 마무리 한 가련한 사람이라는 것이 38절입니다.

사무엘이 죽고 난 후 다윗은 의지할 곳이 없는 심리적 공황상태를 맞은 가운데 바란 광야로 내려갔습니다.

5절을 보면 다윗은 큰 부자 나발에게 열 명의 소년을 보내어 정중하게 도움을 구했습니다. 그리고 6절의 다윗은 정중하게 나발의 집도 소유도 두루 평안하기를 축복합니다. 7절에 나타난 다윗과 나발의 지난 날 관계는 다윗이 나발의 양떼를 지켜주기도 했으나 그들을 해하지도 않았고, 그들의 것을 빼앗지도 않았다는 것을 볼 수 있습니다. 그래서 다윗은 나발에게 지금 자신이 처한 어려운 상황에 대해 알리고 도와달라고 청원을 하면 나발이 거절하지 않을 것이라는 믿음을 갖고 있었습니다.

9절을 보면 다윗이 보낸 소년들이 나발에게 가서 다윗이 이른 대로 설명을 하고 있습니다. 그런데 10~11절에 나타난 나발의 대답이 참으로 기가 막힙니다.

첫째는 안면몰수 하는 나발입니다. 다윗이 누구냐는 것입니다.
둘째는 가문모독입니다. 다윗의 아버지 이새의 이름까지 거론하면서 '그 아들이 어쨌다는 것이냐?' 는 것입니다. 나발이 정말 다윗을 몰라서 그런 것이 아니라는 것은 그 자신의 말에서 드러나고 있습니다. 다윗은 아버지 이새에 대해서는 한 마디도 하지 않았습니다. 다만 다윗의 이름으로 소년들이 그의 말을 정중하게 전했을 뿐인데 나발은 "이새의 아들은 누구냐?"라고 했습니다. 이것은 이미 나발이 다 윗에 대해 잘 알고 있음에도 불구하고 그의 청을 일언지하에 거절하고 있는 것입니다.

셋째는 이율배반과 교만의 극치입니다. 다윗과 그의 일행을 위치를 이탈한 도망한 종으로 빗대어 사울을 배반한 자로 규정하며 멸시하였습니다.

넷째는 배은망덕입니다. 어디서 왔는지 알지도 못하는 자들에게 자기의 고기를 줄 수 없다는 것입니다.

이처럼 나발은 어리석고 미련한 사람이었습니다. 나발의 이 한 마디가 그의 남은 생애의 운명을 결정하는 무서운 말이 되었습니다.

우리가 여기서 짚고 넘어갈 것은 "말을 잘해야 복을 받는다"는 교훈입니다.

힘이 있다고 함부로 말을 하면 안 됩니다. 잘 되어 있다고 생각 없이 말을 하면 안 됩니다. 형통할 때일수록 말을 아낄 줄 알아야 합니다. 성도는 할 수 있는 대로 축복의 말을 해야 합니다. 할 수 있는 대로 감사의 말을 해야 합니다.

말에 대한 교훈의 말씀들이 많이 있습니다. 잠언 14:3절입니다.

"미련한 자는 교만하여 입으로 매를 자청하고 지혜로운 자의 입술은 자기를 보전하느니라."

골로새서 4:6절입니다.

"너희 말을 항상 은혜 가운데서 소금으로 맛을 냄과 같이 하라 그리하면 각 사람에게 마땅히 대답할 것을 알리라."

부메랑(boomerang)이라는 용어가 있습니다. 비유적으로 '자업자득이 되는 것', '긁어 부스럼이 되는 것' 의 의미로 쓰입니다.

나발은 다윗에 대하여 이렇게 미련하게 행함으로 하나님께로부터 버림을 받습니다. 하나님이 사랑하시고 보살피시는 신실한 종 다윗을 모욕한 그를 하나님은 계속해서 축복된 삶을 살아가도록 그냥 두시지를 않으셨습니다.

부흥회를 다니다 보면 많은 이야기를 듣습니다. 그 중에 선배 목사님들의 목회 경험을 듣노라면 때로는 오금이 저릴 때가 있습니다. 목사도 잘해야 하고 성도들도 잘해야 된다는 교훈적인 메시지를 많이 깨닫기 때문입니다.

하나님은 지금도 살아계십니다. 그러기에 살아계신 하나님 앞에서 우리는 신실해야 합니다.

인간관계에서 선대하고 감사하고 축복하면 행복이 부메랑이 됩니다. 그러나 인간관계에서 홀대하고 불평하고 원망하면 불행이 부메랑이 됩니다. 그래서 잠언 6:2절에서 교훈했습니다.

"네 입의 말로 네가 얽혔으며 네 입의 말로 인하여 잡히게 되었느니라."

말을 하더라도 좋게 하시기 바랍니다. 생각을 하더라도 긍정적으로 하시기 바랍니다. 여러분의 마음의 생각이 말이 되고 여러분의 입으로 나온 말은 여러분의 삶이 됩니다.

죽고 사는 것은 혀에 달렸다고 잠언 18:21절에서 교훈하는 것을 간과해서는 안 됩니다.

아무리 이름이 어리석은 자 나발이라도 이 때 다윗을 도와주었더

라면 얼마나 좋았겠습니까. 그랬다면 자손대대로 복을 받았을 것입
니다. 그런데 지금 사울에게 쫓긴다고, 지금 존재 가치도 없다고 함부
로 대했습니다. 그러다가 하나님의 치심을 당하여 죽게 되었으니 참
으로 안타까운 사람이 나발입니다.

우리는 나발을 통해 한 인간의 잘못된 인격과 사상, 가치관과 삶의
내용을 조명해 볼 수 있습니다.
나발의 내용을 정리해보면 물질 우선주의자였습니다. 인격은 갖
추지 못하고 재산을 많이 소유했습니다. 신앙도 없으면서 재물을 많
이 가졌습니다. 갖고 있는 부요만큼이나 반대로 그의 지혜는 빈곤했
습니다.
마치 누가복음 12장의 어리석은 부자 같고, 또 누가복음 16장의 부
자와 같은 모습입니다. 모든 기준이 '나' 입니다. 이런 사람의 특징은
강한 자에게는 비굴할 정도로 약하고 약한 자에게는 민망스러울 정
도로 오만합니다.

11절을 보면 나발이 다윗의 청을 거절하는 이유가 나옵니다.
"*내*가 어찌 *내* 떡과 *내* 양 털 깎는 자를 위하여 잡은 고기를 가져다가
어디서 왔는지도 알지 못하는 자들에게 주겠느냐?"

이렇게 나발은 '나' 를 강조하고 있습니다. 바로 이것이 죽음을 재
촉하는 길이요 멸망을 향해 달음질하는 마음에서 나오는 말입니다.
누가복음 12장의 어리석은 부자도 '나' 를 앞세웠습니다. 그러자
"하나님께서 그 날 밤으로 영혼을 거두시면 그 부자의 쌓아놓은 재물
이 누구의 것이 되겠느냐?"고 하셨습니다. 예수님께서 이 예를 통하

여 강조하시는 것이 무엇인지가 잘 나타나고 있습니다.

누가복음 16장의 어리석은 부자도 자기만을 위한 삶을 살다가 결국은 죽어서 음부에 가게 되었습니다.

세상에 '내 것'이 어디에 있습니까? 다 하나님의 것입니다. 그래서 신명기 8:17~18절에서 재물을 많이 갖고 있는 자들에게 경고를 했습니다.

"그러나 네가 마음에 이르기를 내 능력과 내 손의 힘으로 내가 이 재물을 얻었다 말할 것이라. 네 하나님 여호와를 기억하라 그가 네게 재물 얻을 능력을 주셨음이라."

그리고 고린도전서 4:7절에서 이것을 재확인해 주셨습니다.

"누가 너를 남달리 구별하였느냐 네게 있는 것 중에 받지 아니한 것이 무엇이냐 네가 받았은즉 어찌하여 받지 아니한 것 같이 자랑하느냐?"

즉 우리가 소유한 모든 것은 하나님으로부터 받았다는 것입니다. 그럼에도 불구하고 이 세상에서 누리는 부귀영화와 건강, 재물과 명예, 권세를 마치 자기가 잘나서 획득한 것처럼 말합니다. 그러나 그래서는 안 된다는 것을 경고하고 있습니다. 그것은 결코 지혜로운 자의 모습이 아니라는 것입니다. 그래서 잠언 4:7절을 통해 이렇게 권고합니다.

"지혜가 제일이니 지혜를 얻으라. 네가 얻은 모든 것을 가지고 명철을 얻을지니라."

디모데전서 6:17~18절을 통해서는 이렇게 깨우쳐주십니다.

"네가 이 세대에서 부한 자들을 명하여 마음을 높이지 말고 정함이 없는 재물에 소망을 두지 말고 오직 우리에게 모든 것을 후히 주사 누리게 하시는 하나님께 두며, 선을 행하고 선한 사업을 많이 하고 나누어 주기를 좋아하며 너그러운 자가 되게 하라."

나발은 참으로 어리석은 자였습니다. 그런데 이런 나발에게 분에 넘치는 아내가 있었습니다. 그녀의 이름은 '아비가일' 이었습니다.

어떻게 보면 나발과 아비가일은 어울리지 않는 부부처럼 보입니다. 그러나 어리석은 나발이 아비가일 같은 지혜로운 아내를 얻었으니 복 중의 큰 복이었습니다. 아비가일은 남편의 잘못으로 멸망당할 자기 가정과 재산을 지키기 위해 최선을 다해 노력하였습니다.

부부는 닮는다는 말이 있습니다. 그러나 이 닮는 것이 좋은 쪽으로 닮아야지 나쁜 쪽으로 닮아서는 안 됩니다. 나발은 지혜롭고 아름다운 아내를 하나님으로부터 선물로 받았음에도 불구하고 아비가일 쪽으로 닮지 못한 불행한 남편이었습니다.

교회에서도 종종 이런 경우를 봅니다. 좋은 아내와 함께 살면서 좋은 아내를 악한 여자로 만드는 남편이 있습니다. 그런가 하면 갖추지 못한 아내와 함께 살면서 아내를 훌륭한 아내로 변화시키는 남편도 있습니다.

여러분은 아내에게 어떤 남편이며 남편에게 어떤 아내입니까?

예수님의 이름으로 축복하는 것은, 아내들은 모두가 잠언 31:10-31절의 르무엘의 어머니가 말하는 **현숙한 아내**가 되시기를 바랍니다. 남편들은 모두가 에베소서 5:25절에서 말씀하시는 "남편들아 아내 사랑하기를 그리스도께서 교회를 사랑하시고 위하여 자신을 주심 같이 하라"는 말씀의 남편이 되시기를 바랍니다.

이것이 가장 아름답고 이상적인 부부상이라는 것을 천국 가는 그날까지 잊지 마시기 바랍니다. 그렇게 서로를 대하시면서 행복한 가정을 만들어 하나님께 영광을 돌리는 가정되시기를 예수님의 이름으로 축복합니다. 아멘.

78.

어리석은 남편과 지혜로운 아내(2)

"이 죄악을 나 곧 내게로 돌리시고
여종에게 주의 귀에 말하게 하시고
이 여종의 말을 들으소서
〈사무엘상 25:14~35 중〉."

가정생활의 행복이란 최소한 3대가 함께 모여 살아야 가장 극대화가 되는 것이 아닌가 하는 것을 요즈음 저희 가정을 통해서 경험하며 생각합니다.

둘째 아들 서정석 집사 내외가 포항에서 함께 생활하고 있습니다. 둘째 네는, 공보의(공중보건의사)로서 군 복무 기간 동안 저희 내외와 함께 살아보고 싶은 효심으로 서울 근무를 포기하고 지금 상주 성모병원 성형외과과장으로 와 있습니다.

손자 하진이가 이제는 세 살을 맞고 있는데 돌을 지날 때였습니다. 어느 날 하진이가 처음으로 다섯 발자국을 걸었습니다. 이것을 지켜보던 온 가족들이 박장대소를 하면서 야단이 났습니다. 아이가 하는 행동이 하루가 다르게 지혜롭다는 생각이 드는 일들이 매일처럼 하나씩 일어났습니다. 그것을 보며 온 가족들이 함께 웃었습니다. 그런 순간들의 행복은 오직 경험하는 자들만의 것입니다.

교육과정에서 아동발달에 대한 재미있는 실험 가운데 기어 다니는 아이들을 대상으로 한 실험이 있습니다. 어린아이가 기어 다닐 때 그 앞에 장애물을 하나 놓아두고 그 반응을 살피는 것입니다. 이 반응의 결과가 네 가지로 행동 유형이 분류되어 나타났습니다.

첫째 유형의 아이는 장애물에 부딪히자 별다른 반응을 보이지 않고 즉각 가던 방향을 돌려 왔던 길로 되돌아갔습니다. 두 번째 유형은 그 장애물을 옆으로 피해 지나갔습니다. 세 번째 유형은 장애물에 막히자마자 자기 진로를 막고 있는 장애물을 손으로 툭툭 치면서 짜증을 부렸습니다. 네 번째 유형은 오히려 장애물을 신기해하면서 요리조리 살피고 놀다가 그 장애물을 넘어 앞으로 나아갔습니다.

아이들만 그렇겠습니까? 오늘을 살아가는 우리들의 삶도 마찬가지입니다. 사람이 살아가면서 장애가 되는 환경에 맞닥뜨리지 않고 사는 사람은 없습니다. 인생을 살아가노라면 온갖 문제의 장애물들을 만나게 되어 있습니다. 그럴 때 어떤 사람은 지레 겁을 먹고 좌절해 버립니다. 또 어떤 사람은 그 환난을 피해 갑니다. 또 다른 사람은 왜 나에게 이런 일이 일어나느냐고 짜증을 부리면서 불평을 하고 이웃까지 힘들게 합니다. 또 어떤 사람은 그 상황을 곰곰이 생각하고 아주 지혜롭게 대처합니다.

세상사의 성공자의 공통점이 바로 이 네 번째 유형의 사람이라는 것은 이미 우리가 잘 알고 있는 사실입니다.

이 장의 본문 내용이 그렇습니다. 아비가일의 가문에 절체절명의 위기라고 할 수 있는 일이 닥쳤습니다. 가족이 몰살을 당하고 모든 것이 끝장 날 상황이 발생한 것입니다. 어리석은 남편 나발의 언행이 다윗의 심령에 격정을 일으켰기 때문입니다. 그러자 다윗이 군사 400여 명을 이끌고 나발의 집을 치러 나섰습니다.

이 위급한 상황을 나발의 아내 아비가일이 전해 듣게 되었습니다. 남편 나발로 인해 이미 물이 엎질러진 상황이 되었다는 것을 알았습니다. 그렇다고 짜증을 부리면서 못살겠다고, 이젠 끝났다고 포기하고 앉아 있을 수만은 없었습니다. 아비가일은 지금이 남편을 원망하고 앉아 있어도 되는 그런 한가한 상황이 아니라는 판단을 내렸습니다. 그러자 아비가일은 아주 지혜롭게 상황에 대처하는 놀라운 민첩함을 보입니다. 이것이 본문이 보여주는 지혜로운 아내 아비가일의 모습입니다.

14~17절은 다윗이 남편 나발에게 보낸 그의 사자들을 어리석게 대한 상황을 자신의 하인을 통해 전해 듣는 내용입니다.

18~22절은 아비가일이 급히 다윗에게 나아간 상황과 다윗이 나발에게 복수하려고 했던 것을 기록하고 있습니다.

23~31절은 이 급박한 상황에서 아비가일이 다윗의 격한 감정을 누그러뜨리고 몰락 직전의 가정을 살려내려는 간절함과 진실함이 그 모습으로 나타납니다. 그것은 다윗에게 긍휼을 베풀어줄 것을 간청하는 내용입니다.

32~35절은 이 같은 아비가일의 지혜로운 행동에 감동을 받은 다윗이 나발에게 복수하려던 것을 철회하는 장면입니다.

여기서 우리가 집고 넘어 갈 것이 있습니다. 다윗을 보며 느끼고 생각하는 남편 나발과 아내 아비가일의 판단입니다. 남편 나발은 하나님의 섭리를 보지 못하는 어리석은 사람이었습니다. 왜냐하면 다윗이 처한 현재의 상황만을 보고 판단했기 때문입니다. 그는 다윗이 사울을 배반한 것으로 생각하고 다윗을 멸시하고 천대하였습니다.

그러나 아비가일은 하나님의 섭리를 보는 영안이 열려 있는 지혜로운 아내였습니다. 왜냐하면 그녀는 지금 다윗이 처한 상황이 하나님의 보호와 인도하심이라는 것을 확신하고 있기 때문입니다. 그래서 다윗과 나발의 관계악화를 지혜롭게 대처함으로 멸문지화의 위기를 면하게 된 것입니다.

바로 이것이 어떤 '상황을 어떻게 보느냐' 가 중요하다는 메시지입니다. 이 본문을 통해 우리에게 필요한 몇 가지 중요한 것을 배웁니다.

1. 하나님의 섭리를 보는 영안이 있어야 합니다.

오늘 본문은 지혜로운 아내 아비가일에 대한 내용이 주제입니다. 그러나 이 사건이 진행되는 과정 속에 우리가 주의를 기울이지 않으면 그냥 지나치게 될 중요한 한 사람이 있습니다. 우리는 이 놀라운 한 사람을 간과하는 실수를 범해서는 안 됩니다. 그가 바로 나발의 하인이자 그 주인의 정황을 여주인에게 알리는 사람입니다.

14~17절의 내용이 무엇입니까? 다윗의 사자를 나발이 멸시하고 천대하는 것을 직접 보고 듣게 된 하인 하나가 이대로 두었다가는 주인의 집안이 멸문지화(滅門之禍)를 당하겠다 싶어 주인의 지혜로운 아

내 아비가일에게 자초지종을 보고한 것입니다. 14절 상반절부터 살펴보겠습니다.

"하인들 가운데 하나가"

그렇습니다. 이 문장의 중요함은 바로 '한 사람' 입니다. 국가나, 회사나, 교회나, 가정이나 "한 사람"은 동서고금을 막론하고 역사를 좌우하기 때문에 중요합니다.

그는 많은 하인들 가운데 하나였습니다. 그 하나가 바로 영감 있는 지혜로운 사람이었습니다. 이런 경우를 두고 '종 같은 주인' 이라는 표현을 씁니다. 이 사람에 비하면 나발은 '주인 같은 종' 이라는 표현이 딱 맞는 사람입니다.

오늘 교회 안에도 주인 같은 종이 있는가 하면 종 같은 주인이 있습니다. 송구스러운 말이지만 교회 지도층 직분자들 가운데는 종종 미련한 나발처럼 행동하는 사람들이 있습니다. 하나님의 섭리를 보지 못하고 제 멋대로 말하고 행동하여 교회를 힘들게 하는 사람이 바로 그런 사람입니다.

그러나 반대로 종 같은 주인의 역할을 하는 사람들도 있습니다. 중직자가 아니어도 그는 교회를 세워가고 평안하게 하는 사람입니다. 아무리 힘들고 어려워도, 때로는 속상해도, 때로는 억울해서 아무 것도 하고 싶지 않은 일을 당하면서도 그 사람은 지혜롭게 처신합니다. 그렇게 주님의 교회를 세워가는 사람이 반드시 있습니다. 그 사람에게 있는 중요한 것은 하나님의 섭리를 보는 믿음의 눈입니다. 그 사람은 마태복음 24:45절이 찾는 사람입니다.

"충성되고 지혜 있는 종이 되어 주인에게 그 집 사람들을 맡아 때를 따라 양식을 나눠 줄 자가 누구냐?"

우리는 교회 일을 돌아볼 때 주인의식으로 돌아보아야 합니다. 나태한 하인 근성으로 교회를 섬겨서는 안 됩니다. 더욱 중요한 것은 교회 일을 할 때 '주인 행세' 를 부리는 부끄러운 자가 되어서는 안 된다는 것입니다. 오히려 우리는 마음을 낮추고 충직한 하인처럼 봉사하고 헌신해야 합니다.

아비가일은 영안이 열려 하나님의 섭리를 보고 있었습니다. 그래서 지혜로운 하인의 보고를 받자 즉각 자신이 취해야 할 일을 행동으로 옮겼습니다. 그 내용이 18~31절까지 자세하게 기록되었습니다.

2. 신행일치(信行一致)의 행동하는 믿음이 있어야 합니다.

앞서 8절을 보면 다윗이 나발에게 요구하는 것은 다윗과 그의 신하들에게 나발의 손에 있는 것 가운데서 조금의 선처를 해 달라는 것이었습니다. 그런데 나발은 이것을 일언지하(一言之下)에 거절했습니다.

그런데 18절을 보면 아비가일은 떡 200덩이, 포도주 2가죽부대, 양 5마리의 요리, 볶은 곡식 5세아(1세아는 7.33 l 로 약 4되), 건포도 100송이, 무화과뭉치 200개를 준비해서 하인들에게 들려 다윗에게로 먼저 보냈습니다.

아비가일은 이러한 사실을 어리석은 남편 나발에게는 알리지 않았습니다. 멸문지화의 위기에 봉착한 가문을 살리기 위해 오히려 신속하고도 조용하게 혼자 일을 처리합니다. 이것이 지혜로운 여인 아비가일의 처사입니다.

어느 가정이든 미련하고 어리석은 남편으로 인하여 가정이 어렵게 되는 배후에는 이 보다 더한 지혜롭지 못한 아내의 처사가 더하기 되는 경우가 있는 것을 봅니다.

그러나 아무리 남편이 미련하고 어리석어 가정에 위기를 초래한다 해도 지혜로운 아내가 있는 가정은 그 아내가 가정을 회복하고 가문을 빛내는 것을 봅니다. 아비가일이 바로 그런 여인이었습니다.

참으로 여러분에게 간절히 바랍니다. 여러분 또한 아비가일 같은 지혜로운 아내가 되시기를 바랍니다. 그렇게 되시기를 예수님의 이름으로 축복합니다.

이미 어리석은 남편은 돌이킬 수 없는 일을 저질러 버리고 말았습니다. 엎질러진 물입니다. 이 때 지혜로운 아내 아비가일은 남편이 저질러 놓은 화를 조용하고도 신속하게 처리를 합니다. 안방에 앉아서 남편을 원망만 하고 있지 않았습니다. 남편과 함께 맞장구를 치면서 화를 더하기 하지도 않았습니다. 남편이 저질러 놓은 일에 뒷짐만 지고 있지도 않았습니다.

신앙은 행동입니다. 신앙은 입으로만 하는 것이 아닙니다. 참된 신앙은 머리로만 하는 것이 아닙니다. 행동하는 신앙이 대력을 발휘합니다. 그래서 야고보 사도를 통해 하나님은 말씀하셨습니다. 야고보서 2장 17절입니다.

"행함이 없는 믿음은 그 자체가 죽은 것이라."

23~31절까지의 내용은 아비가일의 행동하는 신앙이 구체적으로 나타나고 있습니다. 그 행동을 살펴보겠습니다.

다윗을 만난 아비가일은 그 앞에 엎드려 머리를 땅에 대고 조아렸습니다. 본문이 기록하고 있는 대로 아비가일은 지혜롭기만 한 것이 아니라 미인이기까지 합니다. 아름다운 여인이 땅에 엎드려 머리를 조아리고 절을 할 때 외면할 수 있는 사람은 그리 많지 않습니다. 다윗도 그 여인을 주목하여 보았을 것입니다.

다윗 앞에 엎드려 얼굴을 땅에 댄 여인이 말을 시작했습니다. 첫마디가 그 중심에서 나오는 겸양의 호칭입니다. 다윗을 '내 주'라고 칭한 것입니다. 그리고 이어지는 그녀의 말은 폐일언하고 남편이 저지른 죄악을 자기에게로 돌리고, 먼저는 다윗에게 자신이 말을 하게 해 달라고 간청합니다. 그렇게 다윗이 어떤 행동도, 말도 하지 못하도록 먼저 상황을 제압합니다. 그리고 하는 말은 자기 남편은 이름처럼 '어리석다'는 고백입니다. 그러니 다윗의 깨끗한 손으로 어리석은 자의 피를 흘리지 말기를 간청합니다. 보복하는 것은 하나님이 원치 않으시니 자기 남편처럼 다윗도 어리석은 행동을 하지 않기를 구했습니다.

또한 다윗은 하나님을 위하여 일하는 사람이라는 것과 그에게서는 악한 일을 찾아볼 수 없다는 것을 상기시켰습니다. 하나님은 다윗을 이스라엘의 지도자로 세우심을 상기시켰습니다. 그리고 하나님께서 다윗을 후대하신 것처럼 자기를 선처해 달라고 애원했습니다.

유구무언으로 우두커니 서서 한 마디 한 마디 사리를 따져 아뢰는 아비가일의 말을 듣는 다윗의 마음이 어땠을까요? 놀라움으로 만감이 교차하고 있었을 것입니다.

아비가일은 그렇게 지혜로운 행동과 말로 다윗의 마음에 하나님에 대한 신앙을 회복시켰습니다.

이쯤에서 우리는 한 숨 돌리며 아비가일의 몇 가지 면면을 정리해 봅시다.

아비가일은 지혜로운 신앙의 여인이었습니다. 남편은 어리석은 사람이지만 자신의 모든 것을 낮추어 겸손으로 남편에게 미칠 화를 막아냈습니다. 자기를 내려놓고 멸문지화의 가문을 위기에서 건져냈습니다. 아비가일에게는 남편의 허물과 죄를 자기가 대신 지고자 하는 대속의 십자가 정신이 있었습니다. 상대방에 대한 바른 예를 갖추는 교양이 있었습니다. 미모를 갖춘 여인이었지만 소위 말하는 꼴값을 떨지 않는 여인이었습니다. 반지르한 미색을 들고 교태를 부리거나 교만하지 않았습니다.

아비가일에게 있어 무엇보다 중요한 것은 하나님의 섭리가 시시각각으로 전개되는 것을 보는 믿음의 눈이 있었습니다. 이것이 아비가일이 지혜로운 여인일 수 있는 바탕이었습니다.

좀 더 구체적인 내용을 들여다볼까요? 아비가일이 다윗 앞에서 연출한 언행의 중심이 무엇입니까? 모든 언어의 근간이 "여호와께서" 입니다.

26절의 "여호와께서 살아계시고", "여호와께서 다윗이 직접 원수 갚는 것을 막으시고", 28절의 "여호와께서 다윗의 집을 든든히 세우시고", 29절의 "여호와께서 다윗의 원수를 던지시고", 30절의 "여호와께서 다윗을 이스라엘의 지도자로 세우시고", 31절의 "여호와께서 다윗을 후대하시고......."

이 같은 말의 의미가 무엇이겠습니까? 아비가일의 모든 언행심사의 근간이 하나님 신앙이었다는 것을 나타내고 있는 것입니다. 여기서 연출되는 모든 언행이 바로 신행일치(信行一致)입니다. 소위 말다르고 행동이 달라서는 안 되는 것, 언행일치가 되어야 하는 신앙인의 삶, 그것이 신행일치입니다. 말을 했으면 반드시 행함이 뒤 따라야 합니다. 그런 언행일치, 신행일치가 우리의 삶이 되어야 합니다.

3. 하나님의 마음을 가져야 합니다.

32~35절은 한 편의 감동의 드라마 같은 구절입니다. 아비가일의 간청을 다윗은 100% 받아들입니다. 다윗의 이 마음을 한 마디로 요약하면 하나님의 마음입니다. 하나님의 마음이라는 표현을 사용한 것은 내 마음에 하나님이 함께 하시는 실천이 있는 사람이라는 뜻입니다. 32절이 그것을 증명하고 있습니다. 함께 볼까요?

"다윗이 아비가일에게 이르되 오늘 너를 보내어 나를 영접하게 하신 이스라엘의 하나님 여호와를 찬송할지로다."

중요한 구절이 있어요. "오늘 너를 보내어 나를 영접하게 하신 이스라엘의 하나님 여호와"라는 구절입니다.

엎드려 말한 것은 아비가일이지만 그것을 하나님이 보내신 것으로 받아들인 다윗의 신앙인격을 나타내고 있기 때문에 중요합니다. 하나님께서 아비가일을 보내셔서 그 입을 통해 말씀 하신 것으로 받아들이는 다윗의 결정은 자신의 모든 계획을 내려놓는 것입니다. 다른 어떤 것도 다윗이 하려는 보복을 멈추도록 하는 이유가 될 수는 없습니다. 그는 듣고 순종했습니다.

잘 정리하시기 바랍니다. 지금 상황은 어리석은 남편을 둔 아내의 살려달라는 간청입니다. 그 간청을 하는 여인의 모든 근간도 "여호와께서"였습니다.

그 간청을 듣는 다윗의 마음도 나발의 아내의 말로 듣지 않고 하나님이 보내신 사람의 말로 들었습니다. 하나님께서 사람을 보내서 자기의 앞으로의 행동을 가르치시는 것으로 들었습니다. 그래서 그 말씀에 100% 순종합니다.

감동적인 드라마 같지 않으십니까? 이상합니까? 그렇지 않습니다. 이것이 언제나 하나님 앞에서 교통하는 자의 분별력입니다. 이것이 바로 신앙입니다.

다윗은 사울을 죽여야 한다는 신하들의 말을 듣지 않았습니다. 자기를 조롱하는 시므이를 죽여야 한다는 심복 부하의 말을 듣지 않았습니다. 나발을 죽여야 하는 상황에서도 아비가일을 통해 말씀하시는 하나님의 말씀에 순종하고 나발을 죽이지 않았습니다.

다윗의 이 마음이 어떤 마음이겠습니까? 하나님의 마음입니다. 하나님의 마음을 가졌기 때문에 멈추어야 할 때와 나아가야 할 때를 아는 것입니다. 하나님의 마음을 가졌다는 것은 하나님을 믿는 믿음의 마음을 가졌다는 것입니다. 그것이 용서의 마음, 화해의 마음, 겸손한 마음, 사랑의 마음, 긍휼의 마음입니다.

다윗은 자신의 계획을 포기하는 것으로만 그치지 않았습니다. 아비가일의 지혜로움을 칭찬했습니다. 아비가일에게 하나님이 복주시기를 빌어주며 축복했습니다. 아비가일이 다윗의 피 흘림과 복수의 칼을 드는 것을 막아주었음을 감사했습니다. 그리고 아비가일을 평안히 돌아가게 했습니다. 다윗의 이 언행은 오직 하나님 신앙이었습니다. 이 모든 것이 하나님의 마음입니다.

기회만 되면 성도가 성도를 해하려고 합니다. 허물을 찾아내려고 혈안이 되기도 합니다. 때로는 없는 허물도 만들어 내어 죽이기도 합니다. 입술에는 찬송과 기도가 있지만 손과 발은 피 흘리는 일에 빠른 사람들이 있습니다. 슬픈 사람들입니다. 안타까운 사람들입니다.

아비가일의 언행에는 하나님을 바라보는 깊은 신앙이 있습니다. 한 여인의 지혜로운 행동이 멸문지화의 가정을 살렸습니다. 뿐만 아니라 위대한 이스라엘의 지도자의 자리를 계승할 사람 다윗으로 하여금 축복을 잃지 않게 해 주었습니다. 그 신앙의 지혜로운 민첩함은 마침내 자신의 삶까지 은혜를 입는 것으로 이어졌습니다. 이 은혜가 오늘 우리 모두에게 함께 하시기를 축복합니다.

그리스도인은 하나님의 섭리를 보는 영안이 열려야 합니다. 신앙과 행동이 일치하는 삶을 살아야 합니다. 그 무엇보다 하나님의 마음을 가지고 살아야 합니다. 예수님께서 이 땅에 사시면서 품었던 바로 그 마음입니다. 이 복이 여러분의 일생에 함께 계시기를 예수님의 이름으로 축복합니다. 아멘.

79.
어리석은 남편과 지혜로운 아내(3)

중세 시대 '신성 로마제국' 이란 이름으로 유럽을 호령했던 독일에 지혜로운 아내에 대한 이야기가 있습니다.

제 2차 십자군 전쟁을 지휘한 인물로 유명한 콘라트 3세가 신성 로마제국의 황제에 등극하게 되었습니다. 그 때 자신을 거역하고 저항한 게르프 성의 바바리아 제후를 굴복시키려고 군대를 이끌고 진격했습니다. 황제의 군대가 게르프 성을 완전히 포위하자 성은 외부와 철저히 단절되고 고립상태에 빠집니다. 시간이 흐를수록 성에는 마실 물과 식량이 바닥을 드러내게 되었습니다. 더 이상 버틸 수 없게 된 '바바리아' 는 결국 항복을 합니다.

그러나 오랜 시간 자신을 괴롭힌 바바리아를 쉽게 용서할 수 없었던 콘라트 3세는 부분적인 용서를 결정합니다. 성읍 사람들을 방면하되 성안의 모든 남자들은 포로로 남기고 여자들만 풀어준다는 것입니다. 그리고 여자들은 성을 나갈 때 각자 자신이 들고 나갈 수 있는 만큼의 짐을 들고 성읍을 나갈 수 있도록 허락을 해 줍니다.

성문이 열리면서 여자들이 일제히 밖으로 쏟아져 나왔습니다. 행렬을 바라보고 있는 콘라트의 눈에 유난히 더디게 걷고 있는 한 사람이 보였습니다. 궁금한 '콘라트'는 곁으로 다가갔습니다. 상황을 알아보려고 여인의 둘러쓴 망토를 걷던 콘라트는 그 자리에 얼어붙는 것과 같은 전율을 느낍니다. 그 여인은 다름 아닌 '바바리아' 제후를 등에 업은 제후의 아내였기 때문입니다.

이 한 여인의 지혜로운 사랑에 감동을 받은 '콘라트' 3세는 여자뿐 아니라 모든 남자들까지 풀어 주게 되었습니다. 한 여인의 사랑과 지혜로운 행동이 국민과 남편을 구한 감동어린 이야기입니다.

옛날에는 아내를 '안 해'라고 불렀습니다. 안에 있는 해(태양)라는 뜻입니다.

어느 가정이든 지혜로운 아내로 말미암아 가정이 행복하고 가문이 세워지는 경우가 있습니다. 그런가하면 미련한 아내로 인해 남편의 장래가 닫혀 지고 가문이 내려앉을 뿐 아니라 후손이 끊어지는 경우도 있습니다.

성경에도 보면 아주 미련하고 어리석은 아내의 대표적인 몇 여인이 있습니다. 신학적인 의미는 접어두고 가정윤리적인 입장에서 정리해보면 대략 이런 인물들입니다.

1. 아담의 아내 하와

하와의 내용을 요약하면 현대적으로 내주장(內主張)이 강한 여인
입니다. 남편을 뒤로 제쳐놓고 자기 뜻대로 가정을 이끌어가는 스타
일입니다. 이런 여인의 결과는 집안을 망치는 것입니다.

남편 아담이 선악과를 먹지 말라고 말씀하신 하나님의 말씀을 일
러주었습니다. 그러나 뱀이 그럴듯한 말로 유혹을 하자 하와는 남편
의 말도 하나님의 말씀도 대수롭지 않게 여기고 말았습니다. 자기 생
각이 기우는 대로 선악과를 먹습니다. 그리고는 남편까지 먹게 하였
습니다. 이렇게 자기 생각대로 행한 결과는 1차적으로는 가정에 불행
을 가져왔습니다. 결과는 하나님의 동산 에덴에서 쫓겨났습니다. 그
리고 큰 아들이 동생을 살해하는 직계 비속들 간의 참극을 지켜보아
야 했습니다. 결국은 이 세상 최후까지 인류에게 불행을 대물리게 한
여인이 되었습니다.

2. 우리아의 아내 밧세바

이 여인은 남편을 죽게 하고 가정을 멸망시킨 여인의 대표입니다.
밧세바의 약점은 남편이 전장에 나가있는 동안 정조를 허술히 관리
한 것입니다. 누군가가 볼 수도 있는 곳에서 벌거벗고 목욕을 했습니
다. 그 결과 그야말로 그 누군가인 다윗이 이 모습을 보고 마음이 미
혹되었습니다. 그녀는 불려갔습니다. 다윗 앞에 선 밧세바는 단 한
번도 그에게 범죄하지 말기를 청하지 않았습니다. 그로 인해 필부의
지조를 잃어버립니다. 임신까지 합니다. 죄를 은폐하기 위한 외간남

자로 인해 그 남편은 전장에서 처참하게 죽임을 당합니다. 한 가정을
완전히 멸망으로 이끌었습니다.

3. 아나니아의 아내 삽비라

유무상통의 은혜시대에 땅 판 값의 얼마를 감추고 일부를 헌납하
고는 모두라고 거짓말로 베드로를 속입니다. 그러다가 영혼이 떠나
한 날 한 시에 부부가 저주를 받아 죽게 되었습니다. 그 땅 판 값의 얼
마를 감추자고 제안한 사람이 누구냐는 질문에 대부분 아내 삽비라
를 이야기합니다.

물론 호세아의 아내 고멜도 있습니다. 아합의 아내 이세벨도 있고,
다윗의 아내 미갈도 있습니다. 그러나 이제 말씀 드린 세 여인은 오늘
을 살아가는 여인들에게 교훈적인 메시지를 주는 아내로서 미련하고
어리석은 여자들의 대표입니다. 그래서 잠언 11장 22절에서 이렇게
권고합니다.

"아름다운 여인이 삼가지 아니하는 것은 마치 돼지 코에 금고리 같으
니라."

이것은 위치질서를 생각하게 하는 말씀입니다. 모든 것은 마땅히
있어야 할 자리에 있어야 아름다운 것입니다. 돼지 코에 금고리를 걸
어 놓으면 어떻겠습니까? 그야말로 웃기는 상황 아니겠습니까? 그뿐
이겠습니까? 그 돼지는 도둑들의 도적질 대상 1호가 될 것입니다. 도
적질 당한 돼지의 최후가 무엇이겠습니까? 금고리는 빼앗기고, 죽임

을 당하며, 결국은 고깃간은 정육점에 팔리거나 암매장 당하거나 버려질 것은 불을 보듯 뻔한 일입니다.

미색이 있다고, 아름답다고 소리를 듣는 여인들은 말씀을 마음에 깊이 새기시기 바랍니다. 항상 언행을 삼가 조심하여, 신세를 망치고 집안을 망치는 일이 없기를 바랍니다.

잠언 12장 4절에도 여인들이 갖추어야 할 내면과 그에 대한 교훈이 있습니다.

"어진 여인은 그 지아비의 면류관이나 욕을 끼치는 여인은 그 지아비로 뼈가 썩음 같게 하느니라."

하와와 밧세바, 그리고 삽비라 같은 여인들은 그 남편의 뼈를 썩음 같게 만든 여인들입니다. 온 인류와 사랑하는 자신의 남편을 영원히 돌아올 수 없는 길로 가게 만든 악한 아내들입니다.

반대로 남편을 위로하고, 높이 세워 가문과 사회와 국가에 크게 기여하게 하는 여인들도 있습니다. 그런 여인을 지혜로운 여자라고 합니다. 이런 여인에 대하여 잠언 31장은 현숙한 여인이라고 합니다. 이 현숙한 여인의 모습에 대하여 아주 구체적이면서도 아름답고 위대하게 그려놓고 있는 중에 11~12절은 이렇게 기록하고 있습니다.

"그런 자의 남편의 마음은 그를 믿나니 산업이 핍절하지 아니하겠으며, 그런 자는 살아 있는 동안에 그의 남편에게 선을 행하고 악을 행하지 아니하느니라."

목회를 하다 보면 정말 인간적인 생각으로는 당장 접고 싶을 때가 한 두 번이 아닙니다. 그럴 때마다 그 상황을 뛰어넘을 수 있는 지혜가 있어야 하는데 아무리 넓은 마음을 가진 목사라도 매번 자신이 처한 상황을 뛰어넘는다는 것은 여간 어려운 것이 아닙니다. 그 때 곁에 있는 사모의 역할은 아주 중요합니다.

언젠가, 목사이기 전에 한 인간으로서 도저히 참을 수 없는 모욕과 억울함을 당했던 때가 있었습니다. 그래서 교회를 사임하고 다음 걸음은 주님께서 인도하시는 대로 걷겠다고 결심을 했을 때였습니다.

아내가 조용히 곁으로 다가와서 의자에 멍하니 앉아 있는 저를 선 채로 가만히 안아주었습니다. 그 순간 저의 마음 깊이 쌓인 아픔이 폭발을 하여 엉엉 소리를 내어 울었습니다. 한참을 울고 나자 아내가 제게 하는 말이 있었습니다.

"주님은 이보다 더하신 아픔을 겪으시고도 골고다까지 오르셨습니다. 그런데 이런 일로 주저앉아 버리면 당신을 믿고 주님의 백성들을 맡기신 주님의 마음이 어떻겠어요? 아내인 제 마음이 이렇게 아픈데 주님의 마음은 제 마음의 천 배, 만 배 아프실 거예요."

그리고 한참 후 조용히 눈물을 닦으면서 이야기 하나를 들려주었습니다.

옛날 징기스칸이 사냥을 할 때면 반드시 총명한 매 한 마리를 데리고 다녔다고 합니다. 하루 종일 숲을 헤매던 징기스칸은 심한 갈증을 느꼈습니다. 그 때 마침 머리 위의 바위틈에서 맑은 물이 똑똑 떨어지고 있었습니다. 그는 잔으로 물방울을 받아 마시려고 했습니다. 그 순간 매가 날아와 주둥이로 물 잔을 치는 것입니다. 징기스칸은 다시 물을 담았습니다. 그런데 이번에도 매가 쏜살같이 날아와 물을 엎질렀습니다. 징기스칸은 화를 삭이며 다시 물을 받았습니다. 그런데 이번에는 매가 다리로 물 잔을 내리쳐 그만 잔이 깨지고 말았습니다. 징기스칸은 극도로 화가 나서 칼로 매를 베어 죽이고 말았습니다. 그리고 나서 물을 마시기 위해 물줄기를 따라 위로 올라갔습니다. 그곳에는 조그마한 웅덩이가 하나 있었습니다. 물을 마시기 위해 웅덩이를 들여다보던 징기스칸은 깜짝 놀랐습니다. 거기에는 커다란 독사가 죽어 있었기 때문입니다. 징기스칸은 그제서야 매가 독이 든 물을 못 마시게 하려고 물 잔을 엎지른 것을 깨닫고 슬피 울며 말했습니다.

"이제부터는 어떤 결정도 홧김에 내리지 않겠노라!"

그리고 아내는 제 손을 잡고 웃으면서 한 마디 덧붙였습니다.

"당신은 성격이 올곧고 의로워 불의를 보고 참지 못합니다. 그래서 손해보고 억울함을 당하지만 홧김에 무엇을 결정하는 것은 올바른 결정이 아니에요. 무엇을 결정하더라도 마음이 평안할 때 결정하는 것이 의로운 결정일 거예요."

목회 30여 년의 세월을 지나오는 동안 이런 일이 한 두 번이 아니었습니다. 그 때마다 또 한 번 뛰어넘으면서 오늘의 포항중앙교회 담임목사로 서있습니다. 그래서 목회는 목사 혼자 하는 것이 아니라 사모와 가족이 함께 하는 것입니다.

장로, 집사, 권사님들이 임직식 안수기도를 받을 때면 제가 기도하는 내용 중에 꼭 빠지지 않고 하는 것이 있습니다. 그 중의 하나가 "장로, 집사, 권사는 혼자 하는 것이 아니니 가족들로 하여금 좋은 협력자가 되게 하시고"라는 기도입니다. 가족의 동역이 얼마나 중요한가를 너무도 잘 알고 있는 저의 당회장으로서 드리는 기도입니다.

본문의 내용을 통해 우리가 마음에 담아 두어야 할 것이 있습니다.

나발 때문에 분노하고 화를 내었던 다윗처럼 살아서는 안 된다는 것입니다. 그것보다 더욱 마음에 담아 두어야 할 것은 다윗의 마음에 분노를 일으킨 나발처럼 살아서는 더더욱 안 된다는 것입니다.

아비가일처럼 남편의 어리석은 행동을 기민하면서도 지혜롭게 막아서며, 자칫 살해자가 될 뻔한 분노자의 마음을 가라앉히는 지혜와 평화의 사람이 되어야 합니다.

본문 말씀을 통해 어리석고 미련한 남편 '나발' 과 현명하고 지혜로운 아내' 아비가일' 의 마지막 교훈을 정리하고자 합니다.

나발이 얼마나 어리석은가는 이미 앞서 말씀 드렸지만 본문에 기록된 것만 다시 정리합니다.

36절을 보면 멸문지화의 위기를 지혜롭게 막은 아내가 집으로 돌아왔습니다. 일촉즉발의 위기를 넘기고 가슴을 쓸어내리며 집으로 돌아온 아비가일의 목전에는 가관의 장면이 벌어져 있습니다. 남편이 왕의 잔치와 같은 대연을 배설하고 만취하여 기분이 오를 대로 올라 있었습니다. 말을 잃고 그 광경을 바라보는 아내의 마음이 어땠겠습니까? 만취한 사람에게 상황을 얘기한들 과연 그것을 알아듣기나 했겠습니까? 그녀는 침묵으로 일관했습니다.

37절을 보면 남편은 아침이 되어서야 겨우 술이 깨었습니다. 그러자 아내가 전날의 위급한 상황을 이야기합니다.

성경은 말씀하시기를 '낙담하여' 라고 했는데 이 단어의 히브리어 원문은 '마음이 죽어' 라는 뜻입니다. 마음이 죽으니 몸이 돌과 같이 되었습니다.

그리고 38절을 보면 "한 열흘 후에 여호와께서 나발을 치시매 그가 죽으니라."고 기록되었습니다. 어리석은 한 남자의 비극적인 인생이 이렇게 마무리 되었습니다.

지혜로운 아내 아비가일의 행적을 다시 한 번 따라가 볼까요?
36절에서 위기를 극복하고 집으로 돌아와 보니 남편은 만취상태로 잔치를 벌이고 있었습니다. 기가 막히고 속이 쓰렸을 것입니다. 그러나 조용히 아침이 되기를 기다렸습니다. 정신이 돌아온 남편을 보자 그 때서야 어제의 상황을 설명했습니다. 참으로 지혜로운 아내요 여인입니다. 참으로 현숙한 아내의 대표라고 할 수 있는 모습입니다. 술이 취한 남편에게 무슨 말을 한들 그것이 의미가 있겠습니까?

술에 만취되어 돌아오는 남편을 대하는 아내들의 태도는 여러 종류입니다. 물론 예수 믿는 아내가 예수 믿지 않는 남편을 맞이하는 내용입니다.
첫째는 아예 문도 안 열어주고 침대에 드러누워 버리는 아내입니다. 그러면 만취한 남편은 밖에서 문을 두드립니다. 하는 수 없이 자녀들이 나가서 문을 열어 줍니다.
둘째는 술 취한 남편이 들어오면 기다렸다는 듯이 밖으로 나가버리는 아내입니다. 집을 나와서는 갈 데가 없어 교회 기도실로 갑니다. 이런 경우가 대부분입니다.
셋째는 기회가 왔다 생각하고 온갖 아양을 떨면서 수발을 들고는 "자기야 나 꼭 필요한 것이 하나 있는데, 이렇게 술만 마시고 내 소원은 안 들어 줘?" 하면 남편은 거의 99% 호기를 부리면서 앞뒤 계산 없이 다 들어주는 것을 이용하는 아내입니다. 이 때 예수 믿자고 하면 100점짜리 아내일 텐데 10점짜리 아내는 대부분 옷이나 가방이나 보석 같은 것을 요구하며 기회를 엉뚱하게 사용하고 잃어버립니다.

넷째는 "어이구 내가 못살아, 못살아!" 하면서 온갖 불평과 원망을 합니다. 그래봐야 만취한 남편은 응접실 의자에 앉아 횡설수설합니다. 그런 남편 앞에 냉수 한잔을 갖다 놓고는 횡 하니 방안으로 들어갑니다. 그러고도 속이 안 풀려 혼자 고래고래 소리를 지르면서 화를 내며 그 자리에 털썩 주저앉아 기도하는 아내입니다. 이때 기도가 대단히 걸작입니다.

"주여, 저 마귀 새끼를 잡아 죽이든지 회개케 하시든지 어떻게 좀 해주시옵소서. 더 이상은 못 참겠나이다."

다섯째는 기가 막히고 화는 나지만, 그래도 집이라고 찾아오는 남편이 고마워 침대에 드러누워 버린 남편의 외의를 벗겨줍니다. 하루 종일 신어 꼬랑내가 나는 양말도 벗기고 대야에 물을 담아와 발을 씻기거나 물수건을 만들어 닦아줍니다. 그리고서는 숙취해소에 도움이 되라고 꿀물을 타서 마시우고 숙면을 취할 수 있도록 편안한 잠자리를 만들어줍니다. 이어 조용한 음악을 틀어놓고 잠든 남편 머리맡에 앉아 그 머리를 쓸어주며 "얼마나 속이 상했기에 이렇게도 마셨을까?" 하면서 가만가만 기도합니다.

여러분은 어떤 아내입니까?

아비가일은 집안에 닥친 상황이 몹시도 위태로웠지만 술에 만취한 남편에게는 이야기하지 않았습니다. 그리고 혼자 밤새워 조용히 고민한 후 아침에 정신이 든 남편에게 자초지종을 설명하는 현명한 아내였습니다.

39~40절 내용은 다윗이 자신의 화를 잠재우고 하나님 신앙을 회복

케 한 지혜로운 여인의 남편이 죽었다는 사실을 알고 그녀를 아내로 삼고자 전령을 보내는 것입니다.

이 전갈을 받은 아비가일이, 자신을 최고로 낮추어 답변하는 모습이 아름답습니다. 남편이 죽고 과부가 된 자신을 아무도 돌아보지 않을 지도 모르는 상황에, 그 일생에 악한 것을 찾을 수 없는 이스라엘의 지도자가 될 사람(삼상 25:28)이 청혼을 했습니다. 그러니 그녀로서는 황공무지했을 것입니다. 그래서 그녀는 41절에서 몸을 굽혀 얼굴을 땅에 대고 이렇게 말합니다.

"내 주의 여종은 내 주의 전령들의 발 씻길 종이니이다."

그녀의 땅바닥에 엎드린 최고의 낮아진 겸손이 이스라엘의 왕비가 되는 최고의 높은 자리로 인도함을 받는 한 이유가 되었습니다. 그렇게 아비가일은 나귀를 타고 다윗에게로 나아가 다윗의 아내로서 이스라엘의 왕후가 됩니다.

단지 돈 많은 한 부자일 뿐인 어리석고 미련한 한 남자의 아내로 사는 동안 말할 수 없는 마음고생을 했을 것입니다. 그러나 부조화된 일상생활 속에서도 지혜를 잃지 않고 마음을 잘 다스리면서 아내의 위치를 지켰습니다. 그렇게 하루하루를 지내던 아비가일의 지혜 있는 순발력은 다윗을 하나님 앞에 범죄하지 않게 했습니다.

그리고 일약 이스라엘의 왕비가 된 이 사건이 주는 메시지가 있습니다. 지혜로운 여인의 삶은 그 걸음이 복되다는 것입니다.

이 여인 아비가일을 통해서 오늘을 살아가는 현대 여성들, 특히 기독교인 여성들이 배우는 것은 무엇이겠습니까?

세상 모든 것을 다 가져도 지혜롭지 못할 때는 아름답지도 가치도 없다는 것입니다. 그렇지만 아무 것도 갖지 못해도 지혜로운 여인에 게서는 아름다움과 삶의 향기를 느낄 수 있다는 것입니다.

듣기 민망하겠지만 현대 많은 여성들의 약점은 외모 지향적이 되어서 능력만 되면 몸의 모든 부위를 속된 표현으로 뜯어 고칩니다. 그러나 그런 모습에서는 감동을 느끼지 못합니다.

물론 여성들의 이런 안타까운 몸부림에 대해서는 남자들에게도 책임이 있습니다. 외모지상주의가 되도록 부추기는 원인을 제공하기 때문입니다. 그저 예쁜 여자만 보면 일단 정신 줄부터 놓는 남자들에게도 문제가 없지 않다는 부끄러운 고백입니다.

그러나 진정한 감동을 주는 사람은 말없이도 많은 말을 하며, 온 몸을 던져 봉사하고 헌신하면서 상대방을 감동시키는 사람입니다. 이런 사람들에게서는 아름다운 향기를 느낄 수 있습니다. 그것이 바로 지혜로운 여인의 삶의 내용입니다.

교회도 외모 지향적이 되어서 입으로는 수 천 마디의 말을 하면서 손끝 하나 움직이지 않는 사람들이 있습니다. 그런가 하면, 곳곳에서 걷어붙이고 땀 흘리면서 봉사하는 사람들이 있습니다. 그렇게 내면의 아름다움을 가꾸면서 가정을 세우고 교회에 덕을 끼치며 많은 교인들을 감동시키는 사람들이 있습니다.

그처럼 지혜로움을 가진 여인의 삶은 범사가 아름다움으로 연출되는 것입니다.

본문 말씀을 통해 세 사람 나발, 아비가일, 다윗에게서 깨닫는 것이 있습니다.

첫째, 나발을 통하여 우리가 깨닫는 것.

나발의 행위는 누가복음 12장의 어리석은 부자와 같이 영적으로 무지하고 무감각한 사람입니다. 자기는 왕처럼 잔치를 배설하고 진짜 왕 다윗은 멸시하고 무시했습니다. 무엇을 깨달으십니까?

이것은 오늘 우리의 모습일 수 있습니다. 하나님이 주신 은혜로 왕처럼 살면서 정작 우리의 왕 예수 그리스도는 홀대하고 무시하며 주님과의 관계에 대해서는 무감각하게 살아가는 사람들의 거울이 되는 사람이 나발입니다.

어느 칼럼리스트가 쓴 글처럼 재벌을 미워하고 재벌을 욕하면서 정작 자신들은 재벌처럼 살고 싶어 하는 것과 다를 바가 없는 것입니다.

둘째, 아비가일을 통해 깨닫는 것.

요즈음 여성들의 사회생활에서의 유행이 성형과 다이어트라고 합니다. 다시 말하면 외모지향적인 삶입니다.

아비가일은 외모도 아름다웠지만 내면의 성숙함과 영적 감각을 잃지 않는 지혜로 상황을 통찰하는 판단력을 가진 여인이었습니다. 영안이 열리면 혜안이 열립니다. 혜안이 열리면 심안도 열립니다. 바로 이것을 우리는 아비가일을 통해 깨달아야 합니다.

여기서 우리가 주목할 다윗의 아내 가운데 특히 두 사람, 아비가일과 밧세바에 대한 비교입니다.

다윗이 육신의 소욕으로 분노하고 화를 내면서 나발을 죽이고 살인의 범죄를 저질러 자칫 왕이 되지 못할 상황에 아비가일의 지혜로운 판단과 행동으로 이 위험을 벗어납니다. 어리석은 자의 피를 손에

묻히지 않아도 되었습니다. 하나님께서 친히 나발을 손을 보아 죽게 되었습니다. 그 후 다윗은 그를 도왔던 홀로된 여인 아비가일을 아내로 맞습니다. 타인의 아내였었지만 다윗이 범죄하지 않도록 선을 행한 여인이었습니다.

그런데 밧세바는 남편이 전장에 나가 있는 동안 남들이 볼 수 있는 환경에서 벌거벗고 목욕을 합니다. 그러다가 그 광경을 본 다윗의 욕망을 불러일으키는 화근이 됩니다. 임신을 하자 다윗에게 사실을 알립니다. 불안해진 다윗은 죄를 은폐하기 위해 그녀의 남편 우리아를 살인교사하게 됩니다. 그렇게 남편이 죽게 되자 다윗의 아내가 됩니다.

이 두 여인을 통해서도 지혜로운 여인의 역할이 얼마나 귀한 것인가를 깊이 깨닫게 됩니다.

셋째, 다윗을 통해 깨닫는 것.

물론 본문 안에 나타난 내용으로만 정리하는 교훈입니다.

아비가일의 간청을 듣게 된 다윗의 마음자세는 항상 무엇을 생각하고 행동하든지 하나님 우선주의의 판단과 결단이었습니다.

나발의 아내가 찾아와 살려달라고 간청할 때 일언지하(一言之下)에 거절하고 나발의 가문을 멸절시켰을 수도 있었습니다. 그러나 아비가일의 조목조목 간하는 말을 들으면서 하나님께서 하시는 말씀으로 분별하여 들었습니다. 이것이 다윗을 위대하다고 하는 것입니다.

여러분은 어떤 사람과 같은 삶을 살고 계십니까? 지금 잠깐 자신을 생각해 보십시오. 그리고 깊이 깨달아 여러분의 가정과 범사가 하나님의 은혜의 울타리 안에 있기를 예수님의 이름으로 축복합니다. 아멘.

80.
하나님께 맡기라.

"여호와께서 살아계심을 두고 맹세하노니
여호와께서 그를 치시리니
혹은 죽을 날이 이르거나 또는 전장에 나가서 망하리라
〈사무엘상 26:1~12 중〉."

제가 결혼 주례를 할 때 녹음테이프 돌아가듯 하는 주례 마지막 부분의 말이 있습니다. 신부의 어머니로 하여금 사랑하는 딸의 오른팔을 사위의 왼팔에 걸어 엮어주면서 사위를 보고 한 마디 하게 하는 말입니다.

"지금까지는 이 아이를 우리가 믿음으로 잘 양육했는데 오늘부터는 자네에게 맡기네."

이 때 대부분의 어머니는 눈물을 흘립니다.

"자네에게 맡기네."

이 말은 엄청난 의미가 있는 말입니다. 태중에서 10 개월, 그리고 핏덩이로 출생한 그 날부터 결혼을 하는 그 순간에 이르도록 진자리 마른자리 갈아 눕히면서 양육하신 어머니, 손과 발이 다 닳도록 고생하면서 길러 이제 결혼식을 통해 한 남자에게 맡겨 보내는 그 어머니의 마음이 "자네에게 맡기네."라는 한 마디 속에 담겨 있음을 우리는 잘 압니다.

맡긴다는 말의 히브리어 원어는 '가랄' 입니다. 그리고 영어에서는 Commit, 즉 '위임하다', '신임하다', '옮기다' 라는 뜻입니다. 또 하나의 단어가 있는데 "Surrender" 입니다. '내어주다, 넘겨주다, 포기하다, 항복하다' 라는 뜻인데 웹스터 사전은 이 단어에 대해서 '다른 사람의 권력이나 통제, 또는 소유에 굴복하는 것, 영향력과 같은 무언가에 자신을 맡기는 것" 이라고 해석하고 있습니다.

성경에는 우리 범사의 모든 것을 하나님께 맡기라고 권고합니다. 시편 37:5~6절입니다.
"네 길을 여호와께 맡기라 그를 의지하면 그가 이루시고, 네 의를 빛 같이 나타내시며 네 공의를 정오의 빛 같이 하시리로다."

시편 55:22절입니다.
"네 짐을 여호와께 맡기라 그가 너를 붙드시고 의인의 요동함을 영원히 허락하지 아니하시리로다."

잠언 16:3절입니다.
"너의 행사를 여호와께 맡기라 그리하면 네가 경영하는 것이 이루어지리라."

로마서 12:19절입니다.

"내 사랑하는 자들아 너희가 친히 원수를 갚지 말고 하나님의 진노하심에 맡기라 기록되었으되 원수 갚는 것이 내게 있으니 내가 갚으리라고 주께서 말씀하시니라."

베드로전서 5:7절입니다.
"너희 염려를 다 주께 맡기라 이는 그가 너희를 돌보심이라."

이처럼 맡기라는 말씀을 다시 정리해 보면 가야 할 길도, 인생의 무거운 모든 짐도, 범사의 모든 행사도, 삶의 모든 염려도, 심지어 원수 갚는 것까지도 하나님께 맡기라고 권고 하시는 말씀입니다. 이 맡긴다는 말씀의 중심이 한 마디로 말하면 '믿음' 입니다.

의심암귀(疑心暗鬼)란 말이 있습니다. 의심하는 마음이 있으면 있지도 않은 귀신이 나오는 듯이 느껴진다는 뜻입니다. 마음속에 의심이 생기면 갖가지 무서운 망상이 잇달아 일어나 불안해지고 그래서 선입관은 판단을 빗나가게 합니다.

어떤 사람이 소중히 아끼던 도끼를 잃어버렸습니다. 도둑맞은 게 틀림없다는 생각이 들자 아무래도 이웃집 아이가 수상쩍었습니다. 그러고 보니 마주치기만 하면 슬금슬금 도망을 갈 듯한 자세였고 안색과 말투도 어색하기만 했습니다.
"내 도끼를 훔쳐간 놈은 틀림없이 그 놈이야."
이렇게 믿고 있던 어느 날 느닷없이 지난번에 나무하러 갔다가 도끼를 놓고 온 일이 생각났습니다. 한달음에 달려가 보니 도끼는 그가 두었던 산의 그 자리에 그대로 있었습니다. 집에 돌아와서 이웃집 아이를 보자 이번에는 그 아이의 행동거지(行動擧止)가 별로 수상쩍어 보이지 않았습니다.

열자(列子) 설부편(說符篇)에 나오는 이야기입니다. 자기 마음에 믿음이 없어서 의심이 들면 모든 것이 그렇게 엉뚱한 생각을 하게 되고 그릇된 판단을 하게 된다는 것입니다. 어떤 사람은 그것이 더욱 깊어지면 초조하고 불안해서 결국은 파멸로 가게 되기도 합니다.

본문의 내용을 잘 관찰하면 이처럼 믿음으로 모든 것을 하나님께 맡긴 다윗의 신앙과 삶을 발견할 수 있습니다.

나발 사건이 있은 후 다시 장면이 바뀌어 성경의 무대는 사울에게로 옮겨갑니다. 사울은 지난번 다윗과의 만남에서 다윗을 죽이려 했던 자신을 참회하며 좋은 마음으로 헤어졌습니다. 그런데 얼마의 시간이 지나자 다시 다윗을 찾아 죽이려고 무려 3천명의 군사를 동원시켰습니다.

인생을 살다보면 항상 악의 고리 역할을 하는 사람이 있기 마련입니다. 본문의 1절에서는 그 고리가 '십' 사람입니다. 그가 사울에게 다윗이 숨어 있는 곳을 알려주면서 사울로 하여금 다윗을 죽이고 싶게 하는 불쏘시개 역할을 합니다.

2절은 정보를 입수한 사울이 즉시 군사 3천명을 선택하여 동원시킵니다.

여기서 잠깐 짚고 넘어갈 메시지가 하나 있습니다. 누구에게 선택되느냐에 따라 그 사람의 인생이 달라진다는 것입니다. 이 경우 사울에게 선택되면 범사가 멸망이고 다윗에게 선택되면 범사가 축복이라는 놀라운 사실입니다.

6절을 보면 다윗도 사울에게로 나아갈 때 누가 나와 함께 할 것이냐고 물었습니다. 그 때 아비새가 앞으로 나서며 자기가 함께 가겠다고 했습니다.

우리는 언제나 성령님의 택하심을 입는 축복 받는 성도로 살아가기를 바랍니다. 악한 영에 선택되어 멸망의 도구가 되어서는 안 됩니다. 오늘날도 교회 안에서 이처럼 각각 선한 일과 악한 일의 도구가 되는 사람들이 있기 때문에 더욱 그런 생각을 합니다.

그런데 3절 이하부터 보면 다윗 또한 사울이 자기를 쫓아 광야에 들어온 것을 알게 됩니다. 그래서 정탐꾼을 보내어 사울의 상황을 알아보고 아비새와 함께 사울에게 이릅니다. 속된 말로 표현하면 '죽으려고 환장한 상황' 입니다.

그런데 여기서도 우리가 주목할 것은 다윗의 이와 같은 행동의 근간이 무엇이냐 하는 것입니다. 역시 한 마디로 요약하면 하나님을 믿는 믿음이 근간입니다. 다윗은 신명기 31:6절의 말씀에 '아멘!' 했을 것입니다.

"너희는 강하고 담대하라 두려워하지 말라 그들 앞에서 떨지 말라 이는 네 하나님 여호와 그가 너와 함께 가시며 결코 너를 떠나지 아니하시며 버리지 아니하실 것임이라."

이 말씀이 또한 저와 여러분의 길에 축복이 되기를 바랍니다.

다윗은 아비새와 함께 사울의 진영으로 가만히 숨어 들어갔습니다. 가서 상황을 살펴보니 사울은 무장 해제하고 잠이 들어있었습니다

다. 그리고 왕을 호위해야 할 그의 군장 아브넬과 신하들은 그 주위에 드러누워 있었습니다.

상황이 이쯤 되자 다윗의 충복 아비새가 이것은 하늘이 주신 절호의 기회라고 생각을 하며 자신에게 사울을 죽일 기회를 달라고 다윗에게 청합니다. 그러나 다윗은 또다시 사울을 살려줍니다. 8절과 9절을 비교해서 함께 읽어 보십시다.

"아비새가 다윗에게 이르되 하나님이 오늘 당신의 원수를 당신의 손에 넘기셨나이다. 그러므로 청하오니 내가 창으로 그를 찔러서 단번에 땅에 꽂게 하소서 내가 그를 두 번 찌를 것이 없으리이다."

이어지는 9절을 보십시다.

"다윗이 아비새에게 이르되 죽이지 말라. 누구든지 손을 들어 여호와의 기름 부음 받은 자를 치면 죄가 없겠느냐."

이 두 절에서 우리가 생각할 것은 아비새의 소영웅주의적인 생각과 행동입니다. 그리고 변치 않는 다윗의 하나님을 향한 믿음이 자신의 감정을 잘 다스리는 근간이 된 생각과 행동의 비교입니다.

앞에서도 살펴보았지만 나발을 향한 인간적 분노와 감정을 절제하지 못한 다윗이 살인계획을 세웠을 때, 나발의 아내 아비가일의 충고 한마디에 정신이 번쩍 들어 자신의 계획을 포기한 것도 하나님을 믿는 믿음이 근간이었습니다.

후일 시므이가 저주하면서 조롱할 때도 쉽게 보복하지 않고 참고 견딜 수 있었던 것도 하나님을 믿는 믿음이 근간이었습니다.

다윗의 이 같은 언행의 근간을 뒷받침 해 주는 것이 본 장의 10절입니다. 함께 확인하도록 하겠습니다.

"다윗이 또 이르되 여호와께서 살아계심을 두고 맹세하노니 여호와께서 그를 치시리니 혹은 죽을 날이 이르거나 또는 전장에 나가서 망하리라."

하나님은 살아계십니다. 아멘! 하나님은 지금도 우리의, 나의 모든 것을 주관하시고 섭리하십니다. 아멘!

다윗은 이것을 확신했습니다. 그래서 자신이 굳이 사울을 죽이지 않아도 하나님께서 알아서 하실 것이라는 믿음이 있었습니다.

11절을 보면 아비새로 하여금 사울의 창과 물병만 가지고 그 자리를 떠나자고 합니다. 그리고 이어지는 12절 말씀을 우리는 주목하여 읽어야 합니다.

"다윗이 사울의 머리 곁에서 창과 물병을 가지고 떠나가되 아무도 보거나 눈치 채지 못하고 깨어 있는 사람도 없었으니 이는 여호와께서 그들을 깊이 잠들게 하셨으므로 그들이 다 잠들어 있었기 때문이었더라."

저는 여기서 다윗의 위대한 믿음을 보았습니다. 다윗의 모든 범사를 들여다보면 자신의 언행심사 그 모든 것을 다 하나님께 맡긴 생활이었습니다.

어떻게 다윗은 이렇게 하나님을 향한 믿음으로 자신의 모든 것을 하나님께 맡길 수 있었을까요? 그 대답을 로마서 10:17절에서 들을 수 있습니다.

"믿음은 들음에서 나며 들음은 그리스도의 말씀으로 말미암느니라."

구약에서나 신약에서나 그리고 지금 이 시대에서나 말씀을 듣지 않고는 믿음이 있을 수가 없습니다.

말씀을 들으면 믿음이 들어갑니다. 믿음이 들어가면 반드시 순종이 뒤 따릅니다. 순종을 하면 감사가 뒤 따릅니다. 감사를 하면 온전한 헌신이 뒤 따릅니다.

역설(逆說)해 볼까요?

감사함이 없으면 헌신이 안 됩니다. 순종이 없으면 감사함이 없습니다. 믿음이 없이는 절대 순종이 안 됩니다. 말씀이 없이는 믿음이 들지 않습니다. 아멘!

이후 다윗의 믿음대로 모든 일들이 진행되어 갔습니다. 하나님은 믿음 있는 자와 함께 하시고 믿음 있는 자와 함께 일하십니다.

그러면 믿음 있는 삶이란 구체적으로 어떻게 표현되는 것일까요?

1. 믿음 있는 자는 모든 것을 염려하지 않습니다.

베드로전서 5:7절입니다.

"너희 염려를 다 주께 맡기라. 이는 그가 너희를 돌보심이라."

믿음이 없는 사람은 일생을 살아가면서 모든 일에 염려하고 근심합니다. 그래서 불안하고 초조하며 평안한 마음으로 살아가지를 못합니다.

그러나 믿음이 있는 자의 삶은 모든 염려를 주님께 맡기는 생활이기 때문에 근심이나 걱정이 없습니다. 마태복음 6:30절에서 주님은 그것을 강조했습니다.

"무엇을 먹을까 무엇을 마실까 무엇을 입을까 하여 염려하지 말라. 이 모든 것은 이방 사람이 하는 것이라"

그렇습니다. 믿음이 없는 자는 어떻게 돈을 벌까? 농사는 어떻게 지을까? 사업은 잘될까? 아이들은 괜찮을까? 아내는, 남편은 괜찮을까?....... 모든 것이 다 걱정입니다.

그러나 믿음이 있는 자는 그런 것으로 인하여 고민하고 걱정하는 것이 아니라 하나님의 영광을 위하여, 나보다 공동체를 위하여 무엇을 할까? 어떻게 할까? 생각하게 되는 것입니다.

빌립보서 4:6절 말씀입니다.

"아무 것도 염려하지 말고 다만 모든 일에 기도와 간구로, 너희 구할 것을 감사함으로 하나님께 아뢰라."

그렇습니다. 이 모든 말씀은 우리가 살아가면서 근심하지 말 것을 확신시키는 말씀들입니다. 믿는 만큼 행복하고 믿는 만큼 이루어지며 누리게 되는 것입니다.

누가 이스라엘을 출애굽하게 하셨습니까?

누가 홍해를 건너게 하셨습니까?

누가 마라의 쓴 물을 달게 해 주셨습니까?

누가 광야에서 만나를 내려 주셨습니까?

누가 르비딤에서 바위를 깨뜨리고 생수를 내어 주셨습니까?

누가 블레셋을 막아 주었고, 누가 모압과 암몬을 물리쳐 주셨습니까?

두 말할 필요도 없이 당연히 살아계신 하나님이십니다.

그것이 구약시대에만 그렇습니까? 아닙니다. 지금 여기서 그 역사는 변함없이 동일하게 그대로 재현되는 줄 믿습니다. 그것을 믿는다

면 먹고 마시는 것, 입고 자는 것, 그리고 살아가는 것에 대한 염려는
하지 말아야 합니다. 이 모든 것을 하나님께 맡겨야 합니다. 그것이
믿음입니다.

2. 믿음 있는 자는 모든 것에 두려움이 없습니다.

사울이 군사 3천명을 선발하여 자기를 뒤따라온다는 사실을 알고
도 다윗은 두려워하지 않았습니다. 오히려 사울의 진영으로 들어가
서 사울의 창과 물병을 들고 나올 정도로 담대했습니다.

어떻게 그것이 가능했을까요? 그것은 오직 하나님을 믿는 믿음으
로 모든 것을 다 하나님께 맡긴 믿음의 결과였습니다.

양 새끼를 잡아먹으려는 사자 앞에서도 다윗은 두려움이 없었습니
다. 골리앗을 향해 나갈 때도 다윗은 두려움이 없었습니다. 사울의
창 앞에서도 다윗은 두려움이 없었습니다.

세상 환경을 보면서 살아가는 사람은 질병 앞에서도 두려워합니
다. 세상을 의지하는 자는 전쟁 앞에서도 두려워합니다. 믿음이 없는
자의 삶은 환난의 날이 닥치면 두려워합니다.

그러나 믿음 있는 자는 그 어떤 상황 가운데서도 두려움이 없습니
다. 흔들리지 않습니다.

하나님은 임마누엘의 하나님이십니다. 언제 어디서나 우리와 함
께 계십니다. 구약과 신약의 그때 그 하나님은 지금도, 다음에도 여전
히 그 하나님이십니다. 이것을 믿는 사람에게 하나님은 역사 하십니

다.

그래서 다니엘은 사자 굴에 들어가도 두려워하지 않았었고 하나님을 믿는 그 믿음으로 살아 나왔습니다.

사드락과 메삭과 아벳느고도 일곱 배를 뜨겁게 한 풀무 가운데서도 하나님을 믿는 믿음으로 타지 않고 살아났습니다.

감옥에 갇힌 바울과 실라도 그 몸이 착고에 채워졌었지만 죽음 앞에서도 두려워하지 않고 하나님을 믿는 믿음으로 자유의 몸이 되었습니다.

베드로가 물위를 걸었던 사건을 기억하십니까? 주님께서 베드로에게 풍랑 이는 물위를 걸어서 오라고 하셨습니다. 베드로가 주님을 바라보고 믿음으로 나아갔을 때는 바다 위를 걸을 수 있었습니다. 그러나 파도를 보고 두려워하였을 때 물 속으로 빠져들기 시작했습니다. 그 때 주님께서 무엇이라고 하셨습니까?

"믿음이 작은 자여 왜 의심하였느냐(마14:31)"

그렇습니다. 우리 모두 세상 풍랑을 보고 두려워 물속으로 빠져가는 삶을 살지 말고 주님을 바라보고 믿음으로 나아가는, 그 어떤 환난도, 풍랑도, 발로 밟고 승리하는 은혜가 있기를 바랍니다.

3. 믿음이 있는 자는 어떤 상황에서도 하나님의 말씀을 의심하지 않습니다.

에덴동산의 아담과 하와는 하나님의 말씀을 의심하다가 선악을 알게 하는 나무의 열매를 따먹음으로 인류에게 죄를 가져 왔습니다. 그 결과는 해산의 고통과 수고의 땀을 흘려야 했으며 땅이 엉겅퀴를 내는 것과 생명의 죽음이었습니다.

마찬가지로 오늘 우리도 하나님을 의심하고 말씀을 의심할 때 아담과 하와가 겪은 저주의 생활을 하지 않는다고 누가 감히 말할 수 있겠습니까.

하나님께서 가장 싫어하시는 것이 말씀을 의심하는 것입니다. 가정에서도 부부가 서로 의심할 때 비극이 일어납니다. 부모가 자식을 믿어 주고 자녀가 부모를 신뢰하며 부부 상호간에 믿음이 있는 가정이 행복한 가정입니다.

정치도 마찬가지입니다. 여당이 야당을 믿어 주고 야당이 여당을 믿어 줄 때, 민이 정부를 믿어 주고 정부가 국민을 믿어 줄 때 국가 경쟁력이 강해집니다.

사업도 마찬가지입니다. 사용자가 노동자를 믿어 주고, 노동자는 사용자를 믿어 줄 때 그 기업은 번영할 수 있습니다. 상호 신뢰하지 못할 때는 상호 망하게 되어 있습니다.

신앙생활도 당연히 말할 나위도 없는 것입니다. 믿는 자가 되어야지 믿음 없는 자가 되어서는 안 됩니다. 믿음 있는 자는 모든 것에 능할 수 있습니다. 그러나 믿음 없는 자는 아무것도 할 수 없습니다.

너의 길을 하나님께 맡기라. 너의 행사를 하나님께 맡기라. 너의 염려를 하나님께 맡기라. 너의 무거운 짐도 하나님께 맡기라. 원수 갚는 것까지도 하나님께 맡기라. 그리하면 네 길을 정오의 빛처럼 밝게 하

시리라. 아멘.

여러분과 제가 믿는 하나님은 우리의 모든 것을 인도하시는 하나님이십니다. 우리를 구원하시기 위하여 예수 그리스도 당신의 독생자까지 내어주신 분이십니다. 이 하나님께 모든 것을 맡기는 복된 여러분의 삶이되시기를 예수님의 이름으로 축복합니다. 아멘.

81.
'아브넬'의 직무유기

"여호와의 기름부음 받은
너희 주를 보호하지 아니하였으니
너희는 마땅히 죽을 자이니라
〈사무엘상 26:13~16 중〉."

2008 베이징 올림픽이 화려하게 개막된 후 대한민국에 첫 금메달을 안겨준 선수가 유도 60kg 급의 최민호 선수였습니다. 최선수는 64강 1회전을 부전승으로 통과했습니다. 32강 2회전에서는 아르헨티나의 '알바라킨' 선수를 상대로 1분16초 만에 업어치기 한판승을 거두었습니다. 16강 3회전에서는 이란의 '아콘드자데' 선수를 맞아 1분18초 만에 다시 한 번 업어치기 한판승으로 이겼습니다. 8강 4회전에서 우즈베키스탄의 '리쇼드 소비로프' 에게 가장 긴 2분28초 만에 또다시 한판승을 따냈습니다. 4강전 5회전에서는 작년 세계선수권 우승자이자 강력한 금메달 후보인 네덜란드의 '루벤 호케스' 선수를 맞이하여 24초 만에 또 다시 한판승을 거두며 결승에 올랐습니다. 그리고 결승전에 올라 오스트리아의 '루드비히 파이셔' 선수를 다리

들어 메치기 기술로 2분 14초 만에 한판승을 이끌어 낸 후 매트에 무릎을 끓고 하나님께 기도했습니다.

다섯 경기 동안 걸린 시간은 총 7분40초, 시원한 한판승의 향연이었습니다. 그는 경기가 끝나고 시상대에 올라 수상을 하며 애국가가 울려 퍼질 때도 줄곧 울음을 멈추지 않았습니다.

여러분도 마찬가지였겠지만 결승전에서 '루드비히 파이셔' 의 다리를 들어 올릴 때, 숨을 죽이면서 바라보는데 최민호가 '파이셔' 를 번쩍 들어 마치 딱지를 뒤집듯 매트에 뒤집어엎어 버렸습니다. 그 때 저는 84년 LA 올림픽에서 08년 베이징 대회 당시 감독이었던 안병근 선수가 금메달을 획득할 때의 장면이 떠올랐습니다.

당시 시간은 흐르고 경기는 패색이 짙어 갈 때 일어났던 안병근 선수의 일화는 우리를 큰 감동으로 전율케 했습니다. 그 당시가 확실하게 기억나지는 않습니다만 상대 선수가 '감바' 였던 것 같습니다. 안병근 선수는 감바의 옷깃을 잡고 마음속으로 삼손을 떠 올리면서 "주여 나에게 한 번만 힘을 더하사 승리하게 하소서."라고 마음속으로 부르짖으면서 상대 선수를 매트에 메쳤습니다. 그 자리에서 금메달이 확정되었고 그 때 안선수는 매트에 무릎을 꿇고 두 손을 모아 기도했습니다. 그 때 그 장면이 최민호 선수가 기도하던 모습에 오버랩 되며 새삼 떠올랐습니다.

최민호 60Kg의 상대선수 '루드비히 파이셔' 를 마치 딱지 뒤집듯 뒤집어 매트에 매치는 것을 보면서 '저 힘이 어디서 올까? 생각했습니다.

최민호 선수는 서울 명성교회 교인입니다. 금메달 획득 후 많은 네

티즌들이 사용한 용어가 있습니다. 그것은 "땀은 거짓말을 하지 않습니다."였습니다.

그렇습니다. 교회를 살리는 리더십을 가진 지도자들의 면면을 살펴보면 땀이 있었습니다. 변함없이 헌신 봉사하는 성도들의 아름다운 현장에도 수고의 땀이 있습니다. 땀은 거짓말을 하지 않습니다. 다른 말로 표현하면 자기에게 주어진 몫을 성실하게 감당하는 사람들에게는 땀 흘린 기쁨이 주어지는 것입니다.

누구나 인간은 자기에게 주어진 직임에 관하여 스스로 성실히 수행할 것을 다짐하고 각오를 다집니다. 저도 목사 안수를 받은 그 다음 날 잘 쓰지 못하는 붓글씨지만 디모데후서 2장 15절을 써서 액자로 만들어 서재 책상 앞면에 걸어 놓고 주신 사명을 잘 감당하기를 날마다 결단하며 오늘에 이르렀습니다.

"너는 진리의 말씀을 옳게 분별하며 부끄러울 것이 없는 일꾼으로 인정된 자로 자신을 하나님 앞에 드리기를 힘쓰라."

첫째는 진리의 말씀을 옳게 분별 하는 것입니다.
둘째는 부끄러울 것이 없는 일꾼 되는 것입니다.
셋째는 하나님께 나를 드리기를 힘쓰는 것입니다.

물론 실수도 많고 허물도 많지만 이 직분을 받은 대로 직무를 수행하기 위하여 오늘에 이르도록 최선을 다해왔습니다.

때로는 직무 수행이 너무 힘들어서 직무의 옷을 훌훌 벗고 싶을 때도 있었습니다. 너무도 속상하고 화가 나서 견딜 수 없을 때도 있었습니다. 억울하고 분해서 마음의 상처가 아물지 않아 힘들 때도 있었습니다. 그럴 때마다 하나님의 말씀을 마음 판에 새롭게 새기면서 한 걸음 한 걸음 행보하여 여기까지 왔습니다. 누가복음 16장 3절도 마음에 담았습니다.

"청지기가 속으로 이르되 주인이 내 직분을 빼앗으니 내가 무엇을 할까 땅을 파자니 힘이 없고 빌어먹자니 부끄럽구나."

제가 목사로서의 몫을 제대로 감당하지 않으면 주님께서 목사직을 빼앗아 버릴 때 꼭 내 모습 같겠다는 생각을 했습니다. 그리고 고린도후서 6장 3절을 늘 마음에 담고 사역했습니다.

"우리가 이 직분이 비방을 받지 않게 하려고 무엇에든지 아무에게도 거리끼지 않게 하고"

그러면서 전에도 간증했지만 디모데전서 1장 12절을 통해 목사로서 사역의 기본을 잃지 않으려고 몸부림 치며 여기까지 왔습니다.

"나를 능하게 하신 그리스도 예수 우리 주께 내가 감사함은 나를 충성되이 여겨 내게 직분을 맡기심이니"

여기의 '직분'은 다른 말로 표현하면 '일꾼'입니다. 일꾼은 '휘페레타스'라는 용어를 사용하는데 이 단어는 노예를 뜻하는 헬라어 '휘페레테스(ὑπηρέτης)'에서 왔습니다. 이 단어를 정확히 표현하는 한 예가 떠오릅니다. '벤허' 영화의 한 장면인 배 밑창에서 북소리에 맞추어 노를 젓는 노예입니다. 바로 그 노예를 뜻할 때 사용하는 용어입니다.

사도 바울이 아들 같은 젊은 목사 디모데에게 권고하면서 사용된이 단어를 늘 마음에 담고 "나는 예수님의 노예다."라는 마음으로 살아왔습니다. 그리고 날마다 이 마음을 재확인하며 참고 인내하여 사명을 감당할 수 있었습니다.

종종 교회에서 항존직분자들이 직분에 따른 직무를 제대로 수행하지 못하고 치리를 받아 직분을 부끄럽게 하거나 직무 유기를 통해 거룩한 복을 잃어버리는 경우를 종종 봅니다. 그런 경우가 바로 가룟 유다의 경우입니다.

그것은 하나님의 일을 하면서 하나님의 노예라는 자세를 잃어버릴 때 나타나는 현상입니다. 그리고 그 결과가 얼마나 비참한 것인가는 가룟 유다를 통해서 분명하게 보여주고 있습니다.

사도행전 1장 17~20절을 보면 가룟 유다에 대한 기록이 남아있는데 본래 사도의 거룩한 직분을 받았던 유다가 불의의 삯으로 밭을 사고 후에 몸이 곤두박질하여 배가 터져 창자가 밖으로 다 흘러 나왔으며, 그 밭을 당시의 사람들이 '피밭'이라 불렀습니다. 시편에서는 '그의 거처를 황폐하게 하시며 거기 거하는 자가 없게 하소서. 그의 직분을 타인이 취하게 하소서.'라고 예언되었는데, 그로 인하여 가룟 유다는 사도의 직분을 빼앗기고 그 자리에 '맛디아'라는 사람이 보충된 내용입니다.

이것은 예수님 때의 가룟 유다만 그런 것이 아니라 오늘날에도 얼마든지 있게 되는 아픈 사건들입니다.

이 장 본문은 그와 같이 자기에게 주어진 직분에 따른 직무를 성실히 수행하지 못하고 직무유기를 해 엄청난 결과를 가져온 내용입니다.

앞 장에서 말씀을 살펴본 것처럼 다윗은 사울의 진영에 들어가서 잠들어 있는 사울의 머리맡에 있던 창과 물병을 가지고 돌아왔습니다. 그리고 사울의 진영을 향해 소리를 쳤습니다. 그것이 14절 상반 절입니다.

"다윗이 백성과 넬의 아들 아브넬을 대하여 외쳐 이르되 아브넬아 너는 대답하지 아니하느냐 하니"

왜 아브넬을 불렀을까요? 그 내용이 15~16절입니다. 정리하면 이렇습니다.

"아브넬아, 너는 이스라엘 중 가장 훌륭한 용사가 아니냐? 그래서 왕을 보호하는 경호실장이 되었지 않느냐? 그런데 어떻게 너는 왕을 그렇게 밖에 모시지 못하느냐? 내가 내 부하 아비새와 함께 너희들의 진영에 들어가 너의 왕의 창과 물병을 이렇게 가지고 나온 것을 보아라. 내가 마음만 먹었으면 너와 너의 왕과 너의 부하들을 다 죽일 수도 있었다. 그렇지만 여호와의 기름 부으심을 받은 분을 나는 결코 그렇게 할 수는 없었다. 감히 왕의 경호대장이라는 네가 생명을 걸고 왕을 수호하여야 함이 마땅하거늘 네 직무를 성실히 이행하지 않으므로 왕의 생명을 위험에 빠뜨렸다. 어떻게 네가 왕을 그렇게 보호하느냐? 너는 너에게 주어진 직무를 제대로 수행하지 못했으니 죽어 마땅한 죄를 지었느니라."

이 내용을 한 마디로 요약하면 '직무유기(職務遺棄, neglect of duty)' 입니다.

조연 배우도 무대를 내려오면 자기 인생의 주인공이라는 말이 있습니다. 우리가 살아가면서 무엇을 하든, 어떤 위치에 있든, 자기에게 주어진 몫을 감당하지 못하면 그것은 삶의 직무유기입니다.

하나님은 모든 사람 각자에게 그의 할 일을 맡겨 주셨습니다. 우리는 그것을 최선을 다해 수행해야 할 의무가 있습니다. 그런데 그것을 제대로 이행하지 않는 것은 자신의 할 일을 버린 것입니다. 그것이 하나님으로부터 받은 우리 자신의 사명에 대한 직무유기입니다.

한 때 인터넷에 자주 오르던 용어 가운데 주목할 것 하나가 바로 '국회의원들의 직무유기' 라는 것이었습니다.

국민을 대신해서 일하라고 선택해서 국회로 보냄을 받은 사람들이 국회의원들입니다. 그런데 18대 국회 개원이 몇 달이 지나도록 제대로 일도 하지 않고 국민이 내는 세금만 축내고 있었습니다. 그러니 명백한 직무유기라는 것입니다.

오래 전 미국 집회를 다녀오는 길에 서점에서 책 한 권을 샀습니다. 하버드 경영대학의 교수인 존 코더(John Kotter) 박사의 'Leading Change(기업이 원하는 변화의 리더)' 라는 책입니다. 이 책의 내용은 기업을 망치는 8가지 내용을 소개하고 있는데 그것이 다음과 같은 내용입니다.

첫째는 자만심을 방치 하는 것.

둘째는 혁신을 이끄는 팀웍이 없다는 것.

셋째는 5분 안에 설명할 비전이 없는 것.

넷째는 비전이 있어도 회사 전체에 파급하지 못하는 것.

다섯째는 방해물, 무사안일주의를 방치하는 것.

여섯째는 단기간에 가시적인 효과를 보이지 못하는 것.

일곱째는 샴페인을 너무 일찍 터뜨리는 것.

여덟째는 새로운 제도를 조직문화에 승화 시키지 못하는 것.

이 가운데 다섯 번째를 우리는 주목해야 합니다.
직분은 있는데 직무 수행이 안 되는 사람들.
직분은 있는데 직무 수행을 게을리 하는 사람들.
이런 사람들은 조직의 방해물이 될 뿐입니다. 이런 사람들이 무사 안일 주의자들입니다. 이런 사람들을 방치해 두면 기업은 망한다는 것입니다. 이런 사람들을 방치해 두면 교회도 안 된다는 것입니다. 이런 사람들의 직무수행의 내용을 요약하면 직무유기입니다.

그러면 이런 경우에 어떻게 해야 하겠습니까?
존 코터 박사는 2006년에 다시 이 문제를 해결하는 것을 내용으로 하는 'Our Iceberg is Melting' 라는 책을 출간했습니다. 이 한 권의 책으로 죽어가는 조직을 위대한 기업으로 바꾸는 경영혁신 노하우를 소개했습니다.
첫째는 위기를 눈으로 확인시켜 주는 것입니다.
둘째는 강력한 혁신팀을 구성하는 것입니다.
셋째는 비전과 전략을 세우는 것입니다.
넷째는 지속적인 커뮤니케이션을 추진하는 것입니다.
다섯째는 행동에 옮길 수 있는 권한을 부여하는 것입니다.
여섯째는 단기간에 눈에 보이는 성과를 내는 것입니다.
일곱째는 변화의 속도를 늦추지 않는 것입니다.
여덟째는 조직에 변화를 정착시키는 것입니다.

이것은 교회나 기업의 동일한 성공전략입니다. 목사는 목사로서,

장로는 장로로서 이 내용을 숙지하고 자기에게 주어진 거룩한 몫을 잘 감당할 수 있어야 합니다.

그럼 어떻게 사역해야 직무유기가 아닐까요?
앞서 말씀드린 것처럼 사도 바울은 이 내용을 깊은 영적 감동을 통해 우리에게 소개했습니다. 그것이 디모데전서 1장 12절입니다.
"나를 능하게 하신 그리스도 예수 우리 주께 내가 감사함은 나를 충성되이 여겨 내게 직분을 맡기심이니"

바울은 아들 같은 목사 디모데에게 목회에 관한 교훈을 하면서 이 말씀을 강조했습니다. 말씀의 핵심은 다음과 같이 세 가지로 분류할 수 있습니다.

첫째는 '나를 능하게 하신 분은 그리스도 우리 주님' 입니다.
내가 힘이 있어 하는 것이 아니라 주님께서 일을 할 수 있도록 능력을 주셨기 때문에 주님의 일을 한다는 것입니다.
베드로전서 4장 11절에서 주님은 베드로 사도를 통해 우리에게 이 문제의 근본적인 참 메시지를 주셨습니다.
"만일 누가 말하려면 하나님의 말씀을 하는 것 같이 하고 누가 봉사하려면 하나님이 공급하시는 힘으로 하는 것 같이 하라."

그렇습니다. 내가 하는 모든 일의 능력은 주님이 주셨습니다. 그래서 우리 각자가 그 일들을 능히 해 낼 수 있습니다.

둘째는 감사함을 잃으면 안 됩니다.

이어지는 13절을 보면 바울은 자신을 소개할 때 전에는 자신이 훼방자, 핍박자 포행자였다고 했습니다. 그리고 예수 그리스도를 믿는 자들을 박해하고 중상하고 모략했다는 것입니다.

그런데 하나님이 자신을 사도로 삼으셨으니 어찌 감사하지 않을 수 있겠느냐는 것입니다. 그래서 그의 일생은 오직 주님께 감사하는 삶이 전부였습니다. 그런 그의 삶의 내용을 함축한 고백이 데살로니가전서 5장 16~18절입니다.

"항상 기뻐하라. 쉬지 말고 기도하라. 범사에 감사하라 이것이 그리스도 예수 안에서 너희를 향하신 하나님의 뜻이니라."

주님의 일을 하면서 불평하고 원망하는 것 자체가 거룩한 사역의 직무유기입니다. 이런 사람들의 내용은 유다서 1장 6절을 보면 이렇게 정의하고 있습니다.

"이 사람들은 원망하는 자며 불만을 토하는 자며 그 정욕대로 행하는 자라 그 입으로 자랑하는 말을 하며 이익을 위하여 아첨하느니라."

주님의 일을 하면서 짜증을 부리고 다투고 불평하면서 한다는 것 자체가 직분자로서는 어불성설이며 직무유기입니다.

셋째는 충성을 다해야 합니다.
바울은 "나를 충성되이 여겨 직분을 맡기심이니" 했습니다. 바울의 일생을 살펴보면 '충성' 이라는 이 한 단어가 딱 맞는 삶이었습니다. 다메섹에서 회심한 그 날부터 로마에서 순교의 피를 쏟기까지 오직 한 길, 예수 그리스도께서 주신 사도의 직분에 충성을 다했습니다. 그래서 고린도전서 4장 2절에서 그는 고백했습니다.

"맡은 자들에게 구할 것은 충성이니라."

오늘날 교회에는 3꾼이 있다고 합니다. 첫째, 일꾼입니다. 둘째, 구경꾼입니다. 셋째, 말썽꾼입니다.

경영학에서는 이런 원리를 '3대 6대 1의 원리라고 합니다. 어느 조직이나 반드시 30%의 일꾼이 있다는 것입니다. 그리고 반드시 60%의 구경꾼이 있고, 10%의 말썽꾼이 있다는 이야기입니다.

여러분은 어디에 속하십니까?

우리가 주님의 부르심을 받고 일하는 동안 그 맡은 일이 어떤 것이든 직무유기를 해서는 안 됩니다. 충성스러운 일꾼이 되어야 합니다. 예수님께서도 하나님의 집에 아들로 충성하셨습니다. 저와 여러분도 주님처럼 하나님의 자녀들로 하나님의 일에 충성하시기를 축복합니다.

"그리스도는 그의 집 맡은 아들로 충성하였으니 우리가 소망의 담대함과 자랑을 끝까지 견고히 잡으면 그의 집이라(히 3:6)" 아멘.

82.
행동하는 신앙

서울 시청 앞에서 범불교대회가 열렸을 때 저는 서울 '본 교회' 부흥회 강사로 섬기고 있었습니다. 숙소가 바로 옆에 있는 롯데호텔 33층이었는데 행사를 마친 후 수 만 명이 거리행진 하는 것을 지켜보면서 많은 생각을 했습니다.

그 대회가 열리게 된 배경은 대통령이 종교편향을 가지고 정치를 한다는 것입니다. 그것의 구체적인 내용은 다음 두 가지로 요약됩니다.

첫째는 이명박 정부가 이 나라를 기독교화 시킨다는 강박관념입니다. 불교인들이 들으면 서운할지 모르겠지만 이명박 대통령이 아무리 독실한 기독교인이라 할지라도 그런 소인배는 아닙니다. 장로가 아닌 조용기 목사가 대통령이 되어도 종교편향적 정치를 하지는 않을 것입니다. 왜냐하면 종교와 정치의 관계개념을 모르고 국가경영을 할 사람은 없기 때문입니다.

그날 아침 일간지 신문 광고에 "이명박 장로님, 이래도 기독교 공화국을 꿈꾸는 게 아닙니까?"라는 질문의 문구를 보았습니다. 예배시간에 간증한 것을 가지고 이렇게 반문한다면 어느 종교인이 자기 종교에 대한 행동하는 신앙을 보일 수 있겠습니까? 장로가 아니라 목사가 대통령이 되어도 그렇게 국가경영을 할 사람은 없습니다.

김영삼 대통령 당시에는 매주일 청와대에서 전국 목사들이 돌아가며 예배 인도를 한 것을 우리는 잘 알고 있습니다.

둘째는 어청수 경찰청장의 해임문제입니다. 경찰이 총무원장 스님의 자동차 트렁크를 검문한 것이 불교도들의 분노를 사게 되었고, 어청수 청장이 대형교회에서 간증집회를 하는 사진이 광고에 게재된 것과 연관시켜 대통령이 종교편향 정치를 한다느니, 경찰청장도 그렇다느니 하는 논리입니다.

가정하여 제가 불교 총무원장이었다면 검문하는 경찰에게 "그래 그래야 민주경찰이지" 하면서 허허 웃어줄 수 있었을 것 같습니다. 그것이 호국불교 정신이며 종교의 본질이라 생각합니다.

그 무더운 여름 한 낮에 스님들과 불자들이 거리를 행보하는 것을 보면서 문득 성철 스님이 생각났습니다. 그 분이 입적(入寂)하신 그 다음 주일 저는 저희 교회 주보에 성철 스님을 기리는 목회단상을 올렸습니다. 그 때문에 몇 분의 질타를 받기도 했고, 목사가 어떻게 거룩한 주보에 스님을 찬양하는 글을 쓸 수 있느냐고 몇 통의 전화를 받기도 했습니다. 그 때 저는 구태여 변명하지 않았습니다. 지금이나 또는 세월이 흐른 후에라도 이것이 결코 기독교에 악영향을 미치지는 않을 것이라는 저의 신앙 때문이었습니다. 승려도 하나님의 자녀이고 목사도 하나님의 자녀인데 지금 기독교인이 아니라고 마귀의 자식이라고 할 수는 없습니다. 모든 믿지 않는 사람은 전도의 대상이지 마귀의 자녀는 아닙니다.

신앙이란 그 믿는 바가 행동이 되어야 옳은 신앙입니다. 그러나 자칫 잘못된 행동은 화를 불러 일으키기도 합니다. 그것은 어느 종교이든지 모두 마찬가지입니다. 특히 우리 기독교인들은 유일신 개념 때문에 타종교와의 화합이 아주 어렵습니다. 그렇다고 분수없이 행동하는 것은 잘못입니다.

예컨대 설교를 하면서 타 종교인에 대하여 '마귀새끼' 라든가 '구원받지 못할 족속' 이라든가, 아니면 타종교에 대하여 폄하하는 발언을 하는 것은 결코 옳은 일이 아닙니다.

설교는 기독교의 정체성을 역설하고, 구원의 도리를 설파하는 것입니다. 그런데도 구태여 타 종교인을 비판하고 욕하고 정죄하는 것은 바른 신앙행동이 아닙니다.

저는 목사이기 이전에 국민의 한 사람으로서 이번 범불교대회가 구태여 이렇게까지 해야 하는가 하는 안타까움이 있습니다.

왜냐하면 몇 년 전 저희교회 정장식 장로님이 포항시장으로 재임하실 때 기관장 홀리 클럽에서 진행하는 목요일 아침 성경공부에 참석하는 것을 종교편향이라고 몰아붙여 포항시민의 화합이 깨어지고 포항 지역 종교화합의 아름다움이 금이 가는 것을 경험했기 때문입니다. 결과는 모두에게 상처뿐이었습니다. 결코 어느 누구에게도 득이 되지 않은 것으로 우리는 결론을 보았습니다.

어느 종교를 무론하고 신앙은 행동하는 신앙이어야 합니다. 그러나 그것이 자칫 편견이 되고 이기적인 행동이 될 때는 종교인으로서의 자긍심마저 부서지는 것입니다.

이 본문에는 역시 두 사람의 이야기가 엮어지고 있습니다. 사울과 다윗의 이야기입니다. 우리가 아는 바대로 이 두 사람 모두 신앙인이었습니다. 그리고 자기가 하는 모든 일들이 다 옳다고 믿고 그 믿음대로 행동하는 사람들이었습니다.

우리가 객관적으로 판단할 때 사울의 신앙이 얼마나 잘못되었고, 다윗의 신앙이 얼마나 아름다운 것인가는 이미 결론이 나 있습니다.

그런데 이 사울이 믿는 하나님과 다윗이 믿는 하나님이 결코 다른 하나님이 아님에도 불구하고 두 사람의 신앙적인 행동은 극과 극을 달리는 차이를 보이고 있다는 것이 중요한 것입니다. 그 차이를 나누어 살펴보겠습니다.

1. 사울의 불신앙적인 행동

첫째, 선과 악의 분별력을 잃어버린 행동

지금 사울은 다윗을 죽이려 하는 것이 옳은 것인지 그릇된 것인지에 대한 판단이 흐려있습니다. 그것이 하나님의 뜻에 맞는 것인지 자기 뜻인지 분별하는 힘을 잃어버렸다는 말씀입니다. 사울의 태도는 모양은 신앙인의 그것을 하고 있지만 그 행동은 불신앙적인 행동입니다. 이것은 행동하는 신앙의 참 모습이 아닙니다.

이런 사울을 향한 다윗의 안타깝고도 애절한 충절의 호소가 20절
에 있습니다.

"이제 나의 피가 땅에 흐르지 말게 하옵소서. 이는 산에서 메추라기를
사냥하는 자와 같이 이스라엘 왕이 한 벼룩을 수색하러 나오셨음이니이다."

이 내용을 보면 사울은 살인 행위를 하고 있으며, 그 행위가 마치
메추라기 사냥하듯 하니 참으로 한 작은 벼룩을 수색하는 것과 같다
는 것입니다.

둘째, 힘을 잘못 사용한 불신앙적인 행동

한 나라의 왕에게는 그 백성들을 잘 돌보고 이끌어 국태민안을 이
루도록 하기 위해 막중한 힘이 부여됩니다. 그런데 사울은 그 힘을 백
성들을 위해 사용하는 것이 아니라 자신의 정적 다윗을 죽이려는데
거의 전력을 소모하고 있습니다. 게다가 수천 명의 군사를 동원하여
평생을 다윗 하나를 쫓아다니는데 힘을 썼습니다. 이것은 너무나도
잘못된 힘의 사용입니다.

정치나 사회, 특히 종교에 있어서는 물리적인 힘을 사용하면 안 됩
니다. 참으로 민망스러운 말이지만 오늘 날 서울시청 앞 광장을 사용
하는 단체들을 보면 진정한 힘을 사용하는 것이 아니라 물리적인 힘
을 사용하는 것 같아 안타깝기 그지없습니다.

물론 촛불집회의 출발은 순수했고 민주주의의 진정성이 반영된 모
습이었습니다. 약한 자들의 소리 없는 항변이었습니다. 그렇지만 그
결국이 물리적인 힘으로 나타나고 말았습니다. 경찰차 수 백 대가 부
서지고 전경들이 다쳐서 입원을 했습니다. 지역 상인들의 피해도 엄

청나 그들이 더 이상 참을 수 없다고 고발하는 결과를 가져왔습니다. 이러한 것은 그 촛불 집회가 어떤 이유에서 시작된 것이든지 합리화 될 수 없다는 것입니다. 안타까운 것이 바로 이것입니다.

그것은 정부 입장에서도 마찬가지입니다. 한 때 열린우리당이 국회의원의 수가 많다고 여의도를 좌지우지했다가 이제는 한나라당이 숫자가 많다고 여의도를 좌지우지하는 것은 그 결국이 실패로 끝납니다. 힘이 있을 때 그 힘을 바르게 사용하는 것이 진정한 신앙인의 태도입니다.

셋째, 거짓과 기만의 불신앙적인 행동

본문 21절은 참 민망한 사울의 말입니다.

"사울이 이르되 내가 죄를 범하였도다. 내 아들 다윗아 돌아오라. 네가 오늘 내 생명을 귀하게 여겼은즉 내가 다시는 너를 해하려 하지 아니하리라. 내가 어리석은 일을 하였으니 대단히 잘못되었도다 하는지라."

이런 말이 어디 한두 번이었습니까? 신앙인은 일구이언(一口二言)을 즐기면 안 됩니다. 한 입으로 말했으면 자기에게 손해가 될지라도 시행하는 것이 신앙인의 행동입니다.

사울은 다윗을 쫓다가 오히려 자기가 죽을 상황이 처했을 때 다윗이 자기를 죽이지 않고 살려줄 때마다 이런 말을 했습니다. 한두 번도 아니고 계속해서 이런 말을 한다는 것은 자기와 모든 사람을 기만하는 것입니다. 거짓입니다. 거짓과 기만은 사단이 사용하는 도구입니다.

이런 사울과 대조되는 다윗의 행위는 그야말로 신앙에서 연출되는 것이었습니다.

2. 다윗의 신앙적인 행동

다윗의 행동하는 신앙의 근간은 모든 기준이 하나님이었습니다. 본문 안에서만 그 구체적인 내용을 정리하면 다음 몇 가지로 요약할 수 있습니다.

첫째, 하나님의 뜻대로 순종하는 행동하는 신앙

19절의 내용이 그것을 잘 표현해 주고 있습니다.

"원하건대 내 주 왕은 이제 종의 말을 들으소서. 만일 왕을 충동시켜 나를 해하려 하는 이가 여호와시면 여호와께서는 제물을 받으시기를 원하나이다마는 만일 사람들이면 그들이 여호와 앞에 저주를 받으리니 이는 그들이 이르기를 너는 가서 다른 신들을 섬기라 하고 오늘 나를 쫓아내어 여호와의 기업에 참여하지 못하게 함이니이다."

참으로 각별한 하나님에 대한 신앙이 베여있는 진정한 고백입니다. 사울이 자기를 죽이려고 하는 것이 하나님의 뜻이면 기꺼이 받겠다는 말입니다. 하나님의 뜻이라면 그것이 죽음일지라도 오로지 굴복하겠다는 진실한 믿음과 신앙 고백입니다.

히브리서에 기록된 믿음의 선진들의 삶의 내용이 그러했습니다. 아브라함이 이삭을 모리아 산에서 하나님께 번제물로 바친 행동도 그렇습니다. 사무엘이 사무엘상 15장 22~23절에서 사울을 책망하면서 교훈한 메시지도 그렇습니다.

순종은 제사보다 낫습니다. 듣는 것이 수양의 기름보다 낫습니다.

그래서 일하는 마르다보다는 말씀 듣는 마리아를 주님께서 높이셨습니다.

말씀을 믿어야 순종이 가능합니다. 순종이 되어야 감사가 표현됩니다. 감사함이 있어야 올바른 헌신이 가능합니다.

이것은 오늘을 살아가는 그리스도인의 삶의 자세가 되어야 합니다. 아픔도, 고난도, 역경도, 억울함도, 그것이 하나님의 뜻이라면 겸손하게 감사함으로 받는 것이 행동하는 신앙입니다. 달면 삼키고 쓰면 내뱉는 것은 불신앙적인 행위입니다.

둘째, 원수까지 사랑하는 행동하는 신앙입니다.

자신의 일생을 거의 모두 허비할 정도로 다윗을 죽이려고 혈안이 된 사울을 다윗은 사랑했습니다. 그것은 말씀에 순종하는 다윗의 행동하는 신앙의 발로입니다.

마태복음 5:44절입니다.

"나는 너희에게 이르노니 너희 원수를 사랑하며 너희를 박해하는 자를 위하여 기도하라."

그렇습니다. 이것이 복음입니다. 예수님의 새 계명입니다. 46~47절에서는 더 보충해서 말씀 하셨습니다.

"너희가 너희를 사랑하는 자를 사랑하면 무슨 상이 있으리요 세리도 이같이 아니하느냐. 또 너희가 너희 형제에게만 문안하면 남보다 더하는 것이 무엇이냐 이방인들도 이같이 아니하느냐"

범불교대회를 보고 어떤 분이 이렇게 말하는 것을 들었습니다.

"기독교인들도 옛날 100만 성회로 광장에 모였던 것처럼 행동으로 보여주어야 한다."

그러나 그렇게 하는 것은 신앙인의 행동이 아닙니다. 불교인이 집회를 한다고 해서 기독교인들도 서울광장에 모여 맞불자세를 취하는 것은 안 될 일입니다. 하나님께서 역사를 섭리하신다는 것을 믿는다면 오히려 이런 때일수록 기도해야 합니다. 인간적인 생각에서 기인되는 행동은 그 어떠한 것도 신앙인의 취할 바는 아닙니다.

애틀랜타에 집회를 갔다가 흑인 민권운동가 '마틴 루터 킹' 목사님의 기념관에 들렀습니다. 흑인에 대한 버스 승차 차별이라는 작은 한 사건으로 인해 성난 군중들이 손에 손에 무기를 들고 거리로 나왔습니다. 그 때 킹 목사님이 그 앞을 가로막고 비폭력 저항 운동의 기수가 되어 외친 말이 있습니다. 이 말은 오늘 '민권운동' 이라고 말하면서 거리로 쏟아져 나오는 사람들이 마음에 깊이 새겨야 할 말입니다.

"여러분들 중에 흉기를 가지신 분이 계시다면 그것을 원래 있던 곳에 가만히 갖다 두십시오. 우리는 보복적인 폭력을 비폭력으로 받아들여야만 합니다. 예수님께서 하신 말씀을 기억하십시오. 예수님은 '칼을 쓰는 자는 칼로 망한다.' 고 하셨습니다. 우리는 증오를 사랑으로 맞아야만 합니다. 자, 여러분! 이 찬연한 신앙과 빛나는 확증을 가지고 이제는 모두 집으로 돌아가 주십시오."

성난 군중들은 모든 무기를 내려놓고 "아멘!" 으로 화답했습니다. 역사는 이 비폭력 저항 민권 운동가의 이름을 역사에 찬란히 빛나도록 기록하였습니다.

셋째, 기름부음 받은 종들을 존중했습니다.

23~24절의 내용입니다. 하나님이 사울을 다윗의 손에 넘기셨지만 다윗은 하나님의 기름부음을 받은 사울을 죽일 수 없었습니다. 그 이유는 단 하나, 하나님께서 기름 부으신 자를 손대는 것은 하나님께 손을 대는 것과 같다고 이해했던 다윗의 신앙이었습니다.

다윗이 볼 때 사울은 정말 왕답지 못하고 인간답지 못한 망나니 같았습니다. 그렇지만 하나님께서 사울에게 기름을 부으셨을 때는 그만한 이유가 있을 것이기 때문에 하나님의 거룩하신 뜻을 거스르고 싶지 않았습니다.

앞의 10장 1절에서 하나님은 사무엘을 통하여 사울에게 기름을 부으시고 이스라엘의 지도자로 삼으셨습니다.

16장 13절을 보면 하나님은 다윗에게도 기름을 부으시고 이스라엘의 지도자로 삼으셨습니다.

그러기에 다윗은 사울도 하나님 앞에서 거룩한 직무를 수행하는 구별된 자로서 그 생명이 귀하지만 다윗 자신도 기름 부음 받은 자로 하나님이 자기 생명을 지키심을 확신했습니다. 이것이 다윗의 신앙이며 행동입니다. 그래서 24장 10절에서 사울을 죽일 기회가 있어도 손대지 않았습니다. 앞의 26장 9절에서도 아비새가 사울을 죽이려 할 때 이렇게 말했습니다.

"다윗이 아비새에게 이르되 죽이지 말라. 누구든지 손을 들어 여호와의 기름 부음 받은 자를 치면 죄가 없겠느냐"

서울 '본 교회'에서 집회를 인도하는 중 아주 감동스러운 일을 경험했습니다. 제가 사랑하고 존경하는 한국교회의 대표라고 해도 과언이 아닐 수원중앙침례교회 당회장 고명진 목사님이 셋 째날 새벽에 저의 집회 현장으로 오셨습니다.

이유인즉 교인 가운데 오랜 병으로 아주 힘들게 지내는 집사님이 한 분 계시는데 그 분이 담임목사님을 찾아와 드린 말씀이 있다는 것입니다. 그 분의 말은 "포항중앙교회 서임중 목사님께 치유를 위한 안수 기도를 받으면 완치가 되겠다는 믿음이 드는데 연결해 줄 수 없으시겠습니까?"라는 것입니다.

거두절미하고, 수원중앙교회는 우리교회의 몇 배나 더 큰 교회이고, 고명진 목사님도 모든 면에서 저보다 훨씬 훌륭하신 목사님이십니다. 그런데도 목사님은 그 집사님 내외분과 동행하여 저의 집회 현장까지 직접 찾아오셨습니다. 부목사님에게 맡길 수도 있는 일입니다. 그러나 그 대형교회 담임목사가 친히 젊은 집사 내외를 동반하고 안수기도를 받게 하려고 오신 것입니다.

가슴에 말할 수 없는 감동이 물결쳤습니다. 고명진 목사님의 신앙과 인격과 삶의 겸손함과 아름다움이 제 마음을 사정없이 흔들었습니다. 많은 것을 생각했고 많은 것을 깨달았습니다. 그리고 참으로 영혼 깊이 많은 것을 배웠습니다.

저희 두 사람은 집사님 내외의 머리에 안수를 했습니다. 저의 목사로서의 진솔한 기도가 목 메인 울먹임으로 하나님께 드려졌습니다. 주님께서 그분들을 깨끗케 하시리라 믿습니다.

기도가 끝난 후 저도 고명진 목사님도 흥건히 눈물에 젖어 서로를 끌어안았습니다. 말없이 수 천 마디의 말을 주고받을 수 있는 같은 목자로서의 사랑을 나누었습니다. 은혜를 나누었습니다.

그분의 신앙은 체면도 없고, 위상도 없었습니다. 오직 하나님을 향한 다윗처럼 순수하고 아름다운 신앙이었습니다. 고목사님의 그 신앙이 행동으로 연출된 것을 저는 보았습니다.

행동하는 신앙은 이론에 머물지 않습니다.
행동하는 신앙은 입술의 말이 아니라 삶의 열매로 보여줍니다.
행동하는 신앙은 아름답습니다.
행동하는 신앙은 아름다운 역사를 써 갑니다.
행동하는 신앙은 생명을 내어놓습니다.

저와 여러분을 구원하신 예수님의 사랑이 이와 같은 사랑입니다. 하나님을 사랑하고 예수님을 믿는 저와 여러분의 삶이 이런 행동하는 복 있는 신앙인의 일생이 되기를 예수님의 이름으로 축복합니다. 아멘.

83.
실패를 통한 교훈

나이 40에 목사가 된 저는 전도사 시절의 애환이 남달리 많았습니다. 한 번은 시찰회 모임 후 식사 시간이 되었는데 제가 잘 모르고 목사님들이 계시는 방에서 식사를 하게 되었습니다. 보편적으로 그 때나 지금이나 전도사님들은 목사님들의 자리에 함께 할 수 없습니다. 몇 숟갈 밥을 먹는데 드디어 한 분 목사님이 저를 보고 꾸지람을 하셨습니다.

"전도사가 겁~도 없이······· 밖에 나가서 식사해"

처음에는 농담인 줄 알았습니다. 그냥 약간 민망해서 얼굴이 달아올랐지만 그대로 앉아 식사를 했습니다. 그런데 그 분의 말은 농담이 아니었습니다.

"요즘 전도사들은 도대체 겁 대가리가 없어요."

거친 말을 듣고서야 울컥 치솟는 감정을 다스리면서 일어나 밖으로 나가는데 뒤에서 들리는 말이 있었습니다.

"아, 김 목사! 사람이 왜 그래? 밥 먹는데 어디 자리가 구분되어 있나? 서 전도사님! 들어와요."

밖으로 나와 식사를 하는 저를 두고 상황이 이래저래 민망하게 되었던 그 때의 일을 아직도 잊지 않고 있습니다.

그리고 이 일은 제가 목사가 된 후 제게 분명하게 한 가지는 도움이 되었습니다. 나이가 많던 적든 전도사님들을 배려하는 넉넉함이 저의 일상이 된 것입니다.

저는 늦게 목사가 된 것을 실패라고 생각하지는 않습니다. 늦게 목사가 되었기 때문에 남다른 애환은 많았지만, 오히려 그런 것들이 저의 목회에 많은 도움이 된 것이 분명하기 때문입니다.

1950년 미국의 사업가 '프랭크 맥나마라'는 자신의 주요 고객들을 초청해 뉴욕의 레스토랑에서 파티를 열었습니다. 만찬이 끝나고 돈을 지급하려는 순간 사무실에 지갑을 놓고 온 것을 알았습니다. 그는 음식값을 지불하지 못해 고객들 앞에서 톡톡히 망신을 당했습니다. 그는 변호사 친구를 찾아가 자신이 당한 봉변을 털어놓으며 말했습니다.

"현금이 없을 때 음식값을 대신 지불할 수 있는 방법은 없을까?"

두 사람은 장시간의 연구 끝에 먼저 결제하고 나중에 상환하는 카드를 만들었습니다. 이것이 바로 세계 최초의 신용카드인 다이너스 카드(Diners Card)입니다. 다이너스 카드는 이름 그대로 맥나마라가 저녁(Dinner)을 먹다가 곤혹을 치른 후에 만든 카드라는 뜻입니다.

성공한 사람들은 실패와 실수를 인생의 교훈으로 삼습니다. 그리고 그 실패를 오히려 선용함으로 성공에 이릅니다.

그러나 실패한 사람들은 자신의 삶의 실패와 실수를 교훈으로 삼지 못하고 절망에 함몰된 사람들입니다.

"실패는 성공의 어머니"라는 에디슨이 말년에 남긴 유명한 말이 있습니다. 그가 전구를 발명하기 위해 2000번의 실패를 겪었다는 것은 누구나 잘 알고 있는 사실입니다. 전구를 발명한 후에 기자가 물었습니다.

"2000번이나 실패하시는 동안 중간에 포기할 생각은 안 하셨습니까?"

기자의 질문에 에디슨은 참으로 감동적인 명언을 답변으로 들려줍니다.

"실패라니요? 나는 단지 2000번의 과정을 거쳤을 뿐입니다."

그래서 토마스 에디슨의 삶을 한 마디로 함축한 "천재란 99%의 노력과 1%의 영감으로 만들어진다."라는 말은 오늘을 살아가는 우리에게 깊은 메시지를 줍니다.

이 장 본문 7절을 먼저 보겠습니다.

"다윗이 블레셋 사람들의 지방에 산 날 수는 일 년 사 개월이었더라."

이 기간은 다윗의 실패 기간입니다. 그리고 30장까지 다윗의 타락하고 실패한 여정이 기록되었습니다.

다음 장에서 말씀을 이어가겠지만 이 기간 동안 다윗에게는 신앙적인 면면을 그 어디에서도 찾아 볼 수 없는 타락한 기간이었습니다.

이 기간 동안의 다윗에게는 예배나 기도나 찬양하는 모습이 전혀 보이지 않습니다. 다만 먹고 살기 위한 탈취와 살인과 약탈과 거짓된 행동만 나타납니다. 오직 블레셋 왕 아기스와 블레셋 사람들의 환심을 사려는 데만 온통 집중된 기간입니다.

사울의 칼을 피하면서 온갖 고초를 당할 때도 찬양하고 기도하며 예배했던 다윗이 왜 이 지경이 되었을까요? 고린도전서 10장 11절 말씀의 기록입니다.

"그들에게 일어난 이런 일은 본보기가 되고 또한 말세를 만난 우리를 깨우치기 위하여 기록되었느니라."

로마서 15장 4절 말씀도 함께 보겠습니다.

"무엇이든지 전에 기록된 바는 우리의 교훈을 위하여 기록된 것이니"

다윗의 실패를 통해 오늘 우리가 교훈을 얻고, 우리는 그와 같은 실패의 삶을 살아서는 안 된다는 것을 하나님은 본문을 통하여 깨우쳐주고 계신 것입니다.

그러면 다윗이 왜 이 지경이 되었는가를 하나하나 살펴보도록 하겠습니다. 먼저 1절입니다.

"다윗이 그 마음에 생각하기를 내가 후일에는 사울의 손에 붙잡히리니 블레셋 사람들의 땅으로 피하여 들어가는 것이 좋으리로다. 사울이 이스라엘 온 영토 내에서 다시 나를 찾다가 단념하리니 내가 그의 손에서 벗어나리라 하고"

이제까지 수없이 사울의 칼에 죽임을 당할 상황이 있었지만 하나님의 은혜와 돌보심을 입고 살리심을 입은 것을 아는 다윗이 어떻게 이런 생각을 했을까요? 제아무리 위대한 신앙을 가진 다윗도 결국은 인간이라는 것입니다.

사울의 칼을 피하여 도망 다니는 데 지칠 대로 지쳤습니다. 외롭고 슬펐습니다. 아프고 괴로웠습니다. 그것이 다윗을 힘들게 했습니다.

사울을 죽일 기회가 몇 번이나 있었지만 하나님의 기름 부으신 자를 치는 것은 하나님의 뜻이 아니기에 그 때마다 살려주었건만, 사울은 그 때마다 회개하는 듯 했으나 변함이 없었습니다.

좋은 일을 하고 베푸는 일을 하며 말씀 중심으로 살았건만, 돌아오는 것은 배반과 아픔뿐이었습니다. 섭섭함과 화나는 일 뿐이었습니다.

이런 것이 어디 다윗만 그러하겠습니까? 오늘 저와 여러분도 마찬가지입니다.

저는 첫 목회를 구계교회라는 작은 교회에서 시작했습니다. 신명을 다해 사역했습니다. 주간에는 학교에서 근무를 하고 주말에는 교회 전도사로 섬기면서 정말 있는 힘을 다해 사역했습니다. 학교에서 받는 봉급은 거의 예배당 건축에 쏟아 부었습니다.

그 시무 기간에 인간적으로 교회로부터 가시적인 사랑을 받아보지 못했지만 있는 힘을 다했습니다.

하나님의 인도하심을 따라 그 교회를 사임하면서 후임 교역자가 나와 같이 되지 않기를 바라는 마음이 있었기에 그에 대하여 교훈을 하고 사역지를 옮겼습니다. 후임 교역자는 분에 넘치는 사랑을 받으면서 시무를 했습니다.

다음 목회지가 소호리교회였습니다. 학교에서 받은 퇴직금과 공무원 7년 생활 동안 알뜰하게 살며 갖게 된 집 한 채까지 모두 팔아 역시 예배당 건축을 위해 아낌없이 바쳤습니다. 목숨을 건 목회였습니다. 교회가 부흥을 했습니다. 그러나 개인적으로 돌아오는 가시적인 사랑은 저와는 요원하기만 했습니다.

후임 교역자에게는 그래서는 안 된다고 깨우치고 또 다시 인도하심을 따라 사역지로 옮겼습니다. 전임지의 후임 교역자들은 그 때부터 가시적인 사랑을 받는 교회가 되었습니다.

다음 목회지가 안동 용상교회였습니다. 저의 일생을 여기서 끝내려는 마음으로 신명을 다했습니다. 교회는 부흥했고 교세는 좋았지만 목사로서의 저의 일상생활은 너무 힘들었습니다. 후임 목사를 위해 마지막 퇴직금까지 다 바치고 사역지를 옮겼습니다. 후임 목사는 가시적인 사랑을 받으면서 목회를 한다는 기쁜 소식이 늘 들려왔습니다.

포항에 온지도 벌써 17년이 되었습니다. 제가 할 수 있는 목회의 마지막 교회이기에 사욕을 버리고 목회를 했습니다. 거짓 없이 헌신했습니다. 있는 힘을 다해 가히 몸부림을 치며 오늘에 이르렀습니다.

그런데 종종 힘이 빠질 때가 있었습니다. 외롭고 힘들고 서럽고 아플 때가 있었습니다. 진심을 진심으로, 사랑을 사랑으로, 은혜를 은혜로 받고 생각하고 공유할 수 있으면 좋겠는데, 그런 것들이 통하지 않을 때의 섭섭함도 있었습니다. 그래서 힘이 빠지기도 했습니다. 절망하기도 했습니다. 아파하기도 했습니다. 그럴 때면 언제나 하나님께서 말씀으로 다가오셨습니다. 갈라디아서 6장 9절입니다.

"우리가 선을 행하되 낙심하지 말지니 포기하지 아니하면 때가 이르매 거두리라."

그렇습니다. 하나님은 내가 생각하는 방법대로 위로하고 품어주고 응답해 주시지 않았습니다. 하나님의 방법대로만 주셨습니다.

힘들 때면 인간적인 생각이 먼저 앞섭니다. 그러나 그것을 실행에 옮기면 실패합니다. 그러므로 힘들 때도 하나님의 말씀이 앞서야 합니다. 그러면 성공합니다.

다윗은 사울의 손에 망할 것을 먼저 생각하고 블레셋 사람의 땅으로 피신하는 것이 상책인 줄 알았습니다. 그것은 하나님의 뜻이 아니었습니다. 하나님은 유대 땅에 그대로 머물기를 바라셨습니다. 그러나 끝없이 자신을 죽이려는 사울 때문에 절망한 다윗은 블레셋 땅으로 피신을 하고자 했습니다.
블레셋 사람들이 어떤 사람들입니까? 그들은 하나님 없는 삶을 살아가는 사람들입니다. 하나님을 섬기는 이스라엘의 원수로 살아가는 사람들입니다.

참 묘한 일이 전개 되었습니다. 다윗이 블레셋 사람의 땅으로 갔을 때, 그것은 마치 하나님의 뜻 같아 보였습니다. 4절 말씀을 볼까요?
"다윗이 가드에 도망한 것을 어떤 사람이 사울에게 전하매 사울이 다시는 그를 수색하지 아니하니라."

일이 이쯤 되었으니 다윗도 생각을 했겠지요? 하나님이 인도하신 것이라고 생각했을 것입니다. 이제는 사울의 칼을 걱정할 필요도 없게 되었습니다. 여기에 이르자 다윗의 언행이 가관입니다. 5절을 보겠습니다.

"다윗이 아기스에게 이르되 바라건대 내가 당신께 은혜를 입었다면 지방 성읍 가운데 한 곳을 내게 주어 내가 살게 하소서 당신의 종이 어찌 당신과 함께 왕도에 살리이까 하니"

적국의 왕 앞에서 다윗이 머리를 조아리며 간청하는 내용입니다. "내가 감히 왕이 살고 있는 성읍에 살 수 있겠습니까? 그저 지방의 작은 성읍 하나를 주어 살게 해 주십시오."

비굴해졌습니다. 초라해졌습니다. 아주 스스로 잔챙이가 되었습니다. 그렇게 담대했던 다윗이, 골리앗을 쳐 죽였던 다윗이, 이제는 아무 기상도 없습니다. 오직 목숨을 부지하기 위하여 아부하고 비굴해진 다윗의 모습입니다.

사울의 칼을 피하게 된 것 하나만으로 다윗은 그것이 하나님의 인도하심인줄 착각했습니다. 6절을 보면 더더욱 그러합니다.

"아기스가 그 날에 시글락을 그에게 주었으므로 시글락이 오늘까지 유다 왕에게 속하니라."

사울의 칼을 피하여 이리 저리 유리방황했던 시절이 끝난 상황이 되었습니다. 블레셋으로 도망오기를 백번이고 잘 했다고 생각하게 되었습니다.

그러나 우리는 이미 이 사건을 통해 하나님께서 우리에게 교훈하시는 것을 깨닫습니다.

온전한 신앙인이 타락하게 될 때 그 얼마동안은 일이 아주 잘되는 것 같고 형통한 일이 열려집니다. 그래서 그 길이 축복의 길이라고 생각합니다. 그러나 결국 그 길은 멸망의 길이 되는 것을 우리는 깨닫습니다.

인간에게는 질서라는 것이 있습니다. 질서에는 위치질서가 있고, 역할질서가 있으며, 관계질서가 있습니다. 있어야 할 자리에 있는 것이 위치 질서입니다. 해야 할 일을 하는 것이 역할질서입니다. 마땅히 맺어야 할 질서가 관계질서입니다.

성도는 하나님과 함께 하는 자리에 있어야 합니다. 그곳이 예배의 자리입니다. 기도의 자리입니다. 찬송의 자리입니다.
성도는 하나님이 기뻐하시는 일을 해야 합니다. 그것이 뒷맛 좋은 삶입니다. 선을 행하는 것입니다.
하나님의 사람들은 하나님과 관계가 단절되면 안 됩니다. 하나님과의 단절은 마귀와 관계를 잇게 된다는 것을 간과해서는 안 됩니다.

다음 장에서 공부하겠지만 먼저 조금만 이야기를 하자면, 블레셋과 이스라엘이 전쟁을 하게 됩니다. 그 때 다윗은 아기스의 말을 거절할 수 없어 이스라엘 군대와 싸우게 되는 기막힌 일을 당합니다. 그런 세월을 보내고 30장에 이르러서야 다윗은 제정신을 차리고 여호와께로 돌아옵니다. 그 기간이 이 본문 7절 말씀처럼 1년 4개월입니다. 남은 것은 아무것도 없었습니다. 다윗에게 남은 것은 만신창이 된 상황뿐이었습니다.

이것은 다윗의 실패 이야기입니다. 그러나 이와 같은 실패를 통하여 하나님은 오늘을 살아가는 우리를 교훈하시고 계십니다.

오늘 우리에게도 다윗과 같은 기간이 있습니다. 그렇다고 좌절하고 절망할 이유는 없습니다. 왜냐하면 하나님은 그 때나 지금이나 우리와 함께 하시기 때문입니다.

가나안에 이르려면 홍해를 건너고 요단강을 건너고 여리고성을 넘어야 합니다.

이태리의 가난한 가정에서 18명의 아이들 중 첫째로 태어난 '엘리코 카루소'는 노래와는 거리가 먼 목소리라는 담임선생님의 혹평을 극복하고 성악가의 꿈을 이루었습니다.

'베토벤'은 바이올린 연주에 실패했을 때 작곡가의 길을 새롭게 찾았고 위대한 작곡가가 되었습니다.

'월트 디즈니'는 아이디어가 부족하다는 이유로 신문사에서 해고된 후 디즈니랜드를 세웠습니다.

'에디슨'은 지능이 모자라서 아무 것도 배울 수 없는 아이라는 이유로 퇴학을 당했으나 발명왕이 되었습니다.

'알베르트 아인슈타인'은 다섯 살 때까지 말을 하지 못했으며 정신발달이 늦고 남들과 잘 어울리지 못하며 어리석은 몽상 속에서 산다는 이유로 퇴학을 당한 적이 있었습니다.

미국의 가장 위대한 대통령은 아브라함 링컨입니다. 그는 1831년에 사업에 실패했습니다. 1년 뒤인 1832년에 그는 주의회 의원에 출마했으나 낙선을 했습니다. 1833년에 다시 사업을 했으나 실패해 17년간이나 빚을 갚느라고 고생을 했습니다. 그리고 1834년, 간신히 주의회 의원에 당선이 되었습니다. 그러나 2년 뒤인 1836년에 그는 신경쇠약증 환자가 됩니다. 그리고 1838년 하원의장 선거에 낙선을 했고, 1843년 국회의원에 낙선을 했습니다. 1848년 또 다시 국회의원에 낙선을 했고, 1855년 상원의원에 낙선을 합니다. 1856년 부통령에도 낙선을 합니다. 그러나 마침내 1860년 그는 대통령에 당선이 되었습니다.

그는 수없는 실패로 얼룩진 삶을 살았지만 그 실패를 딛고 일어서 세계 최고의 지도자가 되었습니다. 지금도 모든 설문조사에서 링컨은 최고의 대통령으로 선정 되고 있습니다.

잠언 24장 16절 말씀은 모든 그리스도인들에게 경고와 위로와 희망의 말씀입니다.

"대저 의인은 일곱 번 넘어질지라도 다시 일어나려니와 악인은 재앙으로 말미암아 엎드러지느니라."

때로는 우리의 삶에 고난이 닥쳐 넘어질지라도 예수 그리스도의 이름으로, 하나님의 말씀으로 다시 힘차게 일어나시기를 예수님의 이름으로 축복합니다. 아멘.

성령 불감증

요즈음 들어 최신 유행의 흐름을 신속하게 포착하는 전문 직업인을 일컬어 '트렌드 워처(Trend Watcher)' 라고 합니다. 이들은 한 해의 중반을 넘으면 다음 해의 트렌드를 예측하기 위해 각종 자료를 수집하고 연구하기에 골몰합니다.

이들에 앞서 각 언론사에서 예측한 것 가운데 지난 2009년도 트렌드를 정리해 보았습니다.

첫째는 사회적 기업입니다.

'사회적 기업(social enterprise)' 이란 이윤창출을 목적으로 하는 전통적 기업과는 달리 사회적 목적을 추구하기 위해 수익을 창출하는 조직을 말합니다.

둘째는 쿠거족입니다.

쿠거(Cougar)라는 말은 캐나다 밴쿠버 지역의 속어로, 밤 문화가 잘 발달된 이 지역에서 밤늦게까지 파트너를 찾아 헤매는 나이 든 여성을 뜻하는 말입니다. 이처럼 나이 차가 큰 연하남을 거느린 연상녀를 '쿠거(Cougar)' 라고 부르는데 MBC의 '우리 결혼했어요.' 프로그램이 그것을 미리 보여주었습니다.

셋째는 게스트로 섹슈얼(gastrosexual)입니다.

gastrosexual이란 말은 미식가(美食家)를 의미하는 게스트로놈(gastronome)과 성적 매력을 의미하는 섹슈얼(sexual)의 합성어인데 영국 소비자 조사단체 퓨처 파운데이션은 주변 사람에게 요리를 해주면서 즐거움을 느끼는 25~44세 남성을 '게스트로 섹슈얼(gastrosexual)' 이라고 정의했습니다.

넷째는 BMW족입니다.

'BMW족' 은 독일의 고급 자동차 BMW를 몰고 다니는 사람이 아닙니다. 즉 BMW는 버스(bus), 지하철(metro), 걷기(walking)의 영어 머리글자를 딴 신종용어입니다. 기름 값 폭등으로 BMW족이 더욱 늘고 있음을 나타낸 용어였습니다.

다섯째는 데카르트입니다.

이 말은 tech(기술)과 art(예술)을 합친 신조어로, 엄밀히 말하면 '테카르트' 가 맞습니다. 전자제품에 아트적 디자인을 접목하는 추세를 뜻하는 것입니다. 예컨데 LG전자와 프라다가 합작해 만든 '프라다폰' 이 기술과 예술을 합친 데카르트의 대표적 사례입니다.

여섯째는 진화론입니다.

2009년은 진화론의 대표 학자인 '찰스 다윈'의 역작 '종의 기원'이 출간된 지 150주년 되는 해로, 출판업계와 학계 등에서 진화론에 대한 새로운 조명이 이뤄질 전망이었습니다.

일곱째가 생체모사입니다.

생체의 원리나 메커니즘을 활용해 공학적 난제를 풀려는 노력이 진행되고 있는데, 이를 '생체모방공학'이라 부릅니다. 영어로는 'bio mimicry'입니다.

상어 피부를 본떠 만든 첨단 수영복, 연꽃잎에서 아이디어를 얻어 만든 물방울이 쉽게 흐르는 표면 등이 바로 생체모사의 예입니다. 생체는 매우 효율적인 조직이므로 생체를 정밀 분석하면 효과적인 상품을 많이 개발할 수 있다는 것입니다.

이렇게 인류 역사는 하루가 다르게 발전하는데 그 방향을 가늠할 수 없을 정도입니다. 그런데 이와 같은 변화의 시간 속에서도 그것을 느끼지도 못하며 아무 움직임도 없는 것들이 있는 것 또한 사실입니다. 그런 경우를 무감각증, 불감증이라고도 표현합니다.

불감증이란 감각이 둔하거나 하는 그것에 익숙해져서 별다른 느낌을 갖지 못하는 증상을 뜻하는 말입니다. 곧 감각이 없는 무감각(insensibility)의 상태입니다.

한 때 '멜라민' 문제로 언론이 온통 '안전 불감증'이라는 말을 쏟아냈습니다.

서울시의회 의원들의 돈 봉투 사건과 관련된 '도덕적 불감증'도

예외는 아닙니다. 일반 골프장의 3배의 농약을 살포하는 군 골프장을 두고 '환경 불감증' 이라고 언론이 연일 지적한 것을 우리가 보고 들었습니다.

정부는 물론 경제 단체들의 '위기불감증' 을 걱정하는 국민들이 한 둘이 아니었습니다. 간첩 사건을 발표한 정부를 향해 공안정국을 조성한다는 사람들을 향해 보수층 지도자가 탄식한 '안보 불감증' 도 그 중의 하나입니다.

이런 중에 오늘 기독교인들이 마음에 담아 둘 꼭 한 마디를 하고 싶은 것이 있다면 '성령불감증' 이라는 것입니다. 그리스도인에게 있어서 성령불감증은 아주 심각한 병에 걸렸다고 해도 과언이 아닙니다. 왜냐하면 성령 불감증은 도덕과 윤리와 환경과 안전 불감증의 원인이 되기 때문입니다.

그리스도인은 성령님에 대하여 민감해야 합니다. 그것이 살아있는 성도의 삶입니다. 그런데 사데교회는 그렇지를 못했습니다. 그래서 주님은 사데교회를 향해 탄식하셨습니다. 그들은 '살아 있다고 하지만 실상은 죽은 교회' 라는 것입니다. 왜냐하면 성령님에 대해 사데교회가 무감각했기 때문입니다.

디모데후서 3장에서는 말세에 특별히 사랑하는 세 가지를 지적했는데 자기사랑, 돈 사랑, 쾌락사랑이라고 했습니다. 그 내용을 한 마디로 "경건의 모양은 있으나 경건의 능력은 부인하는 자" 라고 경고했습니다. 다른 말로 표현하면 성령님에 대한 무감각, 불감증입니다.

이렇게 되니 말씀이 그 마음에 없습니다. 말씀이 마음에 없으니 당연히 그 마음에 하나님이 없습니다. 있는 것이라곤 자기뿐입니다.

거기서 나타난 현상이 무엇입니까? 거짓입니다. 교만입니다. 위선입니다. 모든 기준이 자기입니다. 속된 말로 꿩 잡는 것이 매라는 식이 되었습니다. 모로 가도 서울만 가면 된다는 것입니다.

이렇게 될 때 나타난 현상이 무엇입니까?

맛 잃은 소금입니다. 자기 눈의 들보는 보지 못하고 형제 눈의 티만 봅니다. 자기 때문에 배가 뒤집히는 상황인데도 배 밑창에 누워 잠든 요나와 같습니다. 들릴라의 무릎에 누워 있다가 능력을 잃어버린 줄도 모르고 블레셋 군대 앞에서 큰소리를 치다가 낭패를 당한 삼손과 같습니다.

한국교회가 100여년의 선교 역사 속에서 1,000만 성도로 성장한 것은 분명히 기적적인 역사입니다. 그러나 그러다 보니 목회자들의 내면에 너도 나도 교회 부흥이라는 유혹으로 인해 비정상적인 목회를 하게 되는 경향이 없지 않아 있습니다.

목회자는 교회부흥이라는 유혹에 흔들리고, 성도는 편하게 예수 믿는 유혹에 중심을 잡지 못합니다. 그러다 보니 교회는 권징이 사라졌고, 대형교회 일편단심이 되어 윤리도 도덕도 불감증이 되어 갑니다.

건강한 교회도 이러한 바람에 휩쓸려 수단과 방법은 무시되고 내 교회만 부흥하면 된다는 사고가 통용되는 상황이 전개되고 있습니다. 이러다 보니 교인들은 식상해하고 교회의 거룩성과 영적 감동은 사라지고 있는 것입니다.

교인 수 경쟁이라도 하듯 하니 새신자 전도에 대한 감각 또한 무디어 졌습니다. 오히려 이웃교회 교인을 데려오는 것이 손쉬운 교인 수

불리기 능사가 되는 기막힌 현상이 도처에서 일어나고 있습니다.

치리하는 교회도 없어졌고, 범죄 한 교인도 등록하면 천사를 본 듯 환영하는 현상이 벌어지다보니 그 틈새를 노리고 이단이 기성교회로 들어와 주님의 교회를 막판장터처럼 만드는 현상이 도처에서 일어나고 있음을 봅니다.

도대체 왜 이렇게 되어 가고 있는 것일까요? 한 마디로 요약하면 성령불감증 때문입니다. 오죽 했으면 마태복음 7장 16~17절에서 주님께서 다음과 같이 탄식 하셨겠습니까?

"이 세대를 무엇으로 비유할까 비유하건대 아이들이 장터에 앉아 제 동무를 불러 이르되 우리가 너희를 향하여 피리를 불어도 너희가 춤추지 않고 우리가 슬피 울어도 너희가 가슴을 치지 아니하였다 함과 같도다."

찬송을 불러도 감동이 없습니다. 기도를 해도 마음에 와 닿지를 않습니다. 설교를 들어도 느낌이 없습니다. 죄를 지어도 무감각합니다. 불의를 보아도 감각이 없습니다.

성령 불감증의 영적 환자들이 예배당마다 가득합니다. 교회 지도자들이 성령 불감증 환자가 되어가니 성도들도 함께 무감각의 신앙인이 되어 갑니다.

다윗은 밧세바와의 관계로 인해 나단의 책망을 받은 후 침상이 썩도록 울면서 회개했습니다. 그 절박한 마음이 시편 51편에 기록되어 있습니다. 그는 부르짖었습니다.

"하나님이여 내 죄악을 지워 주소서. 나의 죄를 깨끗이 제하소서. 나는 내 죄과를 아오니 내 죄가 항상 내 앞에 있습니다. 나는 죄악 중에서 출생하였고 어머니가 죄 중에서 나를 잉태하였습니다. 나의 죄를 씻어 주시면 내가 눈보다 더 희리이다. *하나님이여 내 속에 정한 마음을 창조 하시고 내 안에 정직한 영을 새롭게 하소서. 나를 주 앞에서 쫓아내지 마시며 주의 성령을 내게서 거두지 마소서.*"

성령불감증으로 죄를 지었던 다윗이 눈물 콧물을 쏟으며 성령님이 자기를 떠나지 않기를 구했던 것입니다. 먹고, 마시고, 입고, 자고, 행하는 모든 일들이 성령님의 감동하심 안에서 이루어지기를 원했습니다. 그것만이 죄에서 자신을 지키고 주님의 은혜 안에서 살아가는 것임을 깨달았기 때문입니다.

그러나 오늘 본문에서 나타나는 다윗은 그런 사람이 아니었습니다. 성령님이 떠난 다윗, 다시 말하면 성령님에 대한 감각이 무디어져 버린 다윗의 모습이 기록되었습니다.

블레셋 아기스에게 빌붙어 살아가는 1년 4개월 동안은 싸우고, 죽이고, 빼앗고, 위선과 거짓으로 일관된 생활이었습니다. 다윗의 성령불감증 시기였던 것입니다.

그 때나 지금이나 성령의 감동을 입은 사람들이 하나님의 일을 합니다. 그러나 성령 불감증의 사람들은 그 때나 지금이나 인본주의로 생활합니다. 그 기준이 항상 자기 자신이기 때문입니다.

성령 불감증의 엘리 제사장은 사무엘에게 말씀 하시는 하나님의 음성을 들을 귀가 닫혀 있었습니다.

성령 불감증의 발람은 나귀도 보았던 하나님의 사자를 그는 보지 못했습니다. 보는 눈이 감겼기 때문입니다.

성령 불감증의 삼손은 이미 자신에게서 떠난 하나님의 능력이 여전히 자신에게 있는 줄로 착각하고 있었습니다. 타락한 상황에서 잠을 깨고 자기에게서 하나님의 능력이 역사되는 줄 알았습니다.

성령 불감증의 웃시야 왕은 자기가 해야 할 일이 무엇인지를 판단하는 능력을 잃고 교만하게 행하여 하나님께 버림을 받았습니다.

성령 불감증의 사울왕도 하나님의 뜻을 분별하는 지혜를 잃어버리고 경거망동하다가 비참한 일생을 마무리했습니다.

오늘 여러분은 어떠하십니까?

영의 귀가 막히니 말씀을 알아듣지 못합니다. 영의 눈이 감기니 보이는 것이 어두움뿐입니다. 입술의 거룩한 영이 거두어지니 하는 말들이 불평과 원망뿐입니다. 영감이 없으니 사리분별에 어둡고 판단능력이 없습니다. 그러니 좌충우돌입니다. 교만과 거짓과 위선과 쟁투뿐입니다. 도대체 그 어디에서도 아름다움은 연출 되지 않습니다.

예배당에서 "사랑하는 주님 앞에, 형제자매 한 자리에"를 찬송하고 예배 후 돌아가는 길 주차장에서 서로 핏대를 올리는 희한한 사람들입니다. 강단에서 거룩하게 정직과 진실 된 삶을 기도하고 다음 날, 직장과 사업장에서 자기 소욕을 위해 거짓과 위선을 일삼는 희한한 사람들입니다. 사랑과 용서를 입버릇처럼 외치면서 정작 내 뜻대로 안 되면 교회를 갈기갈기 찢으면서 상대방을 원수시하는 희한한 사람들입니다. 공의를 외치고 돌아서서는 온갖 부정과 부패를 일삼는 희한한 사람들입니다.

이 모두 성령 불감증의 사람들입니다.

여류문학가 Florence Barclay는 자기가 일곱 살 때의 이야기를 어머니가 가끔 말씀하셔서 자기의 신앙생활에 결정적인 영향을 주었다고 간증하였습니다. 어느 주일, 프로렌스가 부모님의 손을 잡고 예배에 참석했을 때 목사님은 예수 수난의 기사를 낭독하였습니다.

예수님이 체포되어 고난을 받고 끌려가셔서 드디어 십자가에 못 박는 장면을 읽을 때 어린 프로렌스는 훌쩍훌쩍 울기 시작했습니다. 어른들이 모두 이상한 눈으로 예배가 방해된다는 듯이 이 소녀를 바라보았습니다. 프로렌스의 엄마도 부끄러운 생각이 들어서 "왜 이러니?" 하고 낮은 소리로 꾸짖었습니다. 이때 프로렌스는 "Why did they do it(그 사람들이 예수님을 어떻게 그렇게 할 수가 있어)?" 하며 울음을 멈추지 못했던 것입니다.

철모르는 소녀의 흐느낌이 고요한 성전에 처음 울려 퍼질 때는 이상한 눈초리를 했던 예배자들이 모두 고개를 낮추고 여기저기에서 기도하기 시작했습니다. 시간이 갈수록 예배당 여기저기서 사람들이 울기 시작했습니다. 소녀의 순진한 울음이 어른들의 습관적이며 불감증으로 딱딱하게 된 마음에 각성을 불러일으키는 울림이 되었던 것입니다. 프로렌스의 삶에 이 하루의 사건은 평생의 신앙생활에 영향을 주는 것이 되었습니다.

봄이 가면 여름이 오고 여름이 가면 가을이 옵니다. 그리고 그 가을도 가고나면 곧 겨울이 옵니다.

우리의 인생도 신앙도 똑같습니다. 겨울이 오기 전에 옷을 챙겨 놓아야 합니다. 이 세상 그 어느 곳에도 우리의 영혼을 따뜻하게 해 줄 수 있는 것은 없습니다. 성령님의 감동하심 만이 우리를 따뜻하게 채워주실 뿐입니다.

에베소서 4:22~24절의 말씀을 권면으로 여러분을 축복합니다.

"너희는 유혹의 욕심을 따라 썩어져 가는 구습을 따르는 옛 사람을
벗어 버리고, 오직 너희의 심령이 새롭게 되어, 하나님을 따라 의와 진
리의 거룩함으로 지으심을 받은 새 사람을 입으라." 아멘.

85.
죄의 길에서 머뭇거릴 때

시편 1편은 성경의 서시(序詩)로 불립니다. 인간사에 가장 듣기 좋은 말이 복(福)이고 가장 듣기 싫은 말이 망(亡)이라는 말입니다. 시편 1편은 복으로 시작하여 멸망하는 것으로 끝납니다. 복과 망하는 말과 함께 필연적으로 연결되는 인간론은 의인과 악인입니다. 악인이라는 말에서 뗄 수 없는 말이 죄와 오만입니다. 즉 악인, 죄인, 오만한 사람이란 말은 대동소이한 부류들입니다. 속된 말로 그 나물에 그 밥이라는 말과 같습니다. 별 다를 바 없는 인간이란 말입니다. 이런 부류의 사람들의 걸음에 대해 시편 1:1절에서 아주 분명하게 설명하고 있습니다. 악인의 꾀를 따르는 사람으로서 악인과 행동을 같이 하는 사람입니다. 예레미야 2장 19절에는 악에 대한 정의를 내리고 있습니다.

"네 하나님 여호와를 버림과 네 속에 나를 경외함이 없는 것이 악이
요 고통인 줄 알라."

'죄인의 길에 서는 사람' 으로서 그와 도덕과 윤리의 표준이 같아
지는 사람입니다. 죄의 길에 서는 사람은 하나님의 뜻에 어긋난 사람
들이며 하나님의 창조 목적에서 빗나간 사람들을 의미합니다. '오만
한 자의 자리에 앉는 것' 은 그들과 하나가 되는 것입니다. 오만은 굽
힐 줄 모르는 교만입니다. 이것은 한 마디로 하나님 없는 타락한 인간
의 모습입니다.

인간생활에 있어 중요한 것이 질서개념입니다. 위치질서, 역할질
서, 관계질서가 질서의 기본입니다.
'내가 어디에 있는가? 내가 무엇을 하는가?' 이것은 참으로 중요한
자문(自問)입니다. 왜냐하면 죄의 길을 걷고 있으면서도 그 길이 죄
의 길인 줄을 모르는 사람들이 많기 때문입니다. 세상 풍조에 밀려가
면서 변별력을 상실하고 살기 때문에 얼마나 많은 사람들이 죄를 죄
로 알지 못하고 있는지 모릅니다. 그러다가 결국 멸망에 이르게 됩니
다.

사도 바울은 예수님을 믿지 않을 때는 예수님을 믿는 사람들을 핍
박하고 잡아 가두고 죽이는 죄의 길을 걸었습니다. 그 길이 바른 길인
줄 알았습니다. 그 길이 자기가 가야 할 사명의 길인 줄 알았습니다.
그 길이 죄인의 길인 줄 몰랐습니다.
어느 날, 그 날도 죄의 길에서 다메섹에 있는 예수님을 믿는 사람
들을 잡아 죽이려고 가고 있었습니다. 그 도중(道中)에서 주님은 강

한 빛으로 그를 찾아 오셨습니다. 한 순간의 빛으로 바울은 꼬꾸라지고 말았습니다. 앞이 보이지 않았습니다. 어찌할 바를 몰랐습니다. 주님께서 조용히 그를 불러 물으셨습니다.

"사울아, 사울아 네가 어찌하여 나를 박해하느냐?"

"누구십니까?"

"나는 네가 박해하는 예수라."

사울은 정신이 없었습니다. 십자가에 죽으신 줄 알았던 예수님이 직접 사울에게 말씀하시는 것을 들었으니 제정신이었겠습니까? 눈은 떴으나 보지 못하고 헤매는 사울을 어떤 사람이 데리고 다메섹 마을로 데려가서 한 집에 머물게 했습니다.

그 시간 하나님은 아나니아에게 말씀하셨습니다.

"아나니아야!"

"주여 내가 여기 있나이다."

"직가라 하는 거리에 유다의 집에 사울이라는 사람이 기도하고 있을 터이니 가서 그에게 안수하여라."

"주님, 그는 아주 못된 사람입니다. 성도들을 많이 결박하고 박해하고 죽였던 사람입니다."

"가라. 그는 내 이름을 이방인과 임금들과 이스라엘 자손들에게 전하기 위해 내가 택한 나의 그릇이니라."

아나니아가 유다의 집에 머물고 있는 사울을 찾아가 안수를 했습니다. 그 때 사울의 눈에서 비늘이 벗겨지고 보게 되었습니다. 그리고 일어나 세례를 받고, 음식을 먹고 다시 강건하게 되었습니다. 그는 드디어 더 이상 죄의 길로 다니지 않았습니다. 죄의 길에서 머뭇거리지도 않았습니다. 오직 주님께서 주신 사명의 길을 걸어갔습니다. 그리고 위대한 사도가 되었습니다.

오늘 본문의 다윗이 1년 4개월 동안 죄의 길을 걸었습니다. 그 길이 얼마나 어둡고 타락한 멸망의 길인가를 오늘 짧은 두 절의 말씀이 보여주고 있습니다. 먼저 1절을 살펴보겠습니다.

"그 때에 블레셋 사람들이 이스라엘과 싸우려고 군대를 모집한지라. 아기스가 다윗에게 이르되 너는 밝히 알라. 너와 네 사람들이 나와 함께 나가서 군대에 참가할 것이니라."

블레셋과 이스라엘 사이에 전쟁이 일어났습니다. 다윗은 사울의 칼을 피하여 블레셋으로 도망해 와서 별 어려움 없이 지냈지만 그의 나날은 좌불안석이었습니다.

드디어 그 불안함이 현실로 닥쳐왔습니다. 아기스가 다윗에게 함께 이스라엘을 치러 올라가자고 명을 내린 것입니다. 참으로 기막힌 일이 벌어진 것입니다. 이스라엘의 왕으로 기름부음을 받은 다윗이 블레셋 왕의 전사가 되어 이스라엘을 치러 가지 않으면 안 될 절체절명(絶體絶命)의 상황이 벌어진 것입니다.

왜 이런 일이 일어난 것입니까? 그것은 다윗의 인간적인 판단이 죄의 길에 들어선 결과입니다.

인간이란 너나없이 잘못된 판단을 할 수 있습니다. 누구나 실수할 수 있다는 말씀입니다. 누구를 무론하고 허물과 약점이 있습니다. 인간적인 판단과 결정을 하지 않는 사람은 없습니다. 그러나 중요한 것은 그렇게 잘못 판단하여 죄의 길로 들어섰을지라도 거기서 머뭇거리고 있어서는 안 된다는 것이 이 본문의 교훈이요 메시지입니다.

다윗은 자신이 지금 걷고 있는 블레셋에서의 생활이 잘못된 길임을 깨닫게 되었습니다. 27장에서 다윗은 그술사람, 기르스 사람, 아말렉 사람들을 쳐 죽인 후 아기스에게는 유다 사람들을 쳤다고 거짓말을 했습니다. 그 때 다윗은 벌써 '아차 내가 잘 못 가고 있구나.' 하는 것을 깨닫게 된 것입니다. 그럼에도 그 길을 쉽게 떠나지 못하고 현실에 안주하여 지내다가 결국 중대한 고비를 맞게 된 것입니다.

본문을 통해 우리는 자신을 돌아보아야 합니다.

나는 지금 바른 길을 걷고 있는가? 하나님께서 싫어하시는 길을 걷고 있지는 않는가? 벗어나야 하는데, 이 길을 걸어서는 안 되는데 하면서 쉽게 벗어나지를 못하고 있지는 않는가?

이제 우리 모두는 성령님이 말씀하시는 것을 들어야 합니다. 잠언 7장 22~23절입니다.

"소가 도수장으로 가는 것 같고 미련한 자가 벌을 받으려고 쇠사슬에 매이러 가는 것과 같도다. 필경은 화살이 그 간을 뚫게 되리라. 새가 빨리 그물로 들어가되 그의 생명을 잃어버릴 줄을 알지 못함과 같으니라."

지금 내가 가고 있을 길이 죄의 길이면 더 이상 머뭇거리지 말고 그 길을 떠나야 합니다. 그것이 사는 길입니다. 아멘.

본문 2절의 말씀입니다.

"다윗이 아기스에게 이르되 그러면 당신의 종이 행할 바를 아시리이다 하니 아기스가 다윗에게 이르되 그러면 내가 너를 영원히 내 머리 지키는 자를 삼으리라 하니라."

죄의 길에서 머뭇거리고 있을 때 다윗에게 설상가상의 상황이 전개되었습니다. 2절에서 우리는 중요한 사실을 확인해야 합니다. 아기스가 다윗에게 한 말입니다.

"내가 너를 영원히 내 머리 지키는 자를 삼으리라."

다윗이 누구입니까? 하나님이 택하시고 이스라엘의 왕으로 기름을 부어 세우신 하나님의 종입니다. 그런데 이스라엘의 적국인 블레셋 왕이 이스라엘의 왕 다윗을 자신의 호위대장으로 삼겠다고 합니다. 이것이 말이나 되는 일입니까?

일반인 같으면 대단한 영광일 것입니다. 당대의 강대국 블레셋 왕의 호위대장이라면 그 이상의 출세는 없습니다.

그러나 다윗에게 있어서 그것은 수치스러운 일입니다. 부끄러운 일입니다. 기막힌 일입니다. 자신의 명예가 추락되는 일입니다. 참으로 가슴 답답할 노릇입니다. 그렇다고 어디에다 대고 이야기를 할 상황도 아닙니다.

그래서 여기에 중요한 메시지가 있습니다. 그것은 누가 그렇게 하라고 해서 된 것이 아니라 다윗 스스로가 자초한 결과이기 때문입니다. 사울의 칼을 피하여 잠깐의 평안을 누리기를 원했던 다윗의 잘못된 판단이 이런 고통스러운 결과를 불러오고 말았습니다.

다윗은 아무리 힘들고 억울해도 이스라엘을 떠나서는 안 될 사람이었습니다. 아무리 외롭고 고통스러워도, 속이 상해도 이스라엘을 떠나서는 안 될 사람이었습니다. 그런데 잠깐의 잘못 판단으로 이스라엘을 떠나 블레셋을 택한 것이 이렇게 혹독한 시련을 맞는 계기가 되었습니다. 그것이 잘못이었습니다. 자승자박이 되었습니다.

이것이 다윗만의 오류일까요? 그렇지 않습니다. 오늘을 살아가는 우리 모두의 모습을 하나님께서 미리 거울로 보여주신 것입니다.

죄의 유혹은 치밀합니다. 손을 잡으면 번영을 보장한다고 하는 것이 죄의 속삭임입니다. 그 대표적인 일이 마태복음 4장에 나타나고 있습니다. 예수님께서 금식하신 후 광야에서 마귀에게 시험을 받으신 사건입니다.

"네가 하나님의 아들이라면 돌로 떡덩이를 만들어라."

이것은 존재 의미를 흔들어 놓는 시험입니다. 하나님의 아들인가? 아닌가? 그러면서 떡 한 덩이로 하나님과의 관계를 단절시키고자 했습니다.

이것이 사단의 유혹입니다. 그리고 이것은 오늘도 부단히 우리의 삶에서 일어나는 시험이기도 합니다. 먹고 사는 문제 때문에 하나님의 자녀의 자리에서 떠나 마귀의 자리로 가는 경우가 오늘도 부지기수로 일어나고 있다는 것을 우리는 간과해서는 안 됩니다. 까딱 잘못하면 의식주 문제로 죄의 길에 들어서게 됩니다.

그 생활이 더 좋은듯하여 머뭇거리다가 다윗처럼 낭패를 당해서는 안 됩니다. 우리의 존재의미는 세상의 떡이 아니라 하나님의 말씀으로 산다는 것을 새삼 깨닫게 되는 말씀입니다.

"네가 하나님의 아들이라면 이 성전 꼭대기에서 뛰어 내려 보아라."

이것은 하나님을 대항하도록 시험하는 유혹입니다. 하나님의 아들이라면 네 스스로 증명하라는 것입니다. 어떤 경우에도 하나님을 시험하는 어리석은 죄를 지어서는 안 됩니다. 십일조를 안 한다고 정말 사업을 망하게 하실까? 주일 성수하지 않는다고 정말 축복을 거두실까? 주의 종을 박해한다고 정말 후손이 벌을 받을까?

사람은 어리석어서 그 때나 지금이나 이런 저런 유혹에 휘말려 시험을 하는 것은 마찬가지입니다. 그러나 잘못하면 죄의 길에 들어서게 되고 거기서 머뭇거리다가는 다윗처럼 낭패를 당하게 된다는 것을 잊어서는 안 됩니다.

"천하만국을 줄 터이니 나를 경배하라."

이는 영안이 열리지 못한 사람들에게 다가오는 시험입니다. 영안이 열린 성도는 세상 만국이 보이는 것이 아니라 하나님의 나라가 보입니다. 그 나라를 보는 눈을 가진 사람은 세상의 천하만국에 마음을 빼앗기지 않습니다.

성도는 하나님만 경배해야지 세상을 경배해서는 안 됩니다. 종종 기독교인으로서 권력과 명예의 옷을 입고 그것을 추구하고 그것을 좋아하다가 모든 것을 다 잃어버리는 경우를 보게 됩니다. 그러나 그 어떤 경우에도 하나님보다 세상 것을 앞세우면 그것이 죄의 길에 들어서는 첩경이 된다는 것을 잊어서는 안 됩니다. 그것이 좋다고 거기서 머뭇거리다가 낭패를 당해서도 안 됩니다.

탈무드에 나오는 이야기를 하나 싣습니다.

어떤 사람이 어느 시골 마을에 들어갔습니다. 한 사람이 그를 앞서 걷고 있었습니다. 그런데 신기하게도 돼지 떼가 그 사람을 쫓아가고 있는 것이었습니다. 개나 양이면 이해가 되겠는데 돼지 무리가 주인을 따라가는 것은 참으로 신기한 광경이었습니다.

이 사람은 너무 신기해서 뒤를 따라갔습니다. 그런데 도착을 하고 보니 그 곳은 도살장이었습니다. 주인이 도축을 하려고 돼지 떼를 그 곳으로 이끌어 간 것입니다. 이 사람은 돼지 주인에게 물었습니다.

'어떻게 이렇게 돼지 떼를 마치 양떼처럼 몰고 올 수 있습니까?

그러자 돼지 주인은 이렇게 대답했습니다.

"이 바구니 속에 있는 콩 때문입니다. 이 콩을 걸어가면서 조금씩, 조금씩 떨어뜨리면 미련한 돼지들은 땅에 떨어져 있는 콩을 먹느라 자신들이 어디로 가고 있는지도 모른 채 도살장까지 따라오는 것입니다."

이것은 마치 오늘날 사단이 예수님을 잘 믿는 성도들을 죄악으로 이끌어 멸망에 이르게 하는 것과 같은 방법입니다. 그 수단으로 콩과 같은 작은 세상 것 하나로 유혹을 한다는 것입니다. 그러면 성도들은 그 콩을 줍는 즐거움으로 멸망으로 가는 줄도 모르고 계속 간다는 것을 생각하게 하는 이야기입니다.

오늘도 저와 여러분이 살아가는 이 세상의 곳곳에서는 마귀 사단이 세상의 부귀영화와 명예와 쾌락의 콩을 뿌리면서 우리들을 유혹하고 있습니다. 그러나 기억하십시오. 그것은 죄의 길입니다. 사망의 늪으로 가는 길입니다. 혹 죄의 길에 끌려 들어갔을지라도 말씀을 통해 재빨리 빠져나와 주님을 따라가는 저와 여러분이 되기를 바랍니다.

사울의 손에서 벗어나려고 했던 다윗이 블레셋의 손에 잡히는 신세가 되었습니다. 이러지도 저러지도 못하는 상황에 빠졌습니다. 죄의 길에서 머뭇거리다가 이런 일을 당했습니다.

오늘 말씀이 주는 교훈이 무엇입니까?

지금 어렵다고, 지금 힘들다고, 그래서 그 정도를 벗어나면 그것이 더욱 올무가 된다는 것을 깨닫게 합니다.

우리는 괴로우나 즐거우나 주님만 따라가야 합니다. 그것이 사는 길입니다. 행복의 길입니다. 그것은 좁은 길입니다. 택함을 입은 하나님의 사람들, 천국 백성들이 천성을 향해 가는 길입니다. 그 길 끝에는 천국이 있습니다. 우리를 죄에서 불러내시고 천국 백성이 되게 하신 주님, 이 땅에 사는 동안 사명을 주시고 따라오게 하신 예수님께서 그 길 끝에 서 계십니다. 그리고 우리를 맞아주시고 안아주실 것입니다.

"착하고 충성된 종아 네가 작은 일에 충성하였으매 내가 많은 것으로 네게 맡기리니 네 주인의 즐거움에 참예할지어다(마25:21;23)." 아멘.

86.
믿음을 잃어버릴 때(1)

"사울이 그 신하들에게 이르되
나를 위하여 신접한 여인을 찾으라.
내가 그리로 가서 그에게 물으리라
〈사무엘상 28:3~7 중〉."

해마다 수능시험 일자가 다가오면서 고3 학생들은 극심한 불안과 초조, 걱정과 근심으로 다양한 정신적 스트레스에 빠진다는 이야기를 듣습니다. 온 나라가 이러니 기독교 가정의 부모들도 덩달아 불안해하고 초조해합니다. 그러다 보니 기이한 일들이 벌어지기도 합니다.

점쟁이를 찾아가고, 족집게 도사를 찾아가는 웃지 못 할 일이 해마다 가십거리로 우리 주위에 등장 합니다.

왜 이렇게들 하는 것입니까? 거두절미하고 이것은 믿음이 약해진 탓입니다. 믿음이 약해지면 걷잡을 수 없는 나락으로 떨어집니다. 그것은 타락으로 이어집니다. 타락이란 '올바른 길에서 벗어나 잘못된 길로 빠지는 일'로 정의 합니다. 기독교적 정의로는 '죄를 범하여 불신의 생활에 빠지는 일' 입니다.

불교에서는 이를 '도심(道心)을 잃고 속심(俗心)으로 떨어지는 것이라고 합니다.

하와의 믿음이 약해질 때 뱀의 말에 넘어졌습니다. 아담의 믿음이 약해질 때 하와의 말에 넘어졌습니다. 엘리의 믿음이 약해질 때 하나님보다 두 아들을 더 사랑하게 되어 결국은 가문의 몰락을 가져왔습니다. 사울의 믿음이 약해질 때 하나님의 말씀을 멀리하고 선지자의 말을 배척했습니다. 결국은 자신의 생애를 자살로 마감했습니다. 삼손의 믿음이 약해질 때 들릴라의 말에 넘어가 나실인의 사명을 수행하지 못하고 블레셋 사람에 의하여 두 눈이 빼어짐을 당했습니다. 그리고 다곤 신전과 함께 일생을 마감했습니다. 가룟 유다의 믿음이 약해질 때 예수님에 대한 믿음은 불신으로 변하고 은 30에 예수님을 팔아버렸습니다.

그리고 그와 같은 일은 지금도 이 땅에서 끊이지 않고 일어나고 있습니다.

본문의 주인공 사울의 믿음이 약해질 때 타락으로 전개되는 일들을 세세히 살펴볼 것입니다. 그의 모습을 통해 오늘을 살아가는 우리의 신앙생활이 다시금 바르게 정립되기를 예수님의 이름으로 권고하며 축복합니다.

사무엘상서는 시리즈로 총 3권의 책으로 엮었습니다. 제1권 『하나님의 섭리』, 제2권 『하나님의 선택』, 그리고 마지막 이 책인 제3권은

『하나님의 인도』로 계속해서 강해하고 있습니다. 사무엘상의 시작은 사무엘의 두 아내로 시작하여, 엘가나와 한나의 아들 사무엘과 엘리의 두 아들 홉니와 비느하스의 삶의 모습과 그 과정, 그리고 사울과 다윗이라는 두 왕의 역사로 마감이 됩니다. 그 끝이 초대 이스라엘의 왕정시대가 막을 내리고 2대 왕의 시대가 도래하는 것으로 끝이 나며 사무엘하서로 넘어갑니다.

31장 강해에서 정리해 드리겠지만 사울과 다윗의 삶은 극명한 차이를 보이고 있습니다. 위기를 만났을 때 다윗은 극복하여 일어나고 사울은 좌절하여 망합니다. 기도할 때 다윗은 하나님으로부터 응답을 받고 사울은 침묵을 지키는 하나님을 만납니다. 삶의 여정에서 다윗은 오직 하나님만 의지합니다. 그러나 사울은 오직 자기 자신을 의지했습니다. 다윗의 후손은 예수님의 조상이 되었고 사울의 후손은 멸절했습니다. 마지막 일생의 마무리는 다윗은 열조의 반열에 들어가고 사울은 자살로 끝이 납니다.

열거하는 글에는 중요한 메시지가 있습니다. '그렇다면 나는 지금 사울의 걸음을 따르고 있는가? 다윗의 걸음을 따르고 있는가? 라는 것입니다. 스스로도 정신이 번쩍 드는 질문입니다.

믿음이 약해질 때의 사울의 모습을 보다 구체적으로 살펴보겠습니다.

1. 두려움에 사로잡혔습니다.

5절을 읽습니다.

"사울이 블레셋 사람들의 군대를 보고 두려워서 그의 마음이 크게 떨린지라."

믿음이 약해질 때 나타나는 현상의 하나가 두려움입니다. 믿음이 약해진다는 것은 그 안에 하나님의 말씀이 없다는 것입니다. 사울은 블레셋 군대를 보고 두려워했습니다.

심리학에서는 인간에게는 628 가지 정도의 공포증이 있다고 합니다. 그 모든 두려움의 집약된 공포증이 소위 '만사 공포증 (pantaphobia)' 입니다.

어떤 심리학자는 이 세상에서 두려움으로부터 자유로운 사람은 오직 두 부류밖에는 없다고 했습니다. 죽은 사람들과 정신 이상자들입니다. 살아있고 제 정신인 사람들은 반드시 두려움을 느끼게 되어 있다는 것입니다.

그러나 우리가 기억해야할 것이 있습니다. 살아있고 정신이 있는 사람일지라도 두려움이 없이 살아갈 수 있는 사람이 있다는 것입니다. 그 사람들이 하나님을 믿는 사람들입니다. 하나님을 믿는 사람에게는 두려움이 없습니다. 하나님께서는 이사야 선지자를 통해 이사야 41장 10절에서 이렇게 말씀하셨습니다.

"두려워하지 말라 내가 너와 함께 함이라 놀라지 말라 나는 네 하나님이 됨이라 내가 너를 굳세게 하리라 참으로 너를 도와주리라. 참으로 나의 의로운 오른손으로 너를 붙들리라."

시편 27편 1절입니다.

"여호와는 나의 빛이요 나의 구원이시니 내가 누구를 두려워하리요 여호와는 내 생명의 능력이시니 내가 누구를 무서워하리요."

요한1서 4장 18절입니다.

"사랑 안에 두려움이 없고 온전한 사랑이 두려움을 내어 쫓나니 두려움에는 형벌이 있음이라 두려워하는 자는 사랑 안에서 온전히 이루지 못하였느니라."

디모데후서 1장 7절입니다.

"하나님이 우리에게 주신 것은 두려워하는 마음이 아니요 오직 능력과 사랑과 근신하는 마음이니"

다윗이 골리앗을 향해 담대하게 나아간 것은 다윗의 마음이 아니라 다윗과 함께하시는 하나님을 믿는 믿음 때문이었습니다.

사드락과 메삭과 아벳느고가 일곱 배를 뜨겁게 한 풀무에 던져질 때에도 두려워하지 않을 수 있었던 것은 하나님이 함께 하신다는 믿음 때문이었습니다.

히브리서 11장에 기록된 믿음의 선진들은 희롱과 채찍질 뿐 아니라 결박과 옥에 갇히는 시험도 받았습니다. 돌로 치는 것과 톱으로 켬을 당했습니다. 시험과 칼에 죽는 것을 당했습니다. 양과 염소의 가죽을 입고 유리하여 궁핍과 환난과 학대를 받았습니다. 광야와 산중과 암혈과 토굴에 유리하며 살았습니다. 그러면서도 두려워하지 않았던 것은 하나님이 더 좋은 것을 예비하셨음을 믿었기 때문이라고 했습니다.

찬송가 413(구:470)장입니다.

1. 내 평생에 가는 길 순탄하여 늘 잔잔한 강 같든지
큰 풍파로 무섭고 어렵든지 나의 영혼은 늘 편하다.
(후렴) 내 영혼 평안해 내 영혼 내 영혼 평안해
2. 저 마귀는 우리를 삼키려고 입 벌리고 달려 와도
주 예수는 우리의 대장되니 끝내 싸워서 이기리라.

시편 3편 6절입니다.
"천만인이 나를 둘러치려 하여도 나는 두려워 아니하리이다."

하나님에 대한 믿음이 있는 사람은 두려움이 없습니다.

2. 하나님과의 관계가 단절되었습니다.

6절 말씀입니다.
"사울이 여호와께 묻자오되 여호와께서 꿈으로도, 우림으로도, 선지자로도 그에게 대답지 아니하시므로"

기막힌 내용입니다. 블레셋 군대를 본 사울이 두려워 어쩔 줄 몰라 하는 가운데서도 하나님을 찾았습니다.

그런데 우리가 주목할 것은 출전하기 전의 사울입니다. 그는 출전하기 전에 먼저 하나님을 찾아 묻지 않았습니다. 출전하여 블레셋 군대를 보고 난 후에야 하나님을 찾았습니다. 사울은 모든 것을 자기 뜻대로 하다가 어려움에 처하고서야 하나님을 찾는 기회주의자의 모습을 보여주고 있습니다. 역설하면 블레셋과 싸워 충분히 이길 수 있다는 판단이 섰더라면 하나님께 묻지도 않았을 사울이라는 것입니다. 이것이 바로 사울의 이중성을 드러내는 내용입니다. 소위 잘되면 자기 탓, 못되면 남의 탓 사상입니다.

여기서 우리가 마음에 담아 둘 말씀은 하나님께서 사울의 기도에 전혀 응답을 하지 않으신다는 것입니다.

"깜 빠할로모트, 깜 빠우림, 깜 빤네비임(!aybnb !g !yrwab !g twmljb !g)", "꿈으로도, 우림으로도, 선지자로도"라는 원문입니다.

여기의 '깜' 은 '역시' 라는 부사인데 세 번 반복하여 부정어를 앞에 둔 것은 '~조차 ~하지 않다' 라는 강조의 뜻으로 쓰인 것입니다.

세 가지 방법은 구약 시대에 하나님의 뜻을 묻고 응답받는 방법입니다. 그런데 사울이 이 모든 것을 총동원하여 하나님의 뜻을 물었지만 하나님은 어떤 경우로도 응답하시지 않았다는 것입니다.

무슨 말씀이겠습니까? 예 그렇습니다. 이미 하나님은 사울을 떠나셨습니다. 하나님께서 떠나신 후에는 아무리 몸부림을 쳐도 소용없는 것입니다.

앞서 공부한 15:11절에서 하나님은 사울을 왕으로 삼으신 것을 후회하셨습니다. 15:31절에서는 하나님은 이미 그 때 사울을 버리셨습니다.

우리는 여기서 아주 중요한 것 한 가지를 깨달아야 합니다. 하나님과 화목한 관계에 있어야만 기도도 응답을 받는다는 것입니다. 하나님을 섭섭하게 하고, 하나님께 버림을 받고, 하나님과 화목하지 못한 가운데서 올리는 것은 그 어떤 기도도 응답을 받지 못합니다. 그것은 이미 그가 하나님의 축복의 울타리 밖에 있다는 것입니다.

3. 영적으로 어두움에 처하여 분별력을 잃게 됩니다.

7절입니다.

"사울이 그 신하들에게 이르되 나를 위하여 신접한 여인을 찾으라. 내가 그리로 가서 그에게 물으리라. 그 신하들이 그에게 이르되 보소서 엔돌에 신접한 여인이 있나이다."

앞서 3절을 보면 7절 말씀이 사울에게 있어서 얼마나 황당한 결정인지를 알게 됩니다. 사울은 사무엘이 죽은 후 신접한 자와 박수를 그 땅에서 쫓아내었습니다. 그런데 이제 사울이 신접한 자를 찾고 있습니다.

레위기 19장 31절입니다.

"너희는 신접한 자와 박수를 믿지 말며 그들을 추종하여 스스로 더럽히지 말라 나는 너희 하나님 여호와니라."

신명기 18장 10~11절입니다.

"진언자나 신접자나 박수나 초혼자를 너의 중에 용납하지 말라. 무릇 이런 일을 행하는 자는 여호와께서 가증히 여기시나니 이런 가증한 일로 인하여 네 하나님 여호와께서 그들을 네 앞에서 쫓아내시느니라."

하나님은 이렇게 신접한 자나 박수들을 절대 용납하지 말라고 하셨습니다. 그런데 사울이 기도해도 하나님의 응답이 없자 정상적인 판단을 하지 못하고 또다시 잘못된 판단을 하게 됩니다. 하나님께서 자신에게 왜 대답을 하지 아니하시는지 그것은 생각하지 않고 신접한 여인을 찾아 묻고자 했습니다. 이것은 하나님 앞에서 큰 죄악입니다.

이렇게 사울은 사사건건 하나님이 싫어하시는 것만 골라서 하는 사람으로 어두워지고 타락해 갔습니다.

오늘날도 믿음이 약해지면 자꾸만 점쟁이를 찾고 싶고 족집게 도사를 찾고 싶어집니다. 그래서 마치 점치듯 이상하게 예언하는 목사를 만나면 정신을 차리지 못하고 빠지게 됩니다. 그러다 보니 사이비 이단이 활개를 치게 되고 그것이 정상인지 비정상인지 분별력도 잃어버리는 사울의 길을 따르는 성도들이 있게 됩니다. 그리고 멸망에 이르러서야 깨닫고 후회하지만 이미 늦어버린 것입니다.

우리는 오직 말씀 중심으로 신앙생활을 해야 합니다. 오직 하나님 믿음으로 충만해야 합니다. 늦게 가도 정도를 걸어야 합니다. 답답해도 바른 신앙으로 살아야 합니다. 그 길이 사는 길입니다. 그 길이 복된 길입니다. 그 길이 평안의 길입니다. 우리는 하나님 신앙으로 충만해야 합니다. 말로만 그리스도인이 아니라 삶이 그리스도인이 되어야 합니다.

믿음이 있어야 가인의 문화를 셋의 문화로 바꿀 수 있습니다. 저주의 사슬을 끊고 축복의 울타리를 칠 수 있습니다. 절망을 넘어 희망으로 나아갈 수 있습니다. 불평과 원망의 문화에서 감사와 축복의 문화로 바꿀 수 있습니다.

믿음이 약해지면 안 됩니다. 믿음을 잃어버리면 더더욱 안 됩니다. 믿음을 잃어버리면 두려움이 옵니다. 하나님과의 관계가 끝장이 나고 맙니다. 영적으로 육적으로 사리분별력과 판단력을 잃어버립니다.

사나 죽으나 오직 주를 위해 살고 주를 위해 죽는 믿음으로 살아야 합니다. 그것이 평안이며 행복이며 생명입니다. 그 믿음이 여러분의 모든 삶에 언제나 가득하시기를 예수님의 이름으로 축복합니다. 아멘

87.
악령에 사로잡힐 때

"사울이 이르되
청하노니 나를 위하여 신접한 술법으로
내가 네게 말하는 사람을 불러올리라 하니
〈사무엘상 28:8~14 중〉."

최진실씨 자살사건으로 온 나라가 충격에 휩싸였던 것이 그리 오래지 않은 일입니다. 그로부터 또 며칠이 지나지 않아 서울 논현동 D 고시원에서는 우리들을 섬뜩하게 하는 살인 사건이 일어났습니다. 그 사건을 취재하던 일본 기자가 말하기를 '그 살인 수법이 지난 10월 1일 일본에서 있었던 오사카 성인 비디오 방 화재 사건과 유사하다'는 것이 더욱 전율하게하고 또 놀라운 것이었습니다.

모든 언론은 이와 같은 사건을 두고 '묻지 마 살인'이라고 정의하고 있습니다. 묻지 마 살인 범죄의 극치에 이른 사건이 지난 2008년 6월 8일 일본 도쿄에서 일어났는데, 25세의 '가토 도모히로'라는 청년이 대낮에 2톤 트럭을 몰고 나타나 무작정 사람을 치었다는 것입니다. 그리고는 등산용 칼로 행인을 닥치는 대로 찔러 살해한 것입니다. 이 난동으로 인해 7명이 사망하고 10명이 중경상을 입었습니다.

심리학자들의 공통된 의견은 이와 같은 '싸이코 패스'에 대하여 보편적 상식으로는 그들의 심리상태를 이해하는 것 자체가 무모하고 소용없는 것이라는 것이었습니다.

한 통계에 의하면 2007년 발생한 '현실 불만 형 우발적 범죄' 건수는 무려 39만 8,913건으로, 전년보다 3만 6,000건이나 늘었다는 발표를 했습니다.

세월이 지날수록 자살, 살인 같은 극단적인 일들이 자꾸만 더 많아지고 있는 것이 오늘의 현실입니다. 이와 같은 일에 대하여 사회적으로, 심리적으로 이런 저런 원인분석과 대책이 쏟아지고 있지만 그와 같은 것이 황폐하게 되어가는 인간의 문제를 해결할 수 없다는 것을 우리는 잘 알고 있습니다.

그러나 우리 그리스도인들은 그와 같은 무서운 일이 왜 일어나는가에 대한 사실도 너무나 잘 알고 있습니다. 그것은 악한 영에 사로잡힌 자들의 자연스러운 행위라는 것입니다. 그래서 한국천주교 원로 박홍 신부님은 최진실씨 자살에 대한 견해를 100% 악령의 영감이라고 결론을 내렸습니다.

성경은 인간에게는 성령님이 주시는 영감이 있고 악한 영이 주는 영감이 있다고 가르칩니다. 자살이나 살인 같은 극단적인 행동을 하는 사람들은 100% 악령이 주는 영감을 받아서 그렇게 행동하는 것입니다. 이에 대하여 에베소서 6:12절에는 우리가 주목할 말씀이 있습니다.

"우리의 씨름은 혈과 육을 상대하는 것이 아니요 통치자들과 권세들과 이 어둠의 세상 주관자들과 하늘에 있는 악의 영들을 상대함이라."

요한복음 10장 10절에서는 예수님이 성령과 악한영의 역사를 극명하게 대조하고 있습니다.
"도둑이 오는 것은 도둑질하고 죽이고 멸망시키려는 것뿐이요 내가 온 것은 양으로 생명을 얻게 하고 더 풍성히 얻게 하려는 것이라."

악한 영은 도적질하고 죽이고 멸망시키려고 합니다. 평안을 빼앗아 갑니다. 희망도, 기쁨도, 행복도, 성공도 빼앗아 가는 것이 악한 영입니다.
그런데 예수님은 뭐라고 말씀하셨습니까?
"내가 온 것은 양으로 생명을 얻게 하고 더 풍성히 얻게 하려는 것이라."
그렇습니다. 성령으로부터 영감을 받은 사람은 생명을 얻습니다. 생명이 있어야 기쁨도 있고 행복도 있으며 사랑과 축복도 있습니다.
그런데 악령은 생명을 빼앗아갑니다. 생명을 잃으면 기쁨도 행복도 잃어버립니다. 사랑도 축복도 없습니다. 그래서 요한 3서 2절의 말씀이 축복의 메시지입니다.
"사랑하는 자여 네 영혼이 잘 됨 같이 네가 범사에 잘되고 강건하기를 내가 간구하노라."

지금 말씀을 읽는 성도님께서 이 축복 메시지의 주인공이 되시기를 예수님의 이름으로 축복합니다. 악령의 지배를 받는 나약한 성도는 한 분도 없으시기를 축원합니다. 성령님께서 함께 하시는 영감 있는 신앙생활을 하시기를 축원합니다. 아멘!

본문의 사울은 악령에 사로잡힌 사람으로 초라하고 나약한 모습을 드러내고 있습니다. 부끄럽기 조차한 모습입니다.

하나님께 나아가 상황에 어찌 대처해야 할지 물었지만 하나님께서는 꿈으로도, 우림으로도, 선지자로도 대답하지 않으셨습니다. 그러자 답답한 마음이 곧 바로 신접한 여인을 찾아 나섰습니다. 이것이 사울의 불신앙입니다. 만약 이때 사울이 이사야 8장 19~22절을 묵상했더라면 하나님 앞에 죄를 짓지는 않았을 것입니다. 그러나 말씀이 없는 사울은 계속 인간적인 방법만 구하였습니다. 이사야 8장 19절 말씀은 이것입니다.

"어떤 사람이 너희에게 말하기를 주절거리며 속살거리는 신접한 자와 마술사에게 물으라 하거든 백성이 자기 하나님께 구할 것이 아니냐 산 자를 위하여 죽은 자에게 구하겠느냐 하라."

그렇습니다. 산 자를 위하여 죽은 자에게 구할 수 없습니다. 신접한 자와 박수는 죽은 자로 정의한 것입니다. 그런데 사울은 그들을 찾아가 지금 겪고 있는 위기를 벗어나고자 했습니다.

하나님을 믿는 사람은 성령의 감동을 받아야 합니다. 악령의 영을 받으면 악령의 지배를 벗어날 수 없습니다. 악령에 사로잡히면 하나님을 멸시하는 언행을 합니다. 자기가 하는 일의 옳고 그름을 분간하지를 못합니다.

신접한 자와 박수는 하나님이 싫어하시고 죽은 자로 정의하였음에도 사울은 그들을 찾아가서 그들에게 묻고자 했습니다. 이처럼 악령에 사로잡힐 때 나타나는 현상을 본문 안에서 찾아보고 우리의 삶에 경종을 울리고자 합니다.

1. 어두움에서 모든 일이 전개됩니다.

8절입니다.

"사울이 다른 옷을 입어 변장하고 두 사람과 함께 갈새 그들이 밤에 그 여인에게 이르러서는 사울이 이르되 청하노니 나를 위하여 신접한 술법으로 내가 네게 말하는 사람을 불러올리라 하니."

8절에서 주목할 단어가 몇 개 있습니다.
첫째는 '변장' 입니다.
둘째는 '두 사람' 입니다.
셋째는 '밤' 입니다.

사울이 왕복을 벗고 평복을 입으면서까지 변장해야 하는 것은 자신의 신분이 탄로날까봐 취한 행동입니다. 다시 말하면 정당하지 못한 행위입니다.

성도는 언제 어디서나 성도의 옷을 벗어서는 안 됩니다.

'두 사람' 이라는 것도 자기가 하는 행위가 다른 사람에게 노출되어서는 안 되는 은밀한 일을 행하는 것을 의미 합니다.

하나님의 사람은 어디서 무엇을 하든지 자신이 하는 행위가 당당해야 합니다.

'밤' 이라는 단어는 결정적인 사울의 상황을 설명하는 말로써 '밤' 은 히브리어 '라일(לילה; [layil])' 입니다. 이 말의 뜻은 '휘감다' 라는 뜻의 동사 '룰' 에서 유래한 단어로써 어둠과 적막이 휘감고 있는 시간을 말합니다. 낮이 아니라 어둠이 짙은 밤에 신접한 여인을 찾아 나선 사울의 상황이 영적 어두움과 자기 행동의 정당하지 못한 죄책감으로 휘감겨 있는 것을 의미합니다.

이스라엘의 왕이, 하나님의 백성이, 한낱 신접한 여인에게 자신의 앞으로의 일을 물으려고 이처럼 타락하고 초라한 모습으로 전락해 버린 것입니다. 이것은 악령에 사로잡힐 때 나타나는 현상으로써 모든 일을 어두움 가운데서 진행하는 것입니다.

그러나 성도는 빛의 자녀입니다. 빛의 자녀는 빛의 자녀답게 생활해야 합니다. 이에 대하여 에베소서 5장 8절이 말씀하고 계십니다.

"너희가 전에는 어두움이더니 이제는 주 안에서 빛이라 빛의 자녀들처럼 행하라."

2. 자기 유익을 위하여 타인의 생명을 위협합니다.

9절입니다.

"여인이 그에게 이르되 네가 사울이 행한 일 곧 그가 신접한 자와 박수를 이 땅에서 멸절시켰음을 아나니 네가 어찌하여 내 생명에 올무를 놓아 나를 죽게 하려느냐 하는지라."

사울이 신접한 여인을 만나서 요구한 것은 어떤 사람을 죽은 자 가운데서 불러 올려달라는 것입니다. 즉 점을 치게 한 요구인데 이 요구를 들은 여인의 대답이 9절입니다. 그것이 '이스라엘의 왕이 신접한 자와 박수를 멀리하고 이 땅에서 쫓아내었는데 어떻게 나로 하여금 죽을 짓을 하게 하느냐' 는 것입니다.

이 말에 10절에서 사울은 자기가 왕이라는 사실을 숨기고 하나님의 이름으로 맹세를 하면서 결코 그렇게 될 일이 없을 것이라고 했습니다. 이것은 하나님 앞에서의 참으로 무서운 죄입니다. 왜냐하면 레위기 19장 31절이 그것을 밝혀 말씀하셨기 때문입니다.

"너희는 신접한 자와 박수를 믿지 말며 그들을 추종하여 스스로 더럽히지 말라 나는 너희 하나님 여호와이니라."

신명기 18장 10~11절에서 더욱 분명하게 기록하고 있습니다.

"점쟁이나 길흉을 말하는 자나 요술하는 자나 무당이나 진언자나 신접자나 박수나 초혼자를 너희 가운데에 용납하지 말라."

이렇게 율법으로 분명히 금한 것을 사울은 자기 유익을 위하여 어기고 불법을 행한 것입니다. 더 나아가 신접한 자가 자기가 죽을 일을 왜 시키느냐고 했을 때 결코 죽을 일이 없다고 했습니다. 그렇게 한 것은 자기가 왕이니까 살려준다는 것입니다. 그러나 이것은 하나님을 정면으로 대적하는 행위입니다.

이와 같은 행위가 바로 악령에 사로잡힌 자들의 특징적인 모습입니다. 모든 삶의 기준이 자기입니다. 자기의 유익을 위해서는 하나님의 말씀도 필요 없습니다. 법과 윤리와 도덕도 불필요한 것입니다. 오직 하나! 자기의 유익, 자기의 기쁨, 자기의 영광을 위하여서라면 어떤 것도 마다하지 않는 행동하는 악 그 자체입니다.

그렇기 때문에 오늘날도 교회에서 일어나는 다양한 시끄러운 일들을 통해 악령에 사로잡힌 자들의 행동하는 악을 볼 수 있는 것입니다. 겉으로는 '하나님의 영광을 위하여' 라고 하면서 내용은 철저히 자기 유익을 위한 행동이 전개되는 것입니다.

안타까운 것은 악령에 사로잡히면 이렇게 초라하고 타락하여 맛 잃은 소금이 되어 사단의 노리개가 되는 것입니다.

오직 하나님의 말씀이 우리의 삶의 울타리가 되기를 축복합니다.

3. 영적 무지에 빠져 멸망에 이르게 됩니다.

11~14절까지는 기막힌 일이 전개되는 내용입니다. 신접한 여인이 사울에게 누구를 불러올릴지를 물었습니다. 그 때 사울은 사무엘을 불러올리라고 요구를 합니다. 참으로 안쓰럽고 민망한 일이 시작되었습니다.

사무엘이 누구입니까? 사울 그에게 기름을 부은 사람이며 전에는 자기의 절친한 친구였고 모든 국정 수행의 자문이었습니다. 그런데 하나님이 대답지 아니하시자 죽은 사무엘의 영혼을 불러올려 그에게 묻고자 하는 것입니다. 이런 영적 무지함이 사울의 지금 상황이었습니다.

이 대목에서 우리가 주목할 것이 있습니다. 사무엘이 살았을 때도 사울은 사무엘을 찾아가 자문을 구한 모습이 기록 되어 있지 않습니다. 사무엘이 기브아에서 그리 멀지 않은 라마에 살고 있었음에도 불구하고 말입니다. 그만큼 모든 것을 자기 뜻대로, 자기 마음대로 행했던 사람이 사울이었습니다. 그런데 이제 블레셋의 공격을 받게 되자 어찌할 바를 몰라 하나님을 찾습니다. 그러나 하나님께서 침묵하시자 이제는 죽은 사무엘의 영혼을 박수를 통해 불러 올려 그에게 묻고자 했습니다. 정말 기막힌 일이 벌어진 것입니다.

요즈음도 그렇습니다. 성도들이 목사를 찾아가 진심으로 의논하고 가르침을 받으려 하지 않습니다. 오히려 교회생활 신앙생활을 하면서 자기 뜻대로 자기 마음대로 행하다가 목사가 죽으면, 혹은 떠난 후에는 한 마디씩 합니다.

"그 분이 보고 싶다. 그분이 계셨으면 물어볼 텐데......."

이 보십시오! 그 때는 이미 늦습니다. 아무리 후회해도 소용이 없습니다. 모두 한 번 스스로 따라해 보십시오. "나는 그러지 말자!"——아멘.

신접한 여인이 불러올렸다는 사무엘의 모습, 그 앞에 절하는 사울의 모습, 그리고 신접한 여인의 모습이 12~14절까지 기록되어 있습니다. 이 내용은 한 마디로 영적으로 깨어있는 사람이라면 단번에 이것이 엉터리라는 것을 알게 됩니다. 즉 사단이 속임수를 쓰고 있는 것입니다.

전도서 3장 21절을 보면 인간의 혼은 다 위로 올라간다고 기록하고 있습니다. 마귀는 자신을 광명한 천사로도 가장을 합니다. 그런데 지금 신접한 여인이 불러올린 사무엘의 모습은 사단이 속임수를 쓰는 것입니다. 그럼에도 사울은 그 앞에 절하는 기막힌 장면이 연출된 것입니다. 한 마디로 악령에 사로잡힐 때의 참으로 추하고 부끄러운 모습입니다.

오늘날도 영적 무지에 빠져 가시적인 현상에 현혹되어 별별 부끄럽고 수치스러운 일들을 경험하는 성도들이 있다는 것을 보고 듣습니다.

영적 무지에서 헤어나는 것은 하나님의 말씀뿐입니다. 말씀을 묵상하고 말씀을 들을 때 우리는 빛으로 나아가게 됩니다. 그것을 뒷받침하는 말씀이 디모데후서 3장 15~17절 말씀입니다.

"성경은 능히 너로 하여금 그리스도 예수 안에 있는 믿음으로 말미암아 구원에 이르는 지혜가 있게 하느니라. 모든 성경은 하나님의 감동으로 된 것으로 교훈과 책망과 바르게 함과 의로 교육하기에 유익하니 이는 하나님의 사람으로 온전하게 하며 모든 선한 일을 행할 능력을 갖추게 하려 함이라."

여러분의 삶이 언제나 하나님의 말씀 안에서 강건하여지시기를 예수님의 이름으로 축복합니다. 아멘.

88.

믿음을 잃어버릴 때(2)

"블레셋 사람들은 나를 향하여 군대를 일으켰고
하나님은 나를 떠나서 다시는 선지자로도, 꿈으로도
내게 대답하지 아니하시기로
〈사무엘상 28:15~25 중〉."

이 본문은 난해한 구절입니다. 즉 엔돌의 접신녀가 불러낸 사무엘의 영을 어떻게 이해하느냐 하는 문제입니다.

전도서 3:21절에서는 사람이 죽으면 그 영혼이 위로 올라간다고 했습니다. 그리고 누가복음 16:22~31절에서는 육체와 분리되어 낙원이나 음부에 간 영혼은 이 세상에 다시 돌아올 수 없다고 가르치고 있습니다. 그런데 본문은 접신녀가 사무엘의 영을 땅에서 불러올렸다는 것입니다. 이것을 그대로 받아들이면 성경은 모순을 범하고 있습니다.

그러나 우리는 이 본문을 기록 그대로 받아들이지 않습니다. 마귀는 부활 이외에는 모든 것을 하나님의 흉내를 내는 영물이기 때문에 본문의 사건은 사단의 역사로 받아들이면서 상황을 이해해야 합니다.

　이와 같은 내용을 한 마디로 정리하면, ‘믿음을 잃어버릴 때 일어
난 사울의 상황’ 입니다. 그리고 이것은 사울에게만 일어나는 영적 혼
란의 사건이 아니라 오늘 우리에게도 얼마든지 일어날 수 있는 영적
사건이 된다는 것을 먼저 깨달아야 합니다. 이와 같은 내용을 먼저 숙
지하고 본문이 주는 교훈을 정리하고자 합니다.

　동북지역의 선교지를 돌아보고 왔습니다. 특히 우리교회가 건축
한 도문 부유교회를 방문하여 헌당식을 하면서 많은 것을 생각했습
니다.

　부유교회 교인은 벌써 100여명이 출석하는 급성장하고 있는 교회
입니다. 이은화 전도사님이 담임을 하시는데, 이제 서른의 젊은 나이
지만 영적 리더십은 오랜 경륜을 갖고 있는 듯 탁월한 리더십을 발휘
하고 있는 것을 보았습니다.

　그 가운데 몇 가지 주목할 내용이 있었습니다. 하나는 전 교인이
성경을 함께 읽을 때 놀라울 정도로 통일된 봉독을 한다는 것입니다.
이것은 영적 상태가 성령님 안에서 일치와 연합이 이루어지고 있다
는 것을 객관적으로 증명하는 것입니다.

　또 하나는 기도와 말씀마다 아멘이 충만한 것입니다. 기도 한 문장
에서 그들은 아멘으로 확신 있게 응답했습니다. 말씀 한 문장 한 문장
에서도 확신에 찬 아멘이 되었습니다. 그것은 그들의 현재 믿음 상태
의 주관적 신앙을 객관적으로 표현한 것입니다.

　그리고 이 두 가지의 현상은 그들의 얼굴표정과 언어구사에서 얼
마든지 확인할 수 있었습니다.

　참 많은 감동을 받았습니다. 부유교회 성도들을 통하여 그 교회를

담임하는 교역자를 볼 수 있었습니다. 그리고 그와 같은 믿음의 아름다운 생활은 영적 지도자인 이은화 전도사님의 영적 리더십이 놀랍도록 깊다는 사실이었습니다. 즉 부유교회 성도들은 담임교역자의 거울이었습니다.

그러면서 우리교회를 생각했습니다. 포항 중앙교회 성도들을 통해 포항시민은 주님을 보게 될 것인데 그 앞서 담임목사를 보게 된다는 것입니다. 속담처럼 "자식을 보면 그 아비를 알 수 있다"는 말과 같습니다.

그래서 그리스도인은 예수님의 거울입니다. 저와 여러분은 포항중앙교회의 거울입니다. 포항중앙교회는 예수님의 거울입니다. 사람들은 우리를 보고 예수님을 본다는 것을 잊지 말아야 합니다. 세상의 믿지 않는 사람들이 우리를 보고 예수님을 어떻게 볼 것인가 생각하면 정말 다리가 후들거릴 일입니다.

만약 포항시민이 다 아는 집사가 호텔 로비에서 담배를 피우고 있다면, 백주 대낮에 권사가 길거리에서 육두문자를 쓰면서 이웃주민과 싸우고 있다면, 포항 시민이 다 아는 장로가 백주 대낮에 식당에 앉아 소주병을 앞에 놓고 헛소리를 한다면 포항시민이 포항중앙교회를 어떻게 보며 예수님을 어떻게 생각하겠습니까?

가정하여 서술한 이 모든 이야기의 주인공들은 분명히 포항중앙교회의 거룩한 성도이지만 믿음을 잃어버린 신앙인의 불신앙의 모습입니다. 가정하여 한 말이지만 얼마든지 우리들의 삶의 현장에서 일어날 수 있는 일들입니다, 그렇기 때문에 더욱 우리는 마음을 가다듬어 바른 신앙생활을 해야 합니다.

사울은 믿음이 있는 사람이었습니다. 그러나 그가 하나님에 대한 믿음을 잃어버렸을 때 나타난 현상은 참으로 당혹스럽고 비참했습니다.

믿음을 잃어버린 사람의 상태를 예레미야 2장 19절에서는 이렇게 분명하게 교훈했습니다.

"네 하나님 여호와를 버림과 네 속에 나를 경외함이 없는 것이 악이요 고통인 줄 알라."

믿음을 잃어버렸다는 것은 하나님을 버렸다는 것입니다. 하나님을 경외함이 없다는 말씀입니다. 그리고 그 결과는 고통이라는 준엄함 경고의 말씀입니다. 사울의 상황이 꼭 이렇게 되었습니다.

믿음이 약해지면 걷잡을 수 없는 나락으로 떨어집니다. 그것은 타락으로 이어집니다.

하와의 믿음이 약해질 때 뱀의 말에 넘어졌습니다.

아담의 믿음이 약해질 때 하와의 말에 넘어졌습니다.

엘리의 믿음이 약해질 때 하나님보다 두 아들을 더 사랑하게 되어 결국은 가문의 몰락을 가져왔습니다.

사울의 믿음이 약해질 때 하나님의 말씀을 멀리하고 선지자의 말을 배척하고 자신의 생애를 자살로 마감했습니다.

삼손의 믿음이 약해질 때 들릴라의 말에 넘어갔습니다. 결국 나실인의 사명을 수행하지 못하고 블레셋 사람에 의하여 두 눈이 빼어짐을 당했습니다. 그리고 다곤 신전과 함께 일생을 마감했습니다.

가룟 유다의 믿음이 약해질 때 예수님에 대한 믿음이 불신으로 변하여 은 30에 예수님을 팔아버렸습니다.

그리고 그와 같은 일은 지금도 이 땅에서 계속해서 일어나고 있습니다.

하나님에 대한 믿음이 약해지거나 믿음을 잃어버리면 두려움이 먼저 나를 지배합니다.

옛날에는 요즈음처럼 화장실문화가 잘되어 있지 않았습니다. 집 안에 화장실이 있어 대소변을 보는 문화가 아니라 별채로 되어 있는 변소, 뒷간을 사용하던 문화였습니다.

한 밤중에 화장실에 볼일이 있게 되면 어린아이라 혼자 변소 가는 것이 두려워 나서지를 못합니다. 그러면 미안함을 무릅쓰고 옆에 자는 형을 깨워봅니다. 형은 깨어있으면서도 자는 척 합니다. 아빠를 깨워보지만 코를 골며 깊이 잠들어 계십니다. 역시 제일 편한 것이 엄마입니다. 엄마는 건드리면 벌써 알아차립니다. "오냐" 하면서 변소가자고 말하지 않아도 벌써 먼저 일어섭니다. 엄마를 변소 밖에 수호자로 세워두고 볼일을 보면 밖에서 엄마는 "내가 여기 있다"는 신호를 헛기침으로 자주 해 줍니다. 그런데 조금 지나도 밖에 인기척이 없으면 순식간에 두려움이 밀려옵니다. 그리고는 확인을 합니다. "엄마?" 그러면 어김없이 "오냐, 엄마 여기 있다" 하십니다. 그 순간의 편안함이란 무엇으로도 형언할 수 없습니다. 그것은 엄마에 대한 믿음입니다.

우리의 신앙도 마찬가지입니다. 하나님에 대한 믿음을 잃어버렸을 때 두려움이 밀려옵니다. 그것은 하나님과의 관계단절이라는 무서운 결과를 가져옵니다. 그 때부터 그 영혼은 악한 영에 사로잡혀 마귀 사단의 지배를 받게 됩니다. 그렇게 되면 모든 일상이 어두움에서 진행됩니다. 피해의식에 사로잡힙니다. 자기 유익을 위하여 타인의 생명까지 해합니다. 결국 영적 무지에 빠져 멸망에 이르게 됩니다. 이것이 14절까지의 사울이 처한 상황이었습니다.

믿음을 잃어버렸을 때의 사울의 상황이 또 어떻게 전개 되었을까요?

1. 범사가 사면초가의 상황이 되어버립니다(15절).

15절입니다.

"사무엘이 사울에게 이르되 네가 어찌하여 나를 불러 올려서 나를 성가시게 하느냐 하니 사울이 대답하되 나는 심히 다급하니이다. 블레셋 사람들은 나를 향하여 군대를 일으켰고 하나님은 나를 떠나서 다시는 선지자로도, 꿈으로도 내게 대답하지 아니하시기로 내가 행할 일을 알아보려고 당신을 불러 올렸나이다 하더라."

이것은 영적분별력을 잃어버린 자의 상황통찰력마저 상실한 결과입니다. 신접녀가 불러올린 사무엘의 영과 사울이 대화하는 내용인데 중반 절을 보면 사울의 상황이 얼마나 비참한지를 보게 됩니다. 블레셋은 침공을 해 오고, 하나님은 자기를 떠났으며, 선지자도 이젠 자기 곁에 없으니 아무것도 할 수 없게 되었다는 스스로의 독백 같은 고백의 말입니다.

하나님에 대한 믿음을 잃어버리면 이렇게 영적 분별력을 잃어버립니다. 그 위에 상황통찰력까지 잃어버리고 사면초가의 상황에 빠져 좌충우돌의 혼돈에 이르게 되는 것입니다.

이것은 오늘 우리의 신앙생활에서도 얼마든지 볼 수 있는 현상들입니다. 이렇게 되면 거두절미하고 왜 하나님께서 자기를 떠났는지, 왜 자기 곁에 영적 지도를 하는 선지자가 없게 되었는지, 왜 꿈으로도 하나님께서 응답하지 않으시는지, 분별하여 하나님 앞에 엎드려 회개하면 열려지고 풀려질 텐데, 믿음을 잃어버리니까 이렇게 사면초가에 빠져 허우적거립니다. 영적 분별력을 잃어버리고 결국 스스로 파멸에 이릅니다.

다윗도 한 때 사울처럼 믿음을 잃어버리고 블레셋으로 가서 타락한 생활을 했습니다. 그렇지만 결정적인 순간에 정신을 차리고 회개합니다. 그리고 에봇을 가져오게 하여 믿음을 회복하고 하나님 앞에 있게 됩니다. 복을 받습니다. 이것이 사울과 다윗의 차이입니다.

지금 사울이 처한 이와 같은 상황을 잘 대변해 주는 말씀이 이사야 59장 1~2절입니다.

"여호와의 손이 짧아 구원하지 못하심도 아니요 귀가 둔하여 듣지 못하심도 아니라. 오직 너희 죄악이 너희와 너희 하나님 사이를 갈라놓았고 너희 죄가 그의 얼굴을 가리어서 너희에게서 듣지 않으시게 함이니라."

사울이 이 말씀을 읽고 하나님 앞에 엎드렸다면 그처럼 비참해지지는 않았을 것입니다.

오늘 우리도 종종 믿음이 약해질 때가 있습니다. 때로는 하나님이 나를 떠나신 것처럼 느껴질 때가 있습니다. 이것을 해도 안 되고, 저것을 해도 안 됩니다. 막히고 맺히는 상황에 이를 때가 있습니다.

이럴 때는 말씀으로 돌아가야 합니다. 자신을 살펴보고 회개해야 하나님이 응답하십니다. 그리할 때 맺힌 것이 풀려지고 닫힌 것이 열려집니다. 막힌 것도 뻥하고 속 시원히 뚫려집니다. 아멘.

2. 악한자의 조롱거리가 됩니다(16~19절).

사울의 절박한 상황가운데 사무엘이라고 불러올린 악령이 마치 하나님처럼 사울에게 말하는 내용이 16~19절입니다. 사울 앞에 나타난 악령은 사울의 지난날의 모든 것을 다 알고 있습니다. 그래서 사울을 점점 궁지로 몰아넣습니다.

악령이 사울에게 말하는 내용을 요약하면 이렇습니다. 첫째는 하나님이 사울의 손에서 이스라엘을 빼앗아 다윗에 주셨다는 것입니다. 둘째는 사울과 그 아들들이 함께 죽게 된다는 것입니다. 셋째는 이스라엘은 블레셋과의 전쟁에서 패배한다는 것입니다.

이 내용을 분석하면 다 맞는 말입니다. 그럼에도 불구하고 그 어디에도 사울에게 희망적인 말은 없습니다. 냉정하게 파멸만을 선고한 말입니다.

하나님은 우리가 잘못하면 하나님의 공의로 치십니다. 때리십니다. 그러나 때리고 치서서 내쫓는 것이 아니라 회개하고 돌아온 자녀들을 다시 싸매시고 힘주시는 좋으신 아버지이십니다. 정말이냐고요? 예, 정말입니다. 이사야 30장 26절과 및 호세아서의 말씀이 그것입니다.

"여호와께서 자기 백성의 상처를 싸매시며 그들의 맞은 자리를 고치시는 날에는 달빛은 햇빛 같겠고 햇빛은 일곱 배가 되어 일곱 날의 빛과 같으리라."

호세아 6:1절입니다.
"오라 우리가 여호와께로 돌아가자 여호와께서 우리를 찢으셨으나 도로 낫게 하실 것이요 우리를 치셨으나 싸매어 주실 것임이라."

그런데 본문의 사무엘이라고 하는 이 악령에게서는 그 어디에서도 하나님의 마음을 볼 수가 없습니다. 사울을 진실로 책망하고 동시에 위로하며 교훈하여 살리려는 것이 아니라 사울의 지난날 악행을 들추어내고 있습니다. 결국은 그가 비참하게 죽을 것이라고 선언하면서 조롱했습니다.

믿음이 약해지고 믿음을 잃어버리면 이렇게 마귀 사단의 조롱거리가 됩니다. 결국은 세상 사람들에게도 버림을 받고 밟히게 되는 것입니다.

그래서 예수님은 성도를 소금이라고 하셨습니다. 소금은 그 맛을 내어야 하고 맛을 잃어버리면 밖에 버려져 사람들의 발에 밟힐 뿐이라고 경고하셨던 것입니다. 모든 믿음의 길을 가는 성도들은 믿음이 약해지거나 믿음을 잃지 않기를 예수님의 이름으로 축복합니다.

3. 삼박자 저주가 임하게 됩니다(20~25).

요한 3서 2절을 삼박자 축복이라고 했습니다.
"사랑하는 자여 네 영혼이 잘됨 같이 네가 범사에 잘되고 강건하기를 내가 간구하노라."

이것이 하나님 앞에서 믿음 있는 자의 복된 삶입니다. 그런데 20~25절의 내용은 차마 읽기조차 마음이 아픈 사울의 모습입니다. 이 내용을 삼박자 저주라고 합니다. 영혼이 잘못되니 범사가 맺히고 막혀서 사면초가가 되었습니다. 결국 육체도 건강을 잃어버리고 쇠진해 쓰러지고 말았습니다. 하나님에 대한 믿음이 약해지면서 사울은 두려움에 사로잡혔습니다. 두려움은 사울을 영육간의 모든 기력의 쇠진으로 몰아갔습니다. 이것이 삼박자 저주입니다.

예수님을 잘 믿다가 믿음이 약해지고 결국 믿음을 잃게 되면 축복의 자리에서 저주의 자리로 옮겨가게 됩니다. 뿐만 아니라 자신은 물론 가문까지 파멸에 이르게 합니다.

사울이 이렇게 삼박자 저주에 이르게 된 배경이 무엇일까요?

처음에 왕으로 선택될 때는 너무도 겸손하고 믿음이 신실했던 사울이었습니다. 그런데 왕이 된 후에 교만하여 말씀을 버리고 불순종하였습니다. 게다가 선지자 사무엘을 무시하고 안하무인이 되면서 타락해 갔습니다.

결국 사무엘상 15장에서 하나님은 사울을 왕 삼으신 것을 후회하셨습니다. 그리고 사무엘은 사울을 떠납니다. 이때부터 사울의 믿음은 타락의 극치를 달리며 나락으로 떨어지게 되었습니다. 정확히 말하면 사무엘이 사울을 떠난 후, 다른 표현을 사용하면 하나님께서 사울을 떠나신 후부터 사울은 삼박자 저주의 길로 들어선 것입니다.

시편 1편 1~3절에서는 복 받은 자의 내용을 그림처럼 그려놓고 있습니다.

"복 있는 사람은 악인들의 꾀를 따르지 아니하며 죄인들의 길에 서지 아니하며 오만한 자들의 자리에 앉지 아니하고, 오직 여호와의 율법을 즐거워하여 그의 율법을 주야로 묵상하는도다.”

이와 같은 사람이 어떻게 된다고 했습니까? 시편 1편 3절입니다.
“그는 시냇가에 심은 나무가 철을 따라 열매를 맺으며 그 잎사귀가 마르지 아니함 같으니 그가 하는 모든 일이 다 형통하리로다.”

이와 같은 은혜가 여러분의 범사에 충만하기를 축복합니다. 믿음을 잃어버리지 않기를 축복합니다. 사울처럼 삼박자 저주의 길로 가지 않기를 바랍니다. 힘들고 어려워도 하나님의 말씀을 순종하고 믿음으로 살아가시기를 예수님의 이름으로 축복합니다. 아멘.

89.

악인과 멍에를 함께 할 때

"블레셋 사람들의 수령들은
수백 명씩 수천 명씩 인솔하여 나아가고
다윗과 그의 사람들은 아기스와 함께 그 뒤에서 나아가더니
〈사무엘상 29:1~15 중〉."

살아가노라면 언제나 함께 하고 싶은 사람이 있습니다. 그런 사람이 있는가 하면 또 왠지 함께 하고 싶지 않은 사람도 있습니다.

SeekersUSA. com대표 김승호씨의 칼럼을 읽고 공감하는 마음으로 여러분에게 그 내용을 소개합니다. 다는 말씀을 드릴 수가 없고 몇 가지만 정리해 봅니다.

〈좋은 사람이 되는 요령〉
껌은 휴지에 싸서 버린다.
별로 어려울 것도 없다.
껌 종이를 버리지 말고

주머니에 잠깐 넣어 놓았다 쓰면 된다.

깜박이도 안 켜고 끼어들어도 욕은 하지 않는다.
그래도 욕이 나오면 다음 주까지 기다렸다 한다.
생각이 안 나면 잊어버리고 말자.
어차피 우린 깜빡깜빡하는데 전문가들이지 않은가.

아이와 걸을 때는 천천히 걷고,
여자와 걸을 때는 차도 쪽에는 당신이 걸어라.
아이 입장에서 행동하고 여성을 보호한다는 것이 그렇게 어려
운 일이 아니다.

옆에 누가 있으면 장소에 상관없이 담배를 피우지 말라
당신은 내가 씹던 껌 주면 씹을 수 있는가?
다른 사람도 당신 목구멍에서 나온 연기를 마시고 싶겠는가?

길을 묻거든 자세히 가르쳐줘라.
모르면 아는 체 좀 하지 말고...
노량진에서 봉천동 가는데 시흥으로 안양으로 과천으로 돌아
다닌 생각을 하면 아직도 화가 난다.

잘못 걸려온 전화라도 친절하게 설명해준다.
같은 사람이 또 잘못 걸어와도 웃으며 받아준다.
세 번째까지도 괜찮다고 편히 말해준다.
네 번째 전화부터는 당신 마음대로 해도 된다.

괜찮은 글이지요? 예, 이 정도만 되어도 좋은 사람이 될 수 있다는 생각을 했습니다.

좋은 사람과 함께 하면 좋은 사람이 됩니다. 나쁜 사람과 함께 하면 나쁜 사람이 됩니다. 성경은 함께하지 말아야 할 사람에 대하여 여러 내용으로 경고하고 있습니다.

잠언 20장 19절입니다.

"두루 다니며 한담하는 자는 남의 비밀을 누설하나니 입술을 벌린 자를 사귀지 말지니라."

잠언 22장 24절입니다.

"노를 품는 자와 사귀지 말며 울분한 자와 동행하지 말지니"

잠언 23장 20절입니다.

"술을 즐겨하는 자들과 고기를 탐하는 자들과도 더불어 사귀지 말라."

잠언 24장 21절입니다.

"내 아들아 여호와와 왕을 경외하고 반역자와 더불어 사귀지 말라."

고린도전서 5장 9절입니다.

"내가 너희에게 쓴 편지에 음행하는 자들을 사귀지 말라 하였거니와"

데살로니가후서 3장 14절입니다.

"누가 이 편지에 한 우리 말을 순종하지 아니하거든 그 사람을 지목하여 사귀지 말고 그로 하여금 부끄럽게 하라."

그리고 신명기 22장 10절입니다.
"소와 나귀를 겨리 하여 갈지 말라."

이 말씀은 소와 나귀는 힘도 다르고 속도도 달라 모든 것이 조화를
이룰 수 없기 때문에 함께 멍에를 메워 밭갈이를 하면 스트레스만 받
고 일이 안 된다는 말씀입니다. 그러므로 모름지기 사람이란 전후좌
우를 잘 살펴서 마땅히 함께 해야 할 것과 그렇지 않은 것을 잘 분별
해야 합니다. 이것은 기회주의자가 되라는 말이 아닙니다.

본문은 다윗이 함께 해서는 안 될 악인과 함께 했다가 낭패를 당하
고 절체절명의 위기에 처하게 된 내용입니다.
다윗은 사울의 칼을 피하여 목숨 하나 건지자고 가서는 안 될 블레
셋 땅으로 갔습니다. 그곳에서 1년 남짓 살았는데 어느 날 블레셋 왕
아기스가 이스라엘을 치러 올라가자고 차출을 합니다. 이 요청을 거
절할 수 없는 절박한 상황에 이르게 된 것이 본문 다윗의 처지입니다.
말씀의 요지는 악인과 함께 멍에를 메어서는 안 된다는 교훈입니
다. 이 절박한 다윗의 상황은 곧 우리에게 거울이 되어 오늘을 살아가
는 성도는 악인과 함께 멍에를 같이 해서는 안 된다는 교훈을 받게 됩
니다.
다윗이 악인과 함께 멍에를 같이 함으로 겪게 된 결과가 무엇입니까?

1. 자신의 존재 의미를 잃어버리고 말았습니다.

2절입니다.

"블레셋 사람들의 수령들은 수백 명씩 수천 명씩 인솔하여 나아가고 다윗과 그의 사람들은 아기스와 함께 그 뒤에서 나아가더니"

참으로 기막힌 장면이 연출되었습니다. 블레셋이 이스라엘을 치려고 총출동을 하는데 이스라엘 왕으로 기름부음을 받은 다윗이 블레셋 왕 아기스와 함께 그 진영의 뒤에서 출정을 하게 된 것입니다. 이것은 한 마디로 자기 자신의 존재의미를 상실한 모습입니다.

그 때나 지금이나 자기 자신의 존재의미를 잃어버린 사람은 자기가 가는 길도 모릅니다. 즉 판단력을 상실한 것입니다. 옳고 그른 것을 분별하지 못합니다. 내가 어디에 있는지 모릅니다. 그러니 당연히 무엇을 해야 하는지도 모르는 것입니다.

오늘 저와 여러분은 누구입니까?
하나님의 아들 우리 주 예수 그리스도께서 십자가에서 피범벅이 되어 고난당하시고 죽으심으로 죄에서 구속함을 입고 영원히 살게 된 하나님의 자녀가 된 성도입니다.
그렇다면 마땅히 하나님의 자녀 됨을 잊지 말아야 합니다. 내가 어디에 있는지, 무엇을 먹고 마시는지, 이것을 하면 되는지 안 되는지 분별할 수 있는 기준이 있어야 합니다. 그 기준은 하나님의 말씀입니다. 당연히 그 기준을 따라 살아야합니다.

사춘기의 아들이 교회생활을 뜸하게 하면서 자꾸만 나쁜 아이들과 어울리는 시간이 많아지게 되었습니다. 이것을 지켜보는 어머니는 걱정을 하게 되었습니다. 그러자 아들이 말했습니다.

“엄마, 걱정하지 마세요. 저는 절대로 믿음을 잃지 않아요.”

어머니는 어느 날 작은 상자에 썩은 사과 한 개를 싱싱한 사과와 함께 담아 아이 방에 놓아두었습니다.

“엄마, 썩은 사과를 이렇게 함께 두면 어떡해요? 싱싱한 것들이 금방 상할 텐데…….”

“얘야 무슨 말을 그렇게 하니? 오히려 싱싱한 사과 때문에 썩은 사과가 싱싱해질 텐데.”

며칠 후 싱싱하던 사과가 썩어 들어가고 있는 것을 본 아들이 엄마에게 큰소리를 쳤습니다.

“봐요. 엄마, 내 말이 맞지?”

그 때 어머니는 아들의 손을 잡고 조용히 이야기를 했습니다.

“사랑하는 아들아, 네 말이 백 번이고 맞다. 엄마도 네가 믿음생활을 뜸하게 하고 나쁜 친구들과 어울리는 시간이 많아지면 너도 모르게 나쁜 친구들처럼 될 것을 걱정한단다.”

아들은 조용히 엄마 품에 안겨 눈물 젖은 눈으로 어머니를 올려다보며 한마디를 합니다.

“엄마, 미안해. 이제 잘할게.”

그렇습니다. 우리가 이 세상을 살아가면서 믿지 않는 사람들과 아주 단절하고 살아갈 수는 없습니다. 그러나 자주 그렇게 어울리다보면 믿음을 잃어버리게 됩니다. 그러다가 결국 어느 날 믿음이 파선되는 경우도 있다는 것을 우리는 주위에서 수없이 볼 수 있습니다.

언제, 어디서, 무엇을 하든, 항상 우리는 하나님의 자녀임을 잊어서는 안 됩니다. 내가 세상을 변화시키리라는 호언장담을 하면서 세상 사람들과 어울려 신앙생활에 성공하는 사람은 거의 보기 어렵습니다.

2. 무엇을 해야 하는지 분별력을 잃어버렸습니다.

3~5절까지는 블레셋 방백들도 백성들도 다윗이 어떤 사람인지를
알았습니다. 사울이 죽인 자는 천천이요 다윗이 죽인 자는 만만이라
고 노래한 것까지 알고 있었습니다.

6~7절 내용을 보면 블레셋 아기스 왕도 다윗이 지금까지 행한 일
의 정직함을 칭찬했습니다. 그리고 블레셋 수령들을 거스르지 말고
지내라고 당부까지 했습니다.

9절을 보면 아기스가 다윗을 두고 말하기를 하나님의 전령 같이
선하다고까지 칭찬을 했습니다. 그러면서 다윗에게 이스라엘과의 전
쟁에서 빠지라고 합니다. 할렐루야! 이것은 전적인 하나님의 은혜입
니다. 이스라엘의 왕으로 기름부음을 받은 자가 이스라엘을 치러 올
라가는 블레셋과 연합하는 것이 가당키나 한 일입니까? 하나님께서
분명히 막고 계신 것입니다.

그런데 난데없는 일이 벌어집니다. 분별력을 상실한 다윗의 입술
에서 나오는 기절할 말입니다. 8절을 함께 볼까요?

"다윗이 아기스에게 이르되 내가 무엇을 하였나이까 내가 당신 앞에
오늘까지 있는 동안에 당신이 종에게서 무엇을 보셨기에 내가 가서 내
주 왕의 원수와 싸우지 못하게 하시나이까 하니"

이 엄청난 말을 지금 다른 사람이 하는 것이 아니라 다윗이 하고

있습니다. 이 8절 가운데 우리가 주목할 단어가 몇 개 있습니다. "당신의 종", "내 주 왕", "원수"라는 말입니다.

이스라엘의 왕으로 기름부음을 받은 다윗이 적국의 왕 아기스에 대하여 자신을 '종'이라고 표현했습니다. 아기스를 '내 주'라 칭했습니다. '내 왕'이라 했습니다. 이것도 모자라 더 기막힐 말을 합니다. 자신의 나라와 민족인 이스라엘을 칭하여 '원수'라고 하는 것입니다.

이것은 한 마디로 타락의 극치를 나타내는 말입니다. 악인과 함께하다 보니 자기 자신이 누구인지도 잊어버리고, 이제는 자기가 무엇을 해야 하는지조차도 분별을 하지 못하는 지경에까지 가고 말았습니다.

블레셋 수령들이 다윗으로 하여금 이스라엘을 치러 함께 가는 것이 합당치 않다고 했을 때 다윗은 정신을 번쩍 차렸어야 했습니다. 아기스가 수령들의 말을 받아 들여 다윗으로 하여금 전쟁의 대열에서 빠지라고 했을 때는 더더욱 깨달아야 했었습니다.

그런데 영적으로 캄캄한 어둠에 빠지고 보니 이게 웬일입니까? 오히려 왜 자기를 이스라엘과의 전쟁에서 빠지게 하느냐고 아기스에게 되묻고 있습니다. 이것이 바로 악인과 멍에를 함께 할 때 자신도 모르게 영적으로 어둡게 된 무서운 결과입니다.

우리는 종종 예수를 믿다가 타락한 사람들이 오히려 불신자들보다 더 무섭게 예수 믿는 사람들을 핍박하는 경우를 봅니다. 또 어떤 경우는 불신자들과 동업을 하면서 세상적으로 잘 나가다가 결국에는 믿음도 파선되고, 재산도 잃고 울며불며 돌아오는 경우도 봅니다. 그래

서 성경은 악인과 함께 멍에를 메지 말라고 수없이 경고하는 것입니
다.

욥기 15:20절에서는 악인은 일평생 고통당한다고 했습니다. 욥기
21:30절에서는 악인은 멸망의 날을 맞으러 끌려 나감이 된다 했습니
다. 시편 9:5절에서는 하나님은 악인을 멸하시며 저희 이름을 영영히
도말하신다고 했습니다. 시편 32:10절에서는 악인에게는 많은 슬픔
이 있다고 했습니다. 시편 37:28절에서는 악인의 자손은 끊어진다고
했습니다. 시편 92:7절에서는 악인은 풀 같이 자라고 죄악을 행하는
자는 다 흥왕할지라도 영원히 멸망하리라 했습니다. 잠언 4:19절에서
는 악인의 길은 어둠 같아서 그가 걸려 넘어져도 그것이 무엇인지 깨
닫지 못한다고 했습니다. 잠언 28:1절에서는 악인은 쫓아오는 자가
없어도 도망한다고 했습니다. 이사야 57:21절에서는 악인에게는 평
강이 없다고 했습니다.

그래서 악인과 함께 해서는 안 된다고 한 것입니다.

3. 영적으로 역류현상(逆流現狀)에 이릅니다.

축복은 순리(順理)의 역사입니다.
저주는 역리(逆理)의 역사입니다.
하나님의 말씀을 거역하는 것은 축복의 역류현상입니다.
주의 종을 거스르는 것은 평안의 역류현상입니다.
온전한 헌물을 거스르는 것은 재물의 역류현상입니다.

11절 말씀을 함께 보겠습니다.

"이에 다윗이 자기 사람들과 더불어 아침에 일찍이 일어나서 떠나 블레셋 사람들의 땅으로 돌아가고 블레셋 사람들은 이스르엘로 올라가니라."

도대체 이해가 안 되는 내용입니다. 블레셋 사람들은 이스르엘로 올라가고 다윗은 블레셋으로 돌아갔다는 것입니다.

묘한 현상입니다. 뭔가 이상한 느낌입니다. 블레셋 사람은 블레셋으로 가고 이스라엘 사람은 이스라엘로 가야 순류(順流)입니다. 그런데 블레셋 사람들은 이스라엘로 올라가고 다윗은 블레셋으로 돌아가고 있습니다.

왜 이런 현상이 일어났을까요? 하나님의 뜻대로 살지 못한 결과입니다. 사울도 다윗도 하나님의 뜻을 거스를 때 역류현상이 일어났습니다.

이스라엘의 초대 왕으로 기름부음을 받은 후 사울은 하나님의 말씀을 거역하고 하나님의 사람 사무엘을 무시했습니다. 영적 역류현상이 시작된 것입니다. 결과는 막히고, 닫히고, 맺히고, 결국은 파멸이었습니다.

다윗도 한 때 하나님의 말씀을 잊어버리고 자신의 소욕대로 사는 역류현상이 일어났습니다. 맺히고, 닫히고, 막힐 때 다윗은 깨달았습니다. 그리고 곧 바로 하나님 앞에 엎드려 회개했습니다. 그러자 놀랍게도 역류하던 다윗의 역사가 다시 순류하기 시작했습니다. 그리고 축복의 문이 열렸습니다.

오늘날 교회에서도 종종 역류현상에 들어가는 교인들을 볼 수 있습니다. 아무리 경고해도 안 듣습니다. 달래도 안 됩니다. 그러다 결국은 파멸에 이르게 되고 마는 것입니다.

우리는 순리의 역사를 만들어야 합니다.
하나님을 거스르고 살아남는 자는 없습니다.
하나님의 말씀을 거스르고 복 받은 자도 없습니다.
주의 종을 거스르고 평안한 자도 없습니다.
역류현상은 악인과 함께 할 때 나타나는 지극히 자연스러운 현상입니다.

2008년 11월 19일 조선일보 만물상에 우리가 눈여겨 볼 기사가 하나 실렸습니다. 2004년 한국갤럽이 조사한 '한국의 종교 실태' 중 주요 종교 가운데 신자 만족도가 가장 높은 것은 개신교였습니다.

"종교가 정신적 문제에 만족스러운 답을 준다." "종교인들의 역할에 만족한다." "신앙심이 깊다"라는 질문에 응답한 신자 비율이 개신교, 천주교, 불교 순이었습니다.

그런데 개신교 NGO 기독교윤리 실천운동에서 2008년 10월 일반인을 상대로 실시한 여론조사가 발표되었습니다.

"가장 신뢰하는 종교"를 묻는 질문에 '개신교'라고 답한 사람이 18%로, 천주교(35.2%), 불교(31.1%)보다 훨씬 적었습니다. 2004년 갤럽 조사 때와는 딴판입니다.

종교가 없는 사람 가운데 개신교를 가장 신뢰한다는 비율은 7.6%에 불과했습니다. "종교별 호감도"도 불교가 31.5%, 천주교가 29.8%로, 개신교 20.6% 보다 모두 높았습니다.

개신교는 오랜 세월 이 땅에서 존경을 받아 왔습니다. 개화기 이래 교육과 의료를 전한 것이 개신교 선교사들이었고, 전쟁과 가난으로 어려움을 겪는 이웃을 힘써 돌본 것이 교회였기 때문입니다.

그러나 1970·80년대 이후 대형교회를 선두로 양적(量的) 성장에 몰두하면서 개신교가 보통사람에게서 멀어져 ‘그들만의 종교’가 됐다는 지적이 나오고 있습니다. 이것은 성도들이 하나님의 뜻과는 상관없이 자기 자신의 욕구충족을 위한 신앙생활에 함몰되고 있다는 것을 경고하는 것입니다. 그러므로 이것을 단순히 갤럽의 한 조사일 뿐이라고 치부하며 사회에서 쏟아지는 여러 가지 비난의 소리를 간과해서는 안 될 것입니다.

순리를 거스르고 역리를 따르다보면 돌이킬 수 없는 시대적, 사회적, 영적 역류현상(逆流現狀)을 맞게 됩니다.

그래서 시편 150편 전체 중의 서시(序詩)라 하는 1편은 의인과 악인에 대해 그림 같이 묘사하고 있습니다.

복 있는 사람이 어떤 사람입니까?

"복 있는 사람은 악인들의 꾀를 따르지 아니합니다. 죄인들의 길에 서지 아니합니다. 오만한 자들의 자리에 앉지 아니합니다. 오직 여호와의 율법을 즐거워하여 그의 율법을 주야로 묵상합니다. 그래서 이와 같은 사람들은 시냇가에 심은 나무가 철을 따라 열매를 맺으며 그 잎사귀가 마르지 아니함 같으며, 그가 하는 모든 일이 다 형통하리라" 했습니다.

그러나 악인들은 어떠하다 했습니까?

악인들은 오직 바람에 나는 겨와 같다고 했습니다. 악인들은 심판을 견디지 못한다고 했습니다. 악인들은 의인들의 모임에 들지 못한다고 했습니다. 무릇 의인들의 길은 여호와께서 인정하시나 악인들의 길은 망하리라 했습니다. 이래도 악인들과 멍에를 함께 하시겠습니까?

기억하십시오. 저와 여러분은 예수님께서 우리 죄를 대신지고 십자가에 피 흘려 돌아가시면서 구원하신 하나님의 사람들입니다. 피로 값 주고 깨끗하게 죄를 씻음 받은 하나님의 자녀들입니다. 의로 인 친 사람들입니다. 그러므로 악인과 함께 해서는 안 됩니다.

지금 이 글을 읽으시는 여러분은 오직 믿음으로, 믿음으로 예수님만 바라보며 나아가시기를 우리 주 예수님의 이름으로 축복합니다. 아멘.

90.
성도가 환난을 당할 때

사람이 살아가노라면 누구를 무론하고 어려움에 처하지 않는 사람은 없습니다. 예수님을 믿는 그리스도인도 예외는 아닙니다. 어려움을 당할 때 그 상황이 때로는 진퇴양난, 사면초가의 경우에 이르기도 합니다. 한 마디로 나아갈 수도 없고 물러설 수도 없으며 좌우 어디를 둘러보아도 출구가 보이지 않는 경우를 만나기도 한다는 말씀입니다.

얼마 전 한 성도님의 가게를 방문했을 때 그것을 더욱 절실하게 느꼈습니다. 가게 문을 닫자니 닫을 수도 없고, 그렇다고 열어 놓자니 득이 아니라 손해만 보게 되니 그야말로 진퇴양난이라는 것입니다. 그 기가 막히는 상황을 세세히 들었습니다. 그야말로 사면초가의 상황이었습니다. 손을 맞잡고 함께 눈물로 기도를 마쳤습니다. 그 때 그 분이 제 가슴에 덥석 안기면서 한마디 쏟아낸 말이 있습니다.

"목사님 기도로 막혔던 모든 것이 다 풀린 기분입니다."

돌아서는 제 눈에 주체할 수 없는 눈물이 흘러내렸습니다. 저는 계속 입으로 중얼거렸습니다.

"주여, 저 성도님 가정에 기분 좋은 일이 일어나게 하옵소서."

기분(氣分)이 좋다는 말은 꽉 막혔던 기(氣)가 골고루 나누어지는(分) 것을 말 합니다. 그것이 기분입니다.

오늘 이 글을 읽고 있는 여러분의 마음에 막힌 기가 분산되기를 축복합니다. 여러분의 사업에도 기분이 좋아지기를 바랍니다. 인간관계도 기분이 좋아지기를 바랍니다. 온 몸에 막힌 기(氣)도 분산되기를 바랍니다.

요즘 사람들의 습관적인 말이 "힘들다", "못 살겠다", "어렵다"라는 말입니다. 엊그제 조선일보 한 부분에 기재된 글을 읽었습니다. 자기에게 주어진 몫은 제대로 하지 않으면서 확인도 안 된 부정적인 말을 퍼뜨리며 위기설을 유포하는 사람들 때문에 세상은 더 문제라는 글이었습니다.

예수 믿는 성도는 환난을 당해도 믿음으로 극복하는 사람들입니다. 어렵다고 어렵다는 말을 하는 것 보다는 좋아질 것이라는 희망으로 괜찮다는 말을 할 수 있는 사람이 환난을 이길 수 있습니다. 요즈음처럼 모든 사람들이 힘들다, 못살겠다고 할 때 그 힘들고 어려울 때를 잘 살펴보면 기회가 있는 법입니다. 그것이 성도의 신앙생활의 맛입니다. 즉 환경이 중요한 것이 아니라 그 환경을 대하는 개개인의 자세가 더욱 중요한 것입니다.

　그래서 한문의 '위기(危機)'라는 단어는 양면성을 가진 단어입니다. 즉 위태할(危) 때 기회(機)도 있다는 것입니다. 그래서 성공자는 위험할 때를 기회로 삼지만 실패자는 위험할 때 포기하는 것입니다.
　예컨대 돛단배가 항해하는 데 바람이 일어나는 것은 거슬림이 되지만 그 바람을 이용하여 더 잘 갈 수도 있습니다. 파도는 사람을 삼키기도 하는 것이지만 서핑을 하는 사람은 파도를 이용하여 즐기기도 하는 것입니다. 돌은 돌이지만 어떤 사람에게는 걸림돌이 되기도 하고 어떤 사람에게는 디딤돌이 되기도 합니다.

　우리가 살아가는 동안 어려움을 당할 때 상황에 따라 반응하기 보다는 성도는 신앙적인 반응을 보여야 합니다. 상황에 반응하면 좌절하고, 절망하고, 포기하게 되지만 신앙적인 반응을 하면 일어서고 희망을 가지고 나아가게 됩니다. 그것이 성공적인 삶의 비결입니다.

　이 본문의 주인공 다윗을 통해 그것을 배우게 됩니다. 사울에게 쫓기는 생활에 지친 다윗은 블레셋으로 도망하여 아기스에게 투항합니다. 그리고 시글락을 얻고 아기스의 환심을 사는 생활의 안이함에 젖었습니다. 그러나 그 생활도 잠깐, 블레셋이 이스라엘과 전쟁을 하게 되었습니다. 그 때 아기스가 다윗에게 함께 이스라엘을 치러 올라가자고 합니다. 그 때 그야말로 진퇴양난의 어려움을 겪어야했습니다.
　그러나 천만다행으로 하나님은 블레셋의 방백들을 통해 다윗이 전쟁에 참여하지 못하게 하셨습니다. 블레셋의 방백들은 다윗이 이스라엘에서 사울보다 위대한 사람이라는 것을 알았습니다. 그래서 '어떻게 그와 함께 이스라엘을 칠 수 있겠느냐'고 반대했습니다. 표면적으로는 블레셋 방백들의 반대였지만 그것은 하나님의 섭리였습니다. 즉 다윗은 잘못하고 있었지만 하나님은 다윗이 이스라엘을 공격하는 블레셋 무리와 함께 가도록 방치하지 않으셨다는 것입니다. 그리고 다윗이 사태를 깨닫고 회개하기를 기다리시는 신비로운 섭리를 보게 됩니다.

하나님의 섭리 가운데 다윗은 회군하여 다시 시글락으로 돌아왔습니다. 그런데 이게 웬일입니까? 자기가 부하들과 기거하던 시글락에 아말렉 군대가 쳐들어와서 완전히 쑥대밭을 만들어 놓고 갔습니다. 이것이 본문 내용입니다.

시글락은 불로 잿더미가 되었습니다. 젊고 늙은 여인들은 전부 끌려갔습니다. 아내와 자녀들이 사로잡혀 갔습니다. 기가 막혀 울 기력이 없도록 울고 또 울었습니다. 다윗의 사랑하는 두 아내 아히노암과 아비가일도 사로잡혀갔습니다. 그 뿐이 아닙니다. 6절 상반 절을 보면 그토록 충성스럽던 다윗의 부하들이 다윗을 돌로 치려고까지 했습니다. 이 상황보다 더 절박한 상황은 다윗에게 지금까지는 없었습니다. 그야말로 사면초가요 진퇴양난이며 설상가상의 환난이었습니다.
우리는 여기서 몇 가지 중요한 교훈을 얻습니다.

1. 하나님의 뜻을 거스르고는 형통할 수 없습니다.

본문의 사건은 다윗이 자신의 생명을 찾는 추격자를 피해 적국 블레셋의 아기스를 찾아가 머리를 조아리고 시글락의 한 도시를 얻어 평안하게 지낼 때 일어난 일입니다.

오히려 평소 다윗이 불편하게 생각했던 주변 족속들을 공격하여 약탈물을 얻어 생활함과 동시에 블레셋 왕 아기스에게는 이스라엘의 변방을 공격하였다고 거짓말을 함으로 아기스의 신임까지 얻어 그야 말로 만사형통과 같은 세월을 보내고 있었습니다. 모든 것이 형통한 듯 했습니다. 그만하면 살만하게 되었습니다.

그러나 하나님은 다윗으로 하여금 그렇게 타락한 상태로 태평하게 지내도록 방치하지만은 않으셨습니다. 하나님은 항상 하나님의 시간표대로 역사하시는 전능하신 하나님이십니다. 모든 것을 주관하시고 섭리하시는 하나님이십니다.

하나님은 안이하게 지내는 다윗에게 깨닫고 회개할 수 있는 기회를 주셨습니다. 그것이 동족 이스라엘을 공격하는 블레셋과 함께 하지 못하게 하는 것이었습니다. 그래도 깨닫지 못하고 회개하지 않으면 하나님은 사울처럼 다윗도 버리실 수 있습니다.

그럼에도 불구하고 다윗은 깨닫지 못했습니다. 블레셋 방백들로부터 다윗은 이 전쟁에 참여할 수 없다고 하는 말을 듣고는 오히려 아기스에게 왜 자신을 동참시키지 않느냐고 항변까지 하였습니다.

우여곡절 끝에 참전을 못하게 된 다윗은 살던 땅 시글락으로 돌아옵니다. 때를 기다리신 하나님께서는 드디어 극단적인 방법을 사용하셨습니다. 그것은 곧 다윗의 거처인 시글락을 아말렉 군대가 급습을 하게 하신 것입니다. 기습을 당한 다윗의 지경은 폐허가 되었습니다. 이스라엘의 여인들은 아말렉 군대에게 잡혀갔습니다. 다윗의 두 아내까지 다 잡아가게 하셨습니다.

우리는 이것을 주목해야 합니다. 다윗에게 일어난 환난은 우연이 아니라 하나님의 뜻으로 진행되고 있다는 것입니다. 오늘 우리 성도들은 여기서 우리 자신을 돌아보아야 합니다. 죄를 짓고도 형통하다면 그것이 진짜 형통이 아님을 깨달아야 합니다. 하나님 앞에 잘못했는데 징계가 없다면 그것은 축복이 아닙니다.

하나님은 그 때나 지금이나 사랑하는 자가 잘못되면 어떤 방법으로든지 회개하게 하시고 돌아오게 하십니다. 불신자는 하나님의 뜻을 거스르고도 형통할 수 있을지 몰라도 성도는 하나님의 뜻을 거스르고 형통할 수는 없습니다. 왜냐하면 하나님은 당신의 자녀를 버린 자처럼 그대로 방치해 두시지 않으시기 때문입니다.

데살로니가전서 5장 3절입니다.

"그들이 평안하다, 안전하다 할 그 때에 임신한 여자에게 해산의 고통이 이름과 같이 멸망이 갑자기 그들에게 이르리니 결코 피하지 못하리라."

2. 불신앙으로 이룬 모든 것은 헛수고입니다.

성도가 환난을 당할 때는 이유를 깨달아야 은혜가 됩니다. 왜 다윗에게 이런 일이 일어나야 했는가?

그야말로 다윗의 시글락에서 이룬 모든 것이 한 순간에 쓰나미를 당한 것과 같이 되었습니다. 다시 반복합니다. 성은 불타버렸습니다. 다윗과 함께 했던 부하들의 아내와 자녀들이 다 사로잡혀갔습니다.

그 동안 쌓아놓은 모든 것들이 폐허가 되어버렸습니다. 그 뿐이 아닙니다. 다윗과 생사고락을 함께 했던 부하들마저 돌로 다윗을 치려고 했습니다. 이것이 무엇을 의미하는 것이겠습니까?

블레셋에서의 다윗은 하나님과 무관하게 모든 것을 이루었습니다. 그러나 그것은 모두 허사가 되었습니다.

대부분의 물질축복을 받은 분들의 공통된 고백이 있습니다. 십일조도 하지 않고 죽도록 모은 재산이 한 순간에 날아가 버렸다는 것입니다.

선교와 봉사, 구제마저도 동참하지 않고 한번 부자가 되어 보려고 알뜰하게 모았습니다. 먹지도 않고, 입지도 않고 저축만 했으나 결국 남는 것은 아무것도 없었다는 것입니다.

그러다가 부흥회에 참석하여 깨닫고, 엘림동산에 올라와 깨닫고, 하나님의 말씀대로 실천했더니 갑절의 복을 받게 되더라는 것입니다.

그렇습니다. 하나님과 무관하게 이룬 번영과 영화, 평안과 축복은 한 순간에 무너지고 도리어 큰 절망과 허무가 되어 돌아오는 것입니다. 그래서 전도서 기자는 탄식하며 고백했던 것입니다. 전도서 1:2~3절입니다.

"전도자가 이르되 헛되고 헛되며 헛되고 헛되니 모든 것이 헛되도다. 해 아래에서 수고하는 모든 수고가 사람에게 무엇이 유익한가?"

전도서 12장 1~2절입니다.

"너는 청년의 때에 너의 창조주를 기억하라 곧 곤고한 날이 이르기

전에, 나는 아무 낙이 없다고 할 해들이 가깝기 전에, 해와 빛과 달과 별들이 어둡기 전에, 비 뒤에 구름이 다시 일어나기 전에 그리하라.”

가까이 있는 사람들에게 이 말로 축복하시기 바랍니다.
“건강할 때 봉사하시기 바랍니다.”
“물질 있을 때 선교하고 구제하고 선한 일에 부하시기 바랍니다.”
“직분 주신 것 감사하면서 열심히 충성하시기 바랍니다.”
“기회 있을 때 용서하고 사랑하시기 바랍니다.”

시편 127편 1~2절입니다.
“여호와께서 집을 세우지 아니하시면 세우는 자의 수고가 헛되며 여호와께서 성을 지키지 아니하시면 파수꾼의 깨어 있음이 헛되도다. 너희가 일찍이 일어나고 늦게 누우며 수고의 떡을 먹음이 헛되도다.”

무엇을 하더라도 하나님과 무관하게 하지 않기를 축복합니다. 성도가 하나님과 무관하게 이룬 모든 것은 허무하게 마무리 됩니다.

3. 하나님을 힘입고 용기를 얻어야 합니다.

성도가 환난을 당할 때 좌절하면 그 사람은 믿음이 없는 사람입니다. 절망해도 안 됩니다. 주저앉아도 안 됩니다. 불평하고 원망하면 더더욱 안 됩니다.
성도가 환난을 당할 때는 하나님을 힘입어야 합니다. 그래서 용기를 얻어야 합니다. 일어나서 하나님을 향해 달려가야 합니다. 다윗은 그렇게 하였습니다. 6절 하반 절입니다.

"다윗이 크게 다급하였으나 그의 하나님 여호와를 힘입고 용기를 얻었더라."

그렇습니다. 이것이 다윗과 사울의 다른 점입니다.

종종 언론에 보도되는 자살사건의 주인공들이 예수님을 믿는 성도라고 위패에 기록된 것을 봅니다. '성도라고 하면서 자살을 했다? 도대체 이해가 안 되는 부분입니다. 달리 표현하면 그는 성도가 아닙니다. 하나님을 믿는 사람들은 그렇게 할 수 없습니다. 다만 믿는다고 말만 했을 뿐이지 정말 믿은 것은 아닙니다.

같은 상황, 즉 다윗을 포함한 모두가 환난을 당한 상황입니다. 그런데 부하들은 불평하고 원망했습니다. 다윗까지 돌로 치려고 했습니다. 그 때 다윗은 하나님을 의지했습니다. 부하들을 책망하거나 화를 내지 않았습니다. 바로 이것이 다윗과 사울의 차이입니다. 이것이 참신앙과 불신앙의 차이입니다.

똑같이 부도를 만난 집사님이 있었습니다. 한 사람은 야반도주를 했습니다. 그리고 한 사람은 자기로 인해 피해를 입은 사람들을 찾아다니며 온갖 수모를 겪으면서도 용서를 구했습니다. 그들을 위로하며 반드시 갚을 날이 올 것이라고 기다려달라고 사정을 했습니다. 몇 년이 지나서 전자는 폐인이 되었습니다. 그러나 후자는 다시 사업을 일으켜 성공자가 되었습니다. 당연히 빚도 다 청산을 했습니다. 웃는 낯 빛으로 관계를 회복했습니다.

믿음 있는 자는 어떤 환난에서도 하나님을 의지합니다. 시편 46장 1~3절의 말씀을 붙듭니다.

"하나님은 우리의 피난처시요 힘이시니 환난 중에 만날 큰 도움이시라. 그러므로 땅이 변하든지 산이 흔들려 바다 가운데에 빠지든지, 바닷물이 솟아나고 뛰놀든지 그것이 넘침으로 산이 흔들릴지라도 우리는 두려워하지 아니하리로다."

시편 50편 15절입니다.

"환난 날에 나를 부르라 내가 너를 건지리니 네가 나를 영화롭게 하리로다."

그렇습니다. 성도가 환난을 당할 때는 하나님을 힘입어 용기를 얻어야 합니다. 그리고 하나님의 도우심을 구하고 승리해야 합니다. 이것이 바로 믿음 있는 성도의 마땅히 할 바입니다. 여러분들이 이 믿음으로 승리하는 성도들이 되시기를 예수님의 이름으로 축복합니다. 아멘.

91.
믿음을 회복할 때(1)

"여호와께서 그에게 대답하시되
그를 쫓아가라
네가 반드시 따라잡고 도로 찾으리라
〈사무엘상 30:7~20 중〉."

다윗의 일생을 요약하면 하나님을 믿는 믿음의 삶이었습니다. 믿음의 삶이란 어떤 것입니까? 일상에서 어떤 어려움을 당하더라도 하나님을 의지하는 삶입니다. 그는 전능하신 하나님을 의지하기에 좌절하지 않습니다. 그리고 극복한 후에도 자기를 나타내지 않고 하나님을 나타냅니다. 그것이 믿음의 삶입니다.

로마서 8장 28절의 **"우리가 알거니와 하나님을 사랑하는 자 곧 그 뜻대로 부르심을 입은 자들에게는 모든 것이 합력하여 선을 이루느니라."**는 말씀을 확신하고 살아가는 삶입니다.

그러므로 잘되어도 교만하지 않습니다. 어려워도 불평하지 않습니다. 그것이 믿음의 삶입니다.

다윗의 생애를 돌아보면 광야생활이었습니다. 사무엘상 23장을 보면 아둘람 굴에서 시작하여 14년 가까이를 십 광야에서 생활을 했습니다. 사무엘상 24장으로 올라가면 엔게디 광야에서 생활했습니다. 그리고 사무엘상 25장으로 가면 바란 광야와 마온 광야에서의 생활입니다.

광야생활이란 쓸쓸하고 외롭습니다. 세상과 단절된 곳이기에 자신을 돌아보고 하나님만 바라보는 곳이기도 합니다. 자신의 모습은 무능하고 하나님의 존재는 전능하심을 깨닫게 되는 곳입니다. 그러면서 오직 하나님만 의지하게 됩니다. 그렇게 다윗의 일생은 하나님만 바라보는 삶이었습니다. 그것이 광야의 은총입니다.

예수님도 그랬습니다. 엘리야도 그랬습니다. 모세도 그랬습니다. 바울도 그랬습니다.

그런 다윗이었지만 인간이기에 광야생활에 지칠 대로 지쳤습니다. 사울의 칼을 피하여 도망 다니는 억울하고 속상한 생활에 기력도 쇠진했습니다. 쉬고 싶었습니다. 정말 마음 편히 좀 쉬고 싶었습니다. 그러다 보니 자연히 평안히 거할 곳을 구하게 되었습니다. 결국은 하나님을 의지하던 그 믿음이 약해지면서 블레셋으로 도망하여 갑니다. 그리고 적국의 아기스 왕에게 머리를 조아리고 얻어낸 곳이 시글락이었습니다.

시글락에서 다윗의 1년 4개월은 믿음을 잃어버린 생활이었습니다. 하나님보다는 블레셋 왕을 더 의지했습니다. 광야의 환난이 아닌 안정된 생활에 익숙해지면서 믿음을 잃어갔습니다.

그러던 어느 날 그 시글락이 아말렉의 공격을 받아 잿더미가 되고 가족들이 끌려갔습니다. 사랑하는 아내들마저 잡혀가고 말았습니다.

설상가상으로 부하들마저 소리쳐 다윗을 죽이라고 돌을 들었습니다.

앞이 보이지 않는 상황에 이른 다윗은 자신을 돌아보았습니다. 진 퇴양난이요 사면초가의 절체절명의 위기에 봉착했습니다. 그때서야 다윗은 하나님을 찾게 되었습니다. 이것이 본문 6절 하반 절과 7절입니다.

"백성들이 자녀들 때문에 마음이 슬퍼서 다윗을 돌로 치자 하니 다윗이 크게 다급하였으나 그의 하나님 여호와를 힘입고 용기를 얻었더라. 다윗이 아히멜렉의 아들 제사장 아비아달에게 이르되 원하건대 에봇을 내게로 가져오라 아비아달이 에봇을 다윗에게로 가져가매"

중요한 구절입니다. 드디어 다윗이 자기 신분을 깨닫고 그동안 잊고 지냈던 하나님에 대한 잃어버린 믿음을 회복하는 순간입니다.

에봇은 원래 대제사장을 위해 만들어진 성의(聖衣)였습니다(출 28:4, 39:2). 에봇을 가져오라는 것은 우림과 둠밈을 사용하여 하나님의 뜻을 확인해 보라는 의미입니다.

여기서 다윗이 제사장 아비아달에게 에봇을 가져오라고 하는 언어 구사의 원문을 살펴볼 필요가 있습니다. 왜냐하면 그것은 한글판의 번역본과는 달리 왕으로서 제사장에게 강압적인 용어를 사용한 것이 아니라 겸손하면서도 정중한 당부였기 때문입니다. 다윗은 여기서 겸손하게 부탁할 때의 '청컨대(I pray thee)'의 히브리어 '나(נָא)'라는 불변사를 사용했습니다. 그리고 '가져오라'는 히브리어도 '학기솨(הַגִּישָׁה)'를 사용했는데 이 말은 명령 투의 강압적인 말이 아니라 자발적인(Voluntary) 순종을 유도하는 단어입니다.

이렇게 다윗은 정상으로 돌아오게 된 것입니다. 믿음이 회복된 다윗의 모습입니다. 이와 같이 믿음을 회복할 때 다윗에게 나타난 모습이 어떤 것이며 또 어떤 일들이 일어났을까요?

1. 내 뜻이 아닌 하나님의 뜻대로 행하게 됩니다.

8절을 보면 다윗이 이제까지 자기 생각대로 행했던 세월에서 벗어나 하나님의 뜻을 묻기 시작했습니다.

"다윗이 여호와께 묻자와 이르되 내가 이 군대를 추격하면 따라잡겠나이까 하니 여호와께서 그에게 대답하시되 그를 쫓아가라 네가 반드시 따라잡고 도로 찾으리라."

평상시에도 믿음 있는 사람들의 신앙생활 면면을 보면 모든 기준이 하나님입니다. 그러다가 믿음을 상실하면 모든 기준이 이상할 정도로 '나'가 됩니다. 그 때부터는 어제의 그 아름답던 신앙생활은 온데 간 데 없이 사라지고 온통 좌충우돌입니다. 교회에서 오직 자기 뜻대로 모든 것이 되어야 직성이 풀리는 언행을 합니다. 타락한 마음이 됩니다. 그러다가 결국은 모든 사람들에게 버림을 받고 하나님으로부터 마저도 버림을 받습니다.

그 삶이 어떻겠습니까? 예, 허허벌판에 선 것 같습니다. 버림받은 자의 공허함이 얼마나 사람을 황폐하게 하는지 아십니까? 광야에 혼자 던져진 것 같습니다. 그렇게 광야생활에 접어들어서야 정신을 차리고 회개를 합니다. 그리고 믿음을 회복하여 온전한 사람이 됩니다.

지나간 자기중심의 생활이 얼마나 허송세월인가를 돌아보면 가슴을 칠 일이 아닐 수 없습니다. 그럼에도 불구하고 그것이 당시에는 가장 중요한 것처럼 여겨졌습니다. 그래서 더 중요한 것을 잃어버리고 살았던 것입니다. 그것이 인간의 연약함입니다.

여러분, 기억하시기 바랍니다. 모든 것을 잃어버린 후 회개하고 돌아와 다시 회복하는 것도 축복입니다. 그러나 그보다는 잃어버리지 않고 믿음생활을 잘하면서 더욱 행복을 누리는 것이 참 축복입니다.

하나님을 믿는 다윗이 믿음을 잃어버렸을 때 하나님의 뜻은 안중에도 없었습니다. 모든 삶의 기준이 자기 자신이 되었습니다. 블레셋에서의 그 세월 1년 4개월은 잿더미가 되었습니다. 그러고서야 정신이 번쩍 들어 하나님을 찾게 되었습니다. 그렇게 믿음이 회복된 다윗은 다시 모든 기준이 하나님이 되었습니다. 정상을 찾은 것입니다.

다윗은 26장에서의 '하길라' 사건이후 하나님께 묻지를 않았습니다. 블레셋 행도 자기 뜻 대로였습니다. 그리고 본문 7절에 이르기까지 다윗이 하나님께 물었다는 기록은 그 어디에도 없습니다. 이는 참으로 무서운 일입니다.

이와 같은 일은 오늘날 교회에서도 얼마든지 있을 수 있는 일입니다. 하나님의 일을 한다고 하면서, 교회 일을 한다고 하면서, 진심으로 하나님 앞에 기도하지 않고 감정적으로 일을 처리합니다. 자기 기준으로 판단하고 자기 뜻대로 교회 일을 좌지우지 하는 죄를 범합니다. 이런 경우들이 오늘날 교회 안에서도 흔히 있습니다. 이것은 하나님을 두려워하지 않는 교만입니다. 소리 없이 다가오는 하나님의 징계를 느끼지 못하는 미련함입니다.

우리는 믿음을 잃으면 안 됩니다. 혹시 내가 믿음에서 떨어져 있으면 빨리 회복해야 합니다. 믿음을 회복할 때 하나님의 뜻을 우선하게 됩니다. 내가 죽고 주님이 나를 통해서 역사하시도록 하게 됩니다.

과유불급(過猶不及)이라는 말을 우리가 잘 압니다. 교회일도 무엇을 하더라도 깊은 묵상을 통해 하나님이 원하시는 것을 할 수 있어야 합니다. 지나친 충성, 봉사, 헌신 등이 때로는 걸림이 될 때가 있습니다. 이런 섬김도 자기 기분 따라 행하는 것이 되어서는 안 됩니다. 지나침은 모자람만 못한 것이 되기도 하기 때문입니다.

그 지나침이란 화평하지 못하고 분쟁하면서 일을 하는 것입니다. 자기가 열심히 한다고 상대방을 힘들게 하면서 열심을 내는 것입니다.

다윗은 믿음을 회복하면서 하나님의 뜻을 구했습니다. 그랬더니 어떤 결과가 왔을까요? 사무엘상 3장 8절입니다.

"다윗이 여호와께 묻자와 이르되 내가 이 군대를 추격하면 따라잡겠나이까 하니 여호와께서 그에게 대답하시되 그를 쫓아가라 네가 반드시 따라잡고 도로 찾으리라."

하나님께서 응답하시기를 따라잡을 뿐 아니라 "도로 찾으리라"는 축복까지 더하기 하셨습니다. 주님 뜻대로 살기로 결단할 때 더해지는 축복입니다.

주님 뜻대로 살기로 했네.
주님 뜻대로 살기로 했네.
주님 뜻대로 살기로 했네.
뒤 돌아보지 않겠네. 아멘

주님 뜻대로 살아 더 큰 은혜를 받으시는 저와 여러분들이 되시기를 예수님의 이름으로 축복합니다.

예레미야 33장 3절입니다.

"너는 내게 부르짖으라 내가 네게 응답하겠고 네가 알지 못하는 크고 은밀한 일을 네게 보이리라."

2. 믿음을 회복하면 일보다 사람이 우선이 됩니다.

복 받은 성도의 삶이란 주신 분과 주신 것을 분명하게 구분할 줄 알고 그 우선순위를 정확하게 이해하며 살아가는 사람입니다.

대부분의 사람들은 나의 모든 것이 하나님께서 주신 것임에도 불구하고 주신 하나님 보다는 하나님이 주신 그것을 더 중히 여기다가 실패하는 삶을 살아갑니다.

일도 그렇습니다. 교회는 다양한 일들이 많습니다. 교회학교, 찬양대, 남녀 전도회, 각 기관부서 등 다양한 조직이 있습니다. 이 조직의 은혜로운 운영을 통해 교회는 부흥합니다.

그런데 안타까운 것은 이 일을 하다가 사람을 잃어버리는 경우가 흔히 있다는 것입니다. 왜 그런 일이 일어나느냐 하면, 왜 이 일을 하는가에 대한 목적을 잃어버리기 때문입니다.

교회의 일은 궁극적으로 사람을 살리기 위한 일입니다. 그것이 복음의 역사입니다. 마태복음 28장 19~20절의 지상명령의 핵심이 무엇입니까? 이 땅의 모든 족속을 제자삼아 구원하라는 것입니다. 그것이 궁극적인 목적입니다. 이를 위해 선교가 시행되고 교육이 이루어집니다. 교회의 존속 이유가 이것입니다.

본문 9~15절까지는 참으로 중요한 교훈이 있습니다. 다윗이 자기와 함께 한 600명과 함께 아말렉을 추격하기로 하고 길을 떠납니다. 추격전이 브솔 시내에 이르렀을 때 도중에 피곤하여 뒤떨어지는 무리가 생겼습니다. 그도 그럴 것이 이스라엘과의 전쟁에 참전하려고 블레셋 아기스 왕에게로 갔던 병력이 다시 되돌아와야 했습니다. 회군하여 온 길이 사흘 길입니다. 당연히 나아갔던 사흘 길을 합하면 일주일가량입니다. 지치지 않았겠습니까? 즐거운 여행을 떠나도 사흘이면 집에 가고 싶은 것이 사람인데 전쟁에 참여하기 위해 갔다가 퇴짜를 맞고 돌아왔습니다. 당연히 지쳤지요. 그런데 집이라고 돌아왔는데 적의 침공을 받아 성 전체가 초토화 되어있습니다. 폐허로 변했고 자녀들도 모두 잡혀가고 없었습니다. 탈기를 하고 분노했습니다. 그리고 힘을 추슬러 적군의 추격에 나선 길입니다. 이래서 뒤쳐지는 무리가 생긴 것입니다.

다윗은 브솔 시내를 건널 수 없는 200명은 쉬게 합니다. 그리고 남은 병력, 추격할 수 있는 400명만을 거느리고 브솔 시내를 건넜습니다. 일이 우선이 아니라 사람이 우선임을 너무도 잘 아는 다윗의 놀라운 지도력입니다.

다윗이 자기 사람들과 아말렉을 추격하는 중에 들에서 사흘 밤낮을 먹지도 마시지도 못하고 지친 아말렉의 종이 된 애굽 소년을 만났습니다. 그는 시글락을 불살랐던 적군이었습니다. 다윗은 그에게 물을 주어 마시게 하고 포도송이와 떡을 주어 먹게 했습니다. 비록 그가 적군이지만 생명이 경각에 닿아 죽어 가는데 그것을 보고도 모른 체

할 만큼 다윗은 인정머리가 없는 사람이 아니었습니다. 그는 무엇보다도 사람의 생명이 귀한 것을 우선순위에 두는 사람입니다. 이것이 다윗의 신앙입니다.

믿음을 잃었을 때 다윗은 주변 국가를 침략하여 약탈하며 살인을 했습니다. 탈취를 하며 자기 기쁨을 노래한 사람입니다. 그렇지만 믿음을 회복한 다윗은 180도로 바뀌었습니다. 비록 적군의 하나인 소년 병이지만 약한 자, 병든 자, 지친 자를 돌아보는 선한 마음을 가졌습니다.

바리새인이 외면한 나병환자를 예수님은 돌보셨습니다. 아무리 무서운 나병이라도 사람을 귀히 여기시는 예수님의 사랑을 약화시킬 수는 없는 것입니다. 예수님은 그 사랑으로 모두가 외면하는 나병환자를 안아주실 수 있었습니다.

간음하다 잡힌 여자를 바리새인들은 돌로 쳐 죽이려했습니다. 그러나 예수님은 그가 지은 죄 보다는 그 여인의 생명이 우선이었습니다. 그러므로 예수님께서는 그를 용서하시고 다시는 죄 짓지 말라고 하셨던 것입니다.

제사장과 레위인은 강도 만나 죽어가는 사람을 구하는 것 보다는 일이 우선이었습니다. 그러나 사마리아 사람은 일보다는 사람을 구하는 것이 우선이었습니다. 그래서 강도 만나 죽어가는 사람을 돌보아 주었던 것입니다.

우리 교회가 이처럼 평안하고 행복한 것은 일보다는 사람이 우선이라는 저의 목회 정신을 이해하시는 여러분이 함께 하시기 때문인 줄로 저는 믿습니다.

왜 교회가 분쟁이 일어나는 것일까요? 왜 교회가 파탄에 이르게 되는 것일까요? 그것은 사람보다 일을 앞세운 결과입니다. 그것은 믿음 없는 사람들의 교회 생활입니다.

3. 믿음을 회복하면 범사가 회복 됩니다.

16~20절까지는 아말렉이 빼앗아갔던 다윗의 모든 것을 그가 도로 찾게 된 내용입니다. 먼저 18절을 보겠습니다.

"다윗이 아말렉 사람들이 빼앗아 갔던 모든 것을 도로 찾고 그의 두 아내를 구원하였고"

모든 것을 도로 찾았습니다. 두 아내도 구원하였습니다.

19절입니다.

"그들이 약탈하였던 것 곧 무리의 자녀들이나 빼앗겼던 것은 크고 작은 것을 막론하고 아무것도 잃은 것이 없이 모두 다윗이 도로 찾아왔고"

빼앗겼던 모든 것, 잃은 것이 하나도 없이 다 찾았습니다.

20절입니다.

"다윗이 또 양 떼와 소 떼를 다 되찾았더니 무리가 그 가축들을 앞에 몰고 가며 이르되 이는 다윗의 전리품이라 하였더라."

소 떼, 양 떼도 다 찾았습니다. 한 마디로 회복의 은총입니다. 그렇습니다. 이것이 에바다의 은총입니다. 막혔던 것이 뚫려진 은총입니다. 닫혔던 것이 열려진 은총입니다. 맺혔던 것이 풀려진 은총입니다. 믿음이 회복되자 범사가 회복이 되었습니다.

오늘 여러분의 범사에 무엇인가 막혔다고 느낄 때가 있습니까? 맺혔다고 느껴질 때가 있습니까? 그렇다면 자신의 믿음부터 점검해 보아야 합니다. 저주의 사슬을 끊을 수 있는 것은 하나님의 능력뿐입니다. 하나님의 능력은 믿음 없는 자에게서는 일어나지 않습니다. 그래서 주님은 언제나 "네 믿음대로 될지어다."라고 말씀하셨습니다.

상황을 원망하기 전에 믿음을 회복하시기 바랍니다. 환경을 불평하기 전에 믿음을 회복하시기 바랍니다. 믿음을 회복하면 잃어버린 모든 것을 회복하게 됩니다. 녹슨 은사도 회복됩니다. 느슨해진 열심도 회복됩니다. 무감각했던 은혜와 사랑도 회복됩니다.

지금 이 시간, 우리 모두 믿음을 회복하는 은총이 함께 하시기를 예수님의 이름으로 축복합니다. 아멘.

92.
믿음을 회복할 때(2)

"여호와께서 우리를 보호하시고
우리를 치러온 그 군대를
우리 손에 넘기셨은즉
〈사무엘상 30:21~31 중〉."

　내과의사인 최장로님 부부가 들려준 아름다운 이야기는 아직도 잊혀지지 않는 감동으로 남아있습니다.

　집사 때의 어느 날, 병원 문을 닫고 퇴근하는 길에 아내 서집사님과 과일 가게에 들러 사과 몇 개를 사게 되었습니다. 당시 서집사님은 습관처럼 과일상자의 사과를 좋은 것만 골라 담고 있었습니다. 그 때 곁에 서 있던 최집사님이 말합니다.

　"당신이 먼저 산다고 좋은 것만 고르면 나중에 사는 사람은 똑같은 돈을 내고도 못난 것만 가져갈 것 아닙니까? 그러니 고르지 말고 그냥 순서대로 담아요."

　그 때 서 집사님은 한국 여성의 보편적인 표현으로 남편을 향해 "가만히 있어요." 하면서 오른손을 저었습니다.

그러자 최 집사님이 혼잣말로 중얼거렸습니다.

"그러면 예수님 믿는 사람과 믿지 않는 사람의 차이가 무엇인가?"

집에 돌아와 사과를 깎아 먹는데 남편이 남긴 말이 서집사 귓전에서 맴돌며 떠나지를 않았습니다. 그러니 사과 맛이 있을 리가 없지요. 그만 사과 맛이 싹 가셔버렸습니다.

그리고 며칠 후 서 집사님은 그 가게에 가서 또 사과를 사게 되었습니다. 역시 습관처럼 좋은 것을 고르는데 남편의 말이 떠올랐습니다. '그러면 예수님 믿는 사람과 믿지 않는 사람의 차이가 무엇인가?'

서집사님은 차마 좋은 것을 고르지 못하고 그냥 위에 있는 것부터 담아 집에 와서 사과를 깎아 먹었습니다. 그런데 태어나서 그렇게 맛있는 사과는 처음 먹었다는 것입니다.

음식의 맛이란 음식 자체에 있기 보다는 마음에 있다는 것을 깨우쳐주는 아름다운 이야기입니다.

믿음 있는 사람과 믿음 없는 사람! 이것을 어떻게 구분할 수 있을까요? 야고보서 2장 14절에서는 이 부분에 대해 아주 명쾌하게 설명하고 있습니다.

"내 형제들아 만일 사람이 믿음이 있노라 하고 행함이 없으면 무슨 유익이 있으리요 그 믿음이 능히 자기를 구원하겠느냐"

그리고 이어서 구체적으로 설명까지 덧붙였습니다. "만일 형제나 자매가 헐벗고 일용할 양식이 없는데 너희 중에 누구든지 그에게 이르되 평안히 가라, 덥게 하라, 배부르게 하라 하며 그 몸에 쓸 것을 주지 아니하면 무슨 유익이 있겠느냐"는 것입니다. 그러므로 이와 같이 "행함이

없는 믿음은 그 자체가 죽은 것이라”고 결론을 내렸습니다. 그리고
18절에서는 더욱 분명하게 진정한 믿음에 대해 설명했습니다.

“어떤 사람은 말하기를 너는 믿음이 있고 나는 행함이 있으니 행함이
없는 네 믿음을 내게 보이라 나는 행함으로 내 믿음을 네게 보이리라 하
리라.”

그렇습니다. 믿음이 있을 때는 행함으로 그 믿음이 확실하게 보이
도록 증거 되지만 믿음이 타락하면 그 행함이 전혀 믿음 없는 사람들
과 같습니다.

이 본문의 다윗이 바로 그랬습니다. 믿음이 있을 때는 오직 하나님
이었습니다. 먹고, 마시고, 걷고, 앉고, 뛰고, 행하는 모든 기준이 하나
님이었습니다. 다윗의 믿음 생활은 한 마디로 신전의식(神前意識)이
었습니다. 그러니 언제 어디서 무엇을 하더라도 항상 믿음 있는 일상
이었습니다.

그러던 다윗도 사람인지라 사울을 피하여 블레셋 아기스에게로 도
망을 가 머리를 조아리고 시글락을 얻어 태평성대를 보내면서 완전
히 믿음이 타락하였습니다. 그의 나날은 신전무의식(神前無意識)의
생활을 하였습니다. 그러니 이웃을 침략하여 탈취하고 노략하면서도
그것이 정당한 줄 알았습니다. 이스라엘의 기름부음 받은 왕으로서
의 자기 신분을 잊은 채 이스라엘을 공격하고자 하는 블레셋군대와
함께 이스라엘을 공격하고자 했습니다. 그러면서도 그것이 잘못인
줄 몰랐습니다. 오히려 그것을 만류하는 아기스에게 왜 자기를 제외
시키느냐고 항변까지 합니다.

그러다가 시글락이 아말렉의 침략을 받아 졸지에 폐허가 되고 모

든 것들을 탈취 당했습니다. 그러자 부하들까지 돌을 들어 자기를 치려하는 상황이 되었습니다. 그제서야 다윗은 회개하고 잃었던 믿음을 회복하며 하나님을 찾게 되었습니다.

그때부터는 다윗 자신의 뜻대로가 아닌 하나님의 뜻대로 행했습니다. 일 보다는 사람이 우선이라는 사실을 깨달았습니다. 그리고 모든 범사가 회복되었습니다.

이 장 본문 말씀은 앞 장에 이어 믿음을 회복할 때 다윗에게 나타난 자연스러운 일상의 현상에 대해 살펴보며 은혜를 나눌 것입니다.

1. 가치 기준이 이해득실이 아닌 하나님의 뜻입니다.

21~25절까지의 내용은 오늘을 살아가는 우리의 삶의 현장과 비슷한 상황입니다.

아말렉을 치러갈 때 브솔 시내에 이르러 뒤에 처지는 지친 무리 200명은 거기서 쉬게 합니다. 그리고 남은 400명을 거느리고 공격을 하여 대승을 거두고 돌아왔습니다. 전쟁에 참전하여 승리하고 돌아온 400명 가운데는 악한 자와 불량배들도 있었습니다. 그들은 도로 찾은 물건은 자기들 몫이므로 함께 하지 않았던 200명은 처자만 데리고 가야한다는 주장을 하게 되었습니다. 그것이 22절입니다.

"다윗과 함께 갔던 자들 가운데 악한 자와 불량배들이 다 이르되 그들이 우리와 함께 가지 아니하였은즉 우리가 도로 찾은 물건은 무엇이든지 그들에게 주지 말고 각자의 처자만 데리고 떠나가게 하라 하는지라."

이런 논리로 전개한다면 탈취물은 다윗의 것입니다. 그렇지 않습니까? 그들 스스로도 그렇게 말하고 있습니다. 그것이 20절입니다.

"다윗이 또 양 떼와 소 떼를 다 되찾았더니 무리가 그 가축들을 앞에 몰고 가며 이르되 이는 다윗의 전리품이라 하였더라."

그런데 다윗은 그래서는 안 된다고 했습니다. 다함께 동일하게 분배해야 한다고 역설을 했습니다. 이유는 단 한 가지였습니다. 이 전쟁의 승리의 원천이 하나님이시지 자기들이 아니라는 것입니다. 23~24절의 다윗의 말을 함께 보십시다.

"다윗이 이르되 나의 형제들아 여호와께서 우리를 보호하시고 우리를 치러 온 그 군대를 우리 손에 넘기셨은즉 그가 우리에게 주신 것을 너희가 이같이 못하리라. 이 일에 누가 너희에게 듣겠느냐 전장에 내려갔던 자의 분깃이나 소유물 곁에 머물렀던 자의 분깃이 동일할지니 같이 분배할 것이니라."

그렇습니다. 이것이 신앙인의 마음자세이며 삶의 내용입니다. 어떤 상황에 이르게 되었을 때 판단 기준이 이해득실이 아니었습니다. 오직 하나님이 기준이었습니다.

이것은 오늘을 살아가는 우리들의 가치 기준이 되어야 합니다. 신앙인의 가치기준은 비교나 상대성의 원리가 아닙니다. 항상 창조원리입니다. 인간생활의 불행은 비교원리에서부터 시작되는 것입니다.

물론 함께 전쟁에 갔던 400명이 다 그런 것이 아닙니다. 주목할 두 부류의 사람을 기억해 두어야 합니다. 하나는 '악한 자' 입니다. 다른 하나는 ‘불량배’ 입니다. 여기 ‘악한 자’ 의 ‘악한’ 이란 히브리어는 ‘라으(רַע)’ 인데 원래 이 단어는 ‘깨뜨리다’ , ‘상하다’ 라는 뜻의 ‘라아 으’ 에서 유래된 명사입니다. 즉 정상적이지 못하고 해를 끼치는 상태 로 인간적인 심성이 나쁘고 타인에게 해를 끼치는 것을 의미 합니다.

‘불량배들’ 은 ‘벨리야알(בְּלִיַּעַל[bel-e-yah’ -al])’ 인데 ‘소모’ , ‘파 괴’ , ‘실패’ , ‘결점’ , ‘없음’ 이라는 다양한 뜻을 가지고 있는 ‘벨리 (בְּלִי)’ , 즉 ‘능가하다’ , ‘보다 낫다’ , ‘보다 유익하다’ 라는 뜻을 가진 ‘야알(יַעַל)’ 이 합성된 단어로써, ‘능가하는 것이 없는’ , ‘유익한 것이 없는 무가치한’ 이라는 뜻의 명사입니다.

참 신기한 것은 그 때나 지금이나 공동체 안에는 항상 이런 사람이 있기 마련이라는 것입니다. 스스로 자신에게 다짐하시기 바랍니다. 소리를 내어서 꼭 따라하십시오. “나는 그러지 말자.” ————아멘.

믿음이 있는 사람은 언제, 어디서, 어떤 일을 하더라도 그 가치 기준이 자기 이해득실이 아닌 하나님의 뜻에 따릅니다. 그래서 올바른 신앙생활은 비교원리가 아닌 창조원리입니다.

“나는 이렇게 열심히 하는데 아무개는 안 하니 속상해서 못 하겠다.”라고 말하는 사람은, 참 미안한 말이지만 ‘이쉬 라으(악한 자)’ 또는 ‘우벨리야알(비류들)’ 이 된다는 것을 기억하시기 바랍니다.

2. 하나님의 은혜로 사랑하고 나누는 삶을 살아갑니다.

26~31절까지는 다윗이 아말렉을 치고 얻은 탈취물을 골고루 분배

하는 내용과 그 대상입니다. 첫째는 시글락 생활을 함께 하는 600명의 사람들입니다. 둘째는 유다 장로들이었습니다. 셋째는 이스라엘의 여러 도시, 즉 벧엘로부터 시작하여 헤브론에 이르기까지 이스라엘 곳곳의 사람들에게까지 전리품을 나누었습니다. 넷째는 성경에 기록은 되어 있지 않지만 "다윗과 그의 사람들이 왕래하던 모든 곳에 보내었더라."고 했는데 이 구절이 주목할 구절입니다.

지난 날이 힘들고 어려웠지만 다윗과 함께 사울의 칼을 피하기도 하고 하나님의 은혜를 찬송하기도 했던 곳곳을 기억하면서 사랑을 나눈 다윗의 마음을 헤아릴 수 있는 대목이기 때문입니다. 이와 같은 분배 정신은 24절에 잘 나타나 있습니다.

"전장에 내려갔던 자의 분깃이나 소유물 곁에 머물렀던 자의 분깃이 동일할지니 같이 분배할 것이니라."

이 구절의 내용은 한 마디로 사랑과 나눔입니다. 이 세상에서의 보편적 분배원리는 공과(功過)에 의한 이해득실(利害得失)의 원리입니다. 그러나 하나님의 교회는 그렇지 않습니다. 모든 생활의 기준이 하나님의 사랑입니다.

누가복음 10장에서 예수님은 이에 대해 분명하게 이야기 하셨습니다. 강도 만난 사람을 두고 세 사람의 이야기가 전개됩니다. 제사장과 레위인은 당시의 종교지도자들이었습니다. 그런데 그들이 강도 만나 죽어가는 사람을 보고 어떻게 행동했는가 하면 이해득실의 관계로 행동했습니다. 그래서 그냥 지나쳐 버리고 말았습니다. 그들의 그냥 지나친 이유는 설명되어 있지 않지만 내용전개를 보면 몇 가지로 추측이 가능합니다.

"조심해야하지 않아?"
"안타깝지만 나는 지금 바쁜 행사관계로..."
"자업자득이지 뭐."

그런데 성경은 그냥 지나친 제사장과 레위인에 대하여 어떤 이유로도 변명이 될 수 없음을 가르칩니다. 그것은 바로 뒤에 등장하는 사마리아 사람을 통해서 상황을 역전시키고 있기 때문입니다.

사마리아 사람은 그 당시 사회계층의 하류층의 존재였습니다. 뿐만 아니라 그는 가는 길 또한 바빴습니다. 그런데도 그는 앞뒤 가리지 않고 강도 만나 쓰러져 거반 죽게 된 사람을 도왔습니다. 사마리아 사람은 이해득실의 관계를 따질 생각조차 하지 않았습니다. 그 중심에는 생명의 소중함이 선행(先行)되어 있기 때문입니다. 그것이 바로 하나님의 뜻입니다.

요한1서 4장에서는 이 문제에 대해 아주 분명하게 설명하고 있습니다. 우리가 살아가는 동안 서로 사랑하라고 했습니다. 사랑을 하는 그 사람이 하나님을 아는 자이며 사랑을 하지 않는 자는 하나님을 알지 못하는 자라고 했습니다. 그 이유는 하나님이 사랑이시기 때문입니다.

왜 하나님이 사랑입니까? 독생자를 우리를 살리기 위하여 세상에 보냈습니다. 예수님을 우리를 위해 화목제물로 삼으셨습니다. 그렇게 하나님께서 우리를 먼저 사랑하셨습니다. 그렇기 때문에 우리가 서로 사랑하는 것이 마땅하다고 했습니다.

인간은 하나님을 본 사람이 없지만 사람이 서로 사랑하면 하나님이 그 안에 거하신다고 했습니다. 그것을 알고 믿을 때 참 사랑이 가능하다는 것입니다. 그 사랑을 할 때 두려움이 없습니다. 삶이 행복합니다. 감사합니다. 기쁨이 충만합니다.

그리고 결정적인 말씀을 20절에 기록하고 계십니다.

"누구든지 하나님을 사랑하노라 하고 그 형제를 미워하면 이는 거짓말하는 자니 보는 바 그 형제를 사랑하지 아니하는 자는 보지 못하는바 하나님을 사랑할 수 없느니라."

그렇다면 역설적으로 아무리 그들이 제사장과 레위인이라 해도 사랑을 실천하지 않았음으로 그들은 하나님을 알지 못하며 또 하나님을 사랑한다는 것은 거짓말이라는 것입니다. 그러므로 하나님의 은혜를 알고 깨달아야 하나님의 사랑을 알고, 또 하나님을 사랑할 수 있다는 말입니다.

하나님을 사랑한다는 것이 구체적으로 어떻게 표현된다고 하십니까? 보이는 형제를 사랑하는 것입니다. 여기에는 이해득실이 존재하지 않습니다. 하나님의 뜻이 우선입니다.

그래서 제가 간곡하게 당부하며 강조하는 것이 '작은 자를 사랑하는 삶' 입니다. 작은 자가 누구입니까? 지금 나의 도움이 필요한 사람입니다. 아멘.

이와 같은 삶을 실천하기 위한 중심에는 가치관이 바로 세워져야 합니다. 또한 하나님의 생명을 건 사랑을 알고 깨달으며 자신의 심령에 경험되었음의 고백이 있어야 합니다.

믿음을 회복한 다윗은 이 문제를 명쾌하게 실천했습니다. 그것은 '내 것' 의 개념이 아닌 '하나님의 것' 의 개념입니다.

그렇습니다. 세상에 사는 동안 내 것은 없습니다. 지금 내게 있는 것, 누리고 있는 것, 이 모든 것을 하나님께서 일정 기간 동안 맡겨 주신 것입니다. 그러므로 모든 것이 다 하나님의 것입니다. 이에 대한 증거가 욥기 41장 11절입니다.

"온 천하에 있는 것이 다 내 것이니라."

시편 50편 12절입니다.

"내가 가령 주려도 네게 이르지 아니할 것은 세계와 거기에 충만한 것이 내 것임이로다."

그래서 늘 강조하고 있습니다. '주신 분'과 '주신 것'을 구분할 줄 모르는 사람은 짐승만도 못합니다. 세상의 어떤 것을 가졌을지라도 주신 분이 하나님이심을 알아야 사람답게 살아갈 수 있습니다. 그것이 성도의 삶이며 삶의 가치요 기준입니다. 그것이 믿음 있는 자의 삶입니다.

은행에서 돈의 입출을 하루하루 계산하듯 우리는 언제나 우리 삶의 하루하루를 하나님 앞에서 회계(會計)하며 살아야 합니다.

우리는 나날을 지나오면서 사랑의 주일에 헌금하여 나누고, 천사 운동의 헌금으로 나누고, 절기마다 가난한 이웃을 위하여 강단에 쌓은 선물로 나누고, 사랑의 라면을 모아 나누는 행사를 계속하고 있습니다.

이와 같은 행진을 무관심하게 보는 사람도 있습니다. 다른 사람들의 이목 때문에 또는 어쩔 수 없이 참여하는 사람도 있습니다. 그러나 많은 사람들은 감사하는 마음으로, 사랑하는 마음으로 참여하고 있습니다.

이와 같은 일을 통해 우리는 우리 스스로를 돌아봅니다. 나는 믿음 있는 자로 오늘을 살아가는가? 아니면 나는 믿음 없는 자로 오늘을 살아가고 있는가?

믿음을 회복하면......!
가치 기준이 이해득실의 관계가 아닌 '하나님의 뜻' 이 됩니다. 우리 삶의 끝 날까지 하나님의 은혜로 더욱 사랑하고 더욱 나누는 복 된 성도의 삶이 됩니다. 예수님과 우리의 관계가 바로 이 관계입니다.
이 삶이 여러분과 저의 삶이기를 예수님의 이름으로 축복합니다. 아멘.

93.

시작도 좋고 끝도 좋아야 합니다

"무기를 든 자가 사울의 죽음을 보고
자기도 자기 칼 위에 엎드러져
그와 함께 죽으니라
〈사무엘상 31:1〜13〉."

'첫 단추를 잘못 끼우면 마지막 단추를 끼울 구멍이 없다.' 는 괴테의 말이 있습니다. 한 해를 보내고 새해를 맞는 때면 더욱 그 말이 명언이라는 생각이 듭니다. 그만큼 시작이 중요하고 또 무슨 일이든지 순서가 있다는 깊은 의미의 말이기 때문입니다.

성공자의 공통점은 항상 그 마음이 G(God) 채널에 맞추어져 있습니다. 그리고 생각은 P(Positive, Possibility) 채널에 맞추어져 있고, 눈은 F(Future) 채널에 맞추어져 있습니다.

우리교회는 해마다 이 같은 성공자의 마인드를 갖고 한 해를 시작합니다. 그리고 그 해 연말 한 해를 돌아보면 꿈꾸었던 대로 다 이루어진 복을 받았습니다.

하나님으로 시작하였습니다. 좋은 생각을 하면서 살았습니다. 그리고 항상 내일에 대한 소망을 잃지 않았습니다. 그랬더니 모든 것이 하나님의 은혜로 복을 받은 한 해 한 해가 되었습니다.

이 세상에는 하나님 없이 살아가는 사람도 있습니다. 하나님을 믿다가 타락한 사람도 있습니다. 믿는다고 말은 하면서 전혀 믿지 않는 사람처럼 신앙생활을 하는 사람도 있습니다. 어떤 사람은 하나님을 욕하면서 살아가기도 합니다.

그러나 우리교회는 언제나 오직 하나님으로 삽니다. 힘들어도 괴로워도 하나님만 바라보고 삽니다. 그래서 고난도 뛰어넘고 아픔도 뛰어넘으며 지나갑니다. 어제도 하루를 은혜 안에서 살고 오늘도 또 하루를 은혜 가운데 시작하며 항상 감사로 하나님께 예배를 드립니다.

시작도 좋고 끝도 좋은 사람이 복을 받은 사람입니다. 아멘!

우리는 언제 어떻게 시작하였든 인생의 오늘이라는 이 지점에 와 있습니다. 참으로 감사한 일입니다. 왜냐하면 하나님의 말씀 앞에 있기 때문입니다. 하나님의 은혜 안에 있기 때문입니다. 지나온 시간이 얼마였던지, 어떻게 살았던지 오늘이라는 시간의 내 인생의 새로운 역사를 지금 써 가고 있습니다. 그러므로 우리에게 주어진 절체절명의 사명이 있다면 그것은 우리의 인생을 잘 마무리해야 한다는 것입니다.

여러분을 진심으로 축복합니다. 우리의 남은 생애가 가나 혼인 잔칫집 같이 되기를.

인생도 그렇지만 한 해도 그렇습니다.

우리교회의 시작은 참 좋았습니다. "물가에 심어진 나무 같은 교회"로 시작했습니다. 한 해 한 해 우리교회를 돌아보면 정말 물가에 심어진 나무 같은 한 해들이었습니다. 모든 것이 잘되었습니다.

정치 경제 사회 모든 분야가 어려움이 극에 달하기도 했지만 우리교회의 모든 범사는 언제나 합력하여 선을 이루는 좋은 결과들을 하나님이 주셨습니다.

그 한 해 한 해들 중에 특히 2008년 12월 25일에는 하나님께서 문충배 집사님을 통해 사랑병원을 받으시고, 교회는 더욱 선교와 봉사에 큰 보폭을 옮길 수 있게 되었습니다.

성경을 살펴보면 인생의 시종(始終)에 관해 크게 4 종류의 사람들 이야기가 기록되어 있습니다.

첫째, 시작도 좋고 끝도 좋은 사람의 대표 모세

히브리 아이들이 다 죽임을 당할 때 모세는 우렁찬 울음소리와 함께 바로의 공주의 아들이 되어 왕궁에서 최고의 교육과 문화와 생활을 하면서 성장했습니다. 중간기에 이르러 광야 40년 생활이 있었지만 그 또한 나름대로 행복한 생활이었습니다. 무엇보다 모세의 끝은 주목할 내용입니다.

80~120세까지는 공식 통계상 장정 60만, 상황적으로는 200여만 명의 통치자로 살았습니다. 요즘말로 하면 이스라엘의 대통령으로 지내다가 느보산에서 하나님의 부르심을 받고 일생을 마무리 했습니다. 성경은 모세의 눈이 그 때까지 흐리지 않았고, 그 이름이 지면에 승하였다고 기록하고 있습니다.

둘째, 시작과 끝이 좋지 않은 사람의 대표 헤롯 대왕

헤롯은 젊은 시절에 로마의 앞잡이가 되어 온갖 음모와 술수를 통해 많은 사람을 죽이고 또 죽였습니다. 로마 황제에게 뇌물을 주어 유대의 왕이 된 이후에도 더 많은 사람들을 죽이고 어린아이까지 학살했습니다. 평생 동안 배반자들의 위협에 두려워하다가 늙어서는 편히 죽지 못하고 병사하고 말았습니다.

셋째, 시작은 좋지 않으나 끝은 좋은 사람의 대표 사도 바울

예수 믿는 사람들을 핍박하고 잡아 죽이고, 다혈질에 교만한 성품의 사람이었습니다. 그런 그가 다메섹 도상에서 예수님을 만난 후 변화되어 온 세상을 구원하는 하나님의 거룩한 도구로 쓰임을 받았습니다. 최후에는 인생 최고의 영광인 순교로 일생을 마무리했습니다.

디모데후서 4장 7~8절은 바울의 삶이 얼마나 영광스러운 삶이며 그 일생의 마무리가 얼마나 존귀한 것인가를 증거하는 메시지입니다.

넷째, 시작은 좋으나 끝이 좋지 않은 사람의 대표 가룟 유다와 사울 왕

예수님의 열두 제자 중 하나로 선택되었다는 것은 일생 영광중의 영광이며 참 좋은 시작입니다. 그런데 세상 욕심에 눈이 어두워 예수님을 은 30 냥에 팔아넘겼습니다. 돌이켜보니 엄청난 잘못이라는 것을 알고 후회를 합니다. 그리고 선택한 것이 자살이었습니다. 얼마나 참혹한지 인체의 내장기관인 창자가 다 흘러나와 죽었습니다.

그가 가졌던 그 축복의 자리, 세상 무엇에도 비길 수 없이 좋은 예수님의 제자의 자리는 맛디아라는 사람에게 주어집니다. 한 마디로 주어진 축복을 발로 차 버린 사람의 경우입니다.

본문에서도 가룟 유다 같이 시작은 좋은데 끝이 안 좋은 한 사람을 소개하고 있습니다. 그가 바로 사울 왕입니다.

좋은 가문에서 태어나 젊은 나이에 이스라엘의 초대 왕이 되었습니다. 그러나 그의 삶의 과정은 하나님을 불순종하고 주의 종을 경멸하며 제 멋대로 사는 인생이었습니다. 그러면서 쫓아오는 자가 없어도 불안한 삶을 살다가 일생의 마무리를 자살로 끝냅니다. 그의 귀한 가문의 문까지 닫아 버린 안타까운 사람이 사울 왕입니다.

여러분은 이 네 부류의 사람가운데 어디에 속하여 오늘을 살아가고 계십니까?

'사울' 이라는 뜻은 '희망' 이라는 좋은 뜻입니다. 베냐민 지파 기스의 아들로 태어났습니다. 육체적으로도 누구보다 뛰어난 훤칠한 키에 미남이었습니다. 믿음 있는 청년이었고 효자였습니다. 하나님께도 사랑을 받아 이스라엘의 초대 왕이 되었습니다. 여기까지의 사울은 지구촌에서 찾아보기 힘들 정도로 하나님의 은혜를 입었고 가히 최고의 인재로 나타납니다. 그야말로 금상첨화의 축복을 완벽하게 다 받은 사람이었습니다.

그런데 왕이 된 후 사울은 변하기 시작했습니다. 맨 먼저는 하나님의 말씀을 순종하지 않았습니다. 그러더니 주의 종을 당연한 듯 무시했습니다. 하나님에 대한 믿음을 버렸습니다. 믿음이 없는 사람이 하나님께서 세우신 법도와 율례와 계명을 지키겠습니까? 안 지킵니다. 사울도 그랬습니다. 모든 행함의 기준은 자기 자신이었습니다.

13장에서는 제사장만이 행할 수 있는 번제와 화목제를 드리는 죄를 범했습니다. 역할질서를 무시한 것입니다. 이로 인해 하나님은 사무엘을 통하여 사울의 왕위가 길지 않을 것이라고 말씀하십니다. 뿐만 아니라 하나님의 마음에 합한 다른 사람을 찾을 것이라고 경고하는 첫 번째 경고를 받았습니다. 그래도 사울은 사무엘의 말을 무시하고 회개하지 않았습니다.

15장에서 사울은 아말렉을 칠 때 그 족속에 대하여 어떻게 하라는 하나님의 말씀을 사무엘을 통해 들었습니다. 그러나 그는 하나님의 명령을 무시하고 아말렉을 멸하지 않아 법을 어겼습니다. 하나님은 사무엘을 통해 사울을 버릴 것이라고 두 번째 경고를 내리셨습니다.

오늘날도 교인들 가운데는 주의 종을 통해 몇 차례 경고를 받아도 주의 종을 무시하고 제 멋대로 교회생활을 하는 사람들이 있습니다. 회개하지 않습니다.
사무엘상을 마무리하면서 사울의 종말을 통해 우리가 깊이 새겨야 할 교훈이 바로 이것입니다.

28장에서는 더더욱 하나님을 화나시게 한 사건이 일어났습니다. '엔돌'의 무당을 찾아간 것입니다. 이 사건은 완전히 하나님을 버리고 우상을 신뢰한 사건으로 사울이 패망을 자초한 결정적인 사건입니다.
아무리 급해도 바늘허리에 실을 꿰어 쓸 수는 없습니다. 법도가 있고 규례가 있다면 그것을 지킬 수 있어야 합니다.

오늘날도 교회 안에서는 소위 힘이 있으면 왕이라는 논리로 하나님의 법을 무시하고 안하무인의 언행을 하는 경우들이 종종 일어납니다. 그러나 기억하십시오. 그것은 스스로 화약을 지고 불로 뛰어드는 것만큼이나 위험한 일입니다. 감히 하나님을 향하여 나를 멸망시키라고 달려드는 것과 조금도 다를 바가 없는 것이기 때문입니다.

사무엘상 전장에 흐르는 맥은 사울이 다윗을 죽이려고 하는 것입니다. 오직 자기에게 충성하고 신실했던 다윗을 자기 자신의 소욕대로 되지 않는다고 죽이려 했습니다. 그러나 그러면 그럴수록 하나님은 다윗을 보호하시고 사랑하셨습니다. 그리고 전혀 개선의 여지가 없는 사울은 점점 하나님의 미움을 받아 버림을 받게 되었습니다.

이 본문은 사울의 몰락을 기록하면서 사무엘상이 마무리가 되는 끝부분입니다. 이렇게 안타까운 일생을 살았던 사울의 마지막이 어떻게 마침표를 찍었을까요? 가슴이 아프고 안타깝지만 동시에 두렵고 떨리는 하나님의 메시지가 있습니다. 그의 최후의 상황을 함께 살펴보도록 하겠습니다.

첫째는 1절을 보면 블레셋의 침략에 맞선 이스라엘은 대패하게 되고 백성들은 수없이 죽었습니다. 사울 때문에 백성들이 도륙을 당한 것입니다.

둘째는 2절을 보면 사울의 세 아들이 죽었습니다. 인간으로서 가장 슬프고 비통한 것이 있다면 부모의 눈앞에서 자식이 죽임을 당하는 것을 보는 것입니다. 그런데 사울이 블레셋 사람들에게 자식들이 죽임 당하는 것을 보아야만 했습니다.

셋째는 3절을 보면 적의 활 쏘는 자에 의해 사울은 중상을 입습니다. 하나님의 복을 받아 이스라엘의 초대 왕이 된 사울이 대낮에 블레셋 병사의 화살에 중상을 입은 비극입니다.

넷째는 4절을 보면 중상을 입은 사울이 얼마나 괴로웠던지 부하에게 칼로 자기를 찔러 죽이라고 합니다. 자신을 믿고 따르는 경호원에게 살인죄를 범하게 하는 슬픈 모습입니다.

다섯째는 경호원이 사울을 죽이지 못하자 사울 자신이 자기의 칼을 뽑아 그 위에 엎드려 자살을 합니다. 사울은 끝까지 하나님의 법을 어기고 하나님이 주신 생명마저 스스로 끊어버리는 죄를 범했습니다.

여섯째는 5절을 보면 사울의 경호원이 사울이 죽는 것을 보고 자기도 자살을 해 버리고 말았습니다. 사울은 그렇게 간접살인 죄까지 지었습니다.

일곱째 6절은 차마 읽기조차 민망하고 가슴에 통증이 느껴지는 구절입니다. 사울과 사울의 세 아들과 경호원, 그리고 주목할 말인데 '그의 모든 사람' 이 다 그 날에 죽었습니다.

악한 자와 함께 하면 악한 자와 같이 멸망합니다. 선한 사람과 함께 하면 선한 사람과 같이 축복을 받습니다.

여덟째는 9절인데 블레셋 사람들이 죽은 사울의 머리를 베고 갑옷을 벗기고 블레셋 온 지방에 이 사실을 알렸습니다. 하나님의 은혜를 입은 사람이 하나님을 버리게 되자 갈기갈기 찢겨져 버림을 받는 아픔입니다.

아홉째는 10절인데 벗긴 사울의 갑옷은 우상 아스다롯의 산당에 두었습니다. 이것은 하나님의 이름이 우상에게 조롱을 당한 아픔입니다. 그 뿐 아니라 사울의 시체를 벧산 성벽에 못을 박았습니다. 이스라엘이 블레셋에게 조롱을 당했습니다.

여기서 우리가 기억해 둘 것이 있습니다. 하나님을 믿는 사람이 타락하면 이 세상에서는 설 곳이 없다는 것입니다. 하나님께서 경고하시는 레드카드를 수없이 받고도 대수롭지 않게 여기며 설마 설마하며 회개하지 않고 고집을 부리며 자행자지 하다가는 패망한다는 것입니다.

지금도 하나님의 말씀은 그대로 이루어집니다. 사울 한 사람의 영적 몰락은 그 자신은 물론 가정과 나라까지 망하게 했습니다. 이점을 깊이 새겨야 합니다.

저의 집무실에는 특별히 부탁해서 구입한 그림 한 점이 걸려 있습니다. 푸른 하늘아래 바다가 펼쳐져있습니다. 그 바닷가에는 소나무가 우뚝 서 있고, 바다 위를 갈매기가 유유자적하게 나는 그림입니다.

바다는 언제나 변함이 없습니다. 종종 파도가 일어나지만 바다는 항상 그 모습을 유지합니다. 하늘도 언제나 변함이 없습니다. 종종 구름이 덮이지만 하늘은 언제나 푸른 하늘 그대로입니다. 소나무는 사시사철 푸릅니다. 봄이 가고, 여름이 가고, 가을도 가고, 겨울이 와도 항상 그대로 푸른 잎입니다. 이 그림을 보면서 저는 늘 제 자신을 돌아보며 정돈을 합니다.

하루의 시작과 끝이 좋을 방법은 새벽기도입니다.
한 주의 시작과 끝이 좋을 방법은 주일예배입니다.
한 달의 시작과 끝이 좋을 방법은 십일조입니다.
한 해의 시작과 끝이 좋을 방법은 영혼 구원을 위한 전도입니다.
한 평생의 시작과 끝이 좋을 방법은 하나님을 믿는 믿음입니다.

사무엘상을 마치면서 우리 모두 마음 깊이 다짐할 것이 있습니다. 시작도 좋아야 하지만 끝도 좋아야 한다는 것입니다. 시작이 좋지 않았을 지라도 끝은 좋아야 하는 것이 그리스도인의 삶이라는 것입니다.

사무엘상을 통한 하나님의 가르치심은 『하나님의 섭리』로 좋은 시작을 열었습니다. 그리고 『하나님의 인도』로 우리의 일생이 다가도록 깊이 품고 살아야 할 큰 교훈의 말씀을 결말로 받으며 끝을 맺습니다. 총 93편의 말씀, 그 한편 한편의 말씀을 통해 우리의 나아갈 바 큰 은혜를 주신 하나님께 감사를 드립니다.

여러분의 하루가, 한 달이, 한 해가, 모든 범사가 하나님의 은혜 안에서 섭리하심과 인도하심으로 좋은 시작과 끝을 맺으시기를 예수님의 이름으로 축복합니다. 아멘.

하나님의 인도

2011년 01월 20일 초판 발행

지 은 이 • 서 임 중
발 행 인 • 김 수 곤
발 행 처 • 선교햇불
등 록 일 • 1999년 9월 21일 제54호
등록주소 • 서울시 송파구 삼전동 103번지
전   화 • 02-2203-2739
팩   스 • 02-2203-2738
E-mail • ccm2you@gmail.com
Homepage • www.ccm2u.com

ISBN 978-89-5546-154-1(03230)